国家社科基金重大项目"新时期语言文字规范化问题研究"（12&ZD173）

辽宁省教育厅哲学社会科学重大基础理论课题"公共社会背景下语言政策的重构与语言政策学的建构"（ZW2012006）

辽宁省社科基金重点项目"语言政策（学）与辽宁地区语言资源管理"（L11AYY002）

语言政策理论与实践

王世凯 ◎ 著

中国社会科学出版社

图书在版编目(CIP)数据

语言政策理论与实践 / 王世凯著 . —北京：中国社会科学出版社，
2015.12

ISBN 978 - 7 - 5161 - 8206 - 2

Ⅰ.①语⋯ Ⅱ.①王⋯ Ⅲ.①语言政策－研究 Ⅳ.①H002

中国版本图书馆 CIP 数据核字(2016)第 109522 号

出 版 人	赵剑英	
责任编辑	任 明	
特约编辑	李晓丽	
责任校对	石春梅	
责任印制	何 艳	

出 版	中国社会科学出版社
社 址	北京鼓楼西大街甲 158 号
邮 编	100720
网 址	http：//www.csspw.cn
发 行 部	010 - 84083685
门 市 部	010 - 84029450
经 销	新华书店及其他书店

印刷装订	北京市兴怀印刷厂
版 次	2015 年 12 月第 1 版
印 次	2015 年 12 月第 1 次印刷

开 本	710×1000 1/16
印 张	14
插 页	2
字 数	233 千字
定 价	58.00 元

凡购买中国社会科学出版社图书，如有质量问题请与本社营销中心联系调换
电话：010 - 84083683

目　录

第一章　导论 ………………………………………………… （1）

第一节　语言政策及其起源与特征 ………………………… （1）

一　什么是语言政策 …………………………………… （1）

二　语言政策的起源与发展 …………………………… （9）

三　语言政策的特征 …………………………………… （13）

四　语言政策的功能 …………………………………… （20）

第二节　语言政策学的对象与内容 ………………………… （22）

一　语言政策学提出的理论和实践背景 ……………… （22）

二　语言政策学的研究对象和内容 …………………… （26）

第二章　我国语言政策的历史演变 ………………………… （28）

第一节　我国古代的语言政策 ……………………………… （28）

一　先秦时期的语言政策 ……………………………… （28）

二　秦汉时期的语言政策 ……………………………… （30）

三　魏晋南北朝时期的语言政策 ……………………… （32）

四　隋唐时期的语言政策 ……………………………… （33）

五　宋元时期的语言政策 ……………………………… （35）

六　明清时期的语言政策 ……………………………… （37）

第二节　我国近代的语言政策 ……………………………… （42）

一　我国近代的国语政策 ……………………………… （42）

二　我国近代的方言政策 ……………………………… （44）

第三节　新中国成立以来的语言政策 ……………………… （46）

一　《中华人民共和国宪法》中的语言政策 ………… （46）

二　《中华人民共和国国家通用语言文字法》 ……… （47）

三　其他立法中关于语言文字政策的说明 …………… （49）

四　语言文字工作中体现的语言政策 ………………… （52）

第三章　语言政策的主体与客体 ……………………………………（58）

　第一节　语言政策的主体 ………………………………………（58）

　　一　语言政策的中枢决策系统 ………………………………（59）

　　二　语言政策事业家 …………………………………………（63）

　第二节　语言政策的客体 ………………………………………（65）

　　一　语言政策客体的内容 ……………………………………（65）

　　二　语言政策客体的特征 ……………………………………（68）

　　三　语言政策客体的作用 ……………………………………（71）

　第三节　语言政策主体与语言政策客体的关系 ………………（73）

　　一　主体提出的政策目标引导客体的运动方向 ……………（74）

　　二　客体的生长与发展制约主体的政策选择 ………………（75）

　　三　语言政策主体与客体互相制约 …………………………（77）

第四章　语言政策的选择及影响因素 …………………………（80）

　第一节　语言的自然样态 ………………………………………（81）

　　一　民族语言自然样态对语言政策选择的影响 ……………（81）

　　二　汉语方言自然样态对语言政策选择的影响 ……………（83）

　第二节　社会环境 ………………………………………………（84）

　　一　人口结构对语言政策选择的影响 ………………………（85）

　　二　民族和种族对语言政策选择的影响 ……………………（86）

　第三节　政治环境 ………………………………………………（89）

　　一　影响语言政策选择的政治体制因素 ……………………（89）

　　二　影响语言政策选择的国家结构形式因素 ………………（92）

　　三　影响语言政策选择的政党制度因素 ……………………（96）

　第四节　语言观念 ………………………………………………（98）

　　一　语言工具观与语言政策 …………………………………（99）

　　二　语言文化观与语言政策 …………………………………（102）

　　三　语言资源观与语言政策 …………………………………（104）

第五章　语言政策规划与制定 …………………………………（108）

　第一节　语言政策制定的过程 …………………………………（108）

　　一　语言政策问题的确立和政策议程的建立 ………………（108）

　　二　语言政策文本的建构 ……………………………………（118）

　第二节　语言政策制定的原则与方法 …………………………（126）

　　一　语言政策制定的原则 ……………………………………（127）

　　二　语言政策制定的方法 ···（140）

　第三节　影响语言政策制定的因素 ·······································（153）

　　一　影响语言政策制定的思想理论基础 ···························（153）

　　二　政策制定者的素质 ···（155）

　　三　政策的目标群体 ··（156）

　　四　社会媒体舆论监督 ···（158）

第六章　语言政策评价 ··（160）

　第一节　语言政策评价的含义、作用与主体 ·······················（160）

　　一　什么是语言政策评价 ···（160）

　　二　语言政策评价的作用 ···（161）

　　三　语言政策评价的主体 ···（163）

　第二节　语言政策评价的过程、标准与影响因素 ················（165）

　　一　语言政策评价的过程 ···（165）

　　二　语言政策评价的标准 ···（168）

　　三　影响语言政策评价的因素 ··（172）

第七章　语言政策终止 ··（176）

　第一节　语言政策的稳定与变化 ···（176）

　　一　语言政策的稳定性与变化性 ···（176）

　　二　语言政策的变化与创新 ···（179）

　第二节　语言政策调整 ···（180）

　　一　语言政策调整的含义 ···（181）

　　二　语言政策调整的内容和形式 ···（181）

　　三　语言政策调整的原因和作用 ···（183）

　第三节　语言政策终止 ···（186）

　　一　语言政策终止的含义 ···（186）

　　二　语言政策终止的方式 ···（187）

　　三　语言政策终止的原因 ···（188）

　　四　语言政策终止的可行性和障碍 ·······································（190）

　　五　语言政策终止的策略 ···（192）

参考文献 ··（194）

附录　国家语言文字规范标准名录（1955—2005） ··············（202）

第一章

导　论

第一节　语言政策及其起源与特征

一　什么是语言政策

（一）什么是政策

政策，《现代汉语词典》（第6版）定义为"国家或政党为实现一定历史时期的路线而制定的行动准则"。据我们考证，"政策"作为一个词出现的时间比较晚，但作为"政治、政权、政事"之"政"古已有之。如"明王立政，不惟其官，惟其人"（《尚书》），"文武之政，布在方策。其人存，则其政举；其人亡，则其政息"（《礼记·中庸》），"惠均则政行，政行则事成，事成则功立"（《礼记·祭统》）。"策"原指古代写字用的竹片或木片，后引申表示方策、策略。这种意义出现的时间也比较早，如"臣以天时不如地利也，阻守大岘，策之上也"（《孙子兵法·谋攻篇》），"于是用广武君策，发使燕，燕从风而靡"（《汉书》），"从其策，遂坚壁昌邑南"（《史记》）。"政策"作为一个词使用始见于民国初年，如"用特明白晓谕，昭示天下，干路均归国有，定为政策"（《清史稿》）。从"政策"一词的来源和构成看，政策应该包含两个方面的内容，即"政"（准则、规则）和"策"（方法、策略）。从现有文献对"政策"的解读看，字面上多是仅包含了"政"的内容。如《现代汉语词典》（第6版）的释义为："国家或政党为实现一定历史时期的路线而制定的行动准则"，显然就是"有政无策"的。稍显详细的解释为，政策是国家政权机关、政党组织和其他社会政治集团为了实现自己所代表的阶级、阶层的利益与意志，以权威形式标准化地规定在一定的历史时期内，应该达到的奋斗目标、遵循的行动原则、完成的明确任务、实行的工作方式、采取的一般步骤和具体措施。这里政策已经不仅包含了原则部分，还包括了方法部分，比单纯地强调"行动准则"深入了一些。

国外学者对政策的认识与我们略有不同。据我国台湾学者吴定考证，"政策"（policy）一词来自希腊文、梵文及拉丁文。希腊文和梵文的词根polic，意为"城、邦"，和 pur（城）演变为 politia（邦），随后中古英语中出现了意为"公共事务的处理"或"政府的行政"的"policia"，最后演变为表示目前的政策之义的"policy"。"政策"有广义和狭义之分。广义的政策指"在某一特定的环境下，个人、团体或政府有计划的活动过程，提出政策的用意就是利用时机、克服障碍，以实现某个既定的目标，或达到某一既定的目的"。① 当下对"政策"多是进行狭义的解读。

对于政策或者公共政策，我国学者黄建钢、骆勋在综观国内外专家学者研究成果的基础上，并主要基于中国传统文化提出了个人看法。他们认为，现代政策解读的第一阶段是对译"policy"而来。目前的现代政策解读进入第二阶段，就是从中文的"政策"字义和词义深入理解展开。"中国文字和文化的'政策'主要蕴涵着一种机理，一种主要用于勉励、激励和奖励，总之是策励的一种策略而不是战略的机理，主要是要起到一种调和、调节和调理作用的，是管理的一种手段，是具有方向性的和动力性的，而不是一种用于限制、制约和约束作用的政策，更不是起到压迫、压制和控制效果的一种策略。"② 这种看法强调政策的基本价值在于"正"，基本作用在于"励"，与前期对政策的看法有较大不同，是值得肯定的。

政策从不同的角度可以分出不同的类别。"最为直观和简单的分类是按照公共政策的作用对象和作用领域所进行的分类。按照这种方式可以将公共政策分为实质性公共政策和程序性公共政策。"③ "按照政策内容标准来划分，公共政策主要分为政治政策、经济政策、文化政策、军事政策、外交政策……按照政策层级标准来划分，公共政策可以分为元政策、基本政策、具体政策（宏观政策和微观政策）等。"④

---

① Carl Friedrich, *Man and His Government*, New York: McGrow‒Hill, 1963, p. 79.

② 黄建钢、骆勋:《新公共政策学》，北京大学出版社 2010 年版，第 156 页。

③ 杨冠琼:《公共政策学》，北京师范大学出版社 2009 年版，第 26 页。

④ 陶学荣:《公共政策学》，东北财经大学出版社 2009 年版，第 41—42 页。

还有一种常见的分类办法就是依据权力配置的不同，从横向和纵向两个维度分类。公共政策在横向上分为立法决策、行政决策和司法决策三种类型。宪法、基本法律等属于立法决策。行政决策是指国家行政机关在法定的权力和职能范围内，按一定程序和方法作出的决定。司法决策就是司法机关对司法运行过程中出现的一些重大事项，按照一定的程序和既定的目标所作出的决策。从纵向的角度，公共政策还分为国家政策、地方政策和基层政策等不同类型。

（二）什么是语言政策

1. 语言政策的界定

人类对语言政策的认知经历了不同的历史阶段，也形成了不同的认识。语言政策进入学术研究视野，一般认为是第二次世界大战之后的事情。

"二战"之前，人们更多地认为语言是一种自然属性更加凸显的"自然成长"的现象，人类对语言的干预和干涉相对较少。"二战"之后，随着语言科学研究的不断深入，语言与社会之间的关系也越发显得密切。语言在社会发展进步过程中的作用力和影响力逐渐受到越来越多的重视，人们也期望通过对语言的管理和干预实现对社会的管理和干预。制定相应的语言政策显然成为实现这种管理和干预的最有效的手段。近年来，随着公共政策学的诞生和逐渐成熟，人们目前对语言政策有了新的、更加深刻的理解。

国内外对语言政策的界定有代表性的说法主要有如下几种。澳大利亚语言学家卡普兰（Kalpan）和巴尔多夫（Baldauf）1997年提出了这样的看法，他们认为：语言政策是一个社会、群体或体系为了实现规划的语言变化而制定和实行的语言观念、法律、规定、规则和实践。以色列语言学家博纳德·斯波斯基（Spolsky）2004年提出语言政策三分的观点，认为语言政策由三个部分组成，即语言实践（使用者在自己可操用的语言变体中进行选择的惯用模式）、语言信念或意识（关于语言和语言使用的信念）和通过任何语言干预、规划或管理的方法来修改和影响这种语言实践的所有努力。法国语言学家格林（Grin）认为语言政策是在整个社会层面上为了提高福利的系统、理性，以理论为基础解决语言问题的工作，由政府或政府代理机构推行，对象是其统治之下的部分或所有人。我国学者蔡永良（2002）认为："语言政策是指人类社会群体在言语交际过程中根据对某种或某些语言所采取的立场、观点而制定的相关法律、条例、规定、措施等等。"① 我国著名语言学家陈章太（2005）认为："语言政策是国家和政府关于语言地位、语言作用、语言权利、语际关系、语言发展、语言文字使用与规范等的重要规定和措施，是政府对语言问题的态度的具体体现。"②

总体来看，我国学者对语言政策的讨论因其采用的理论基础不同，可以分为两种类型：一种是以社会语言学为理论基础，并将语言政策研究归为社会语言学的重要分支；另一种是以公共政策学为理论基础，并将语言政策研究归为（公共）政策学的范畴。这两种类型的研究都是从不同时期、不同专家学者的共同成果方面显现出来的。从研究的系统性方面看，前者可以色·贺其业勒图为代表，后者可以鲁子问为代表。

色·贺其业勒图（1994）认为："语言政策是国家、政党、阶级、阶层或社团对语言问题所持根本态度的反映。"③ 同时他认为，不论制定语言政策的主体单位是大是小，他们制定语言政策的目的都是要通过制定并执行语言政策，对语言的发展和变化施加影响，以便使其更好地为各自的政治、经济利益服务。所以语言政策是主体单位总政策的组成部分，是为维护主体自身利益和其既定政治目的而进行的活动。因此，虽然"语言本身没有阶级性，但语言政策却有鲜明的阶级性"。④ 在明确语言政策的属性基础上，色·贺其业勒图提出了语言政策的概念，即"依据语言的社会环境与条件，按照主体单位的意志所确定的有意识、有目的地影响语言发展变化的措施系统叫作语言政策"。⑤ 他把语言政策划分为多语种国家和地区的语言政策、单一语种国家和地区的语言政策、针对外交需要制定的语言政策三类。在语言政策的措施系统方面，他认为语言政策主要应该有两种表现，即"一是表现在语言发展的使用方面；二是表现在语言本身的规范与发展方面"。⑥ 色·贺其业勒图的研究非常明确地提出语言政策是作为社会语言学的分支的。他说："从社会语言学角度对语言政策

---

① 蔡永良：《论美国的语言政策》，《江苏社会科学》2002 年第 5 期，第 194 页。

② 陈章太：《论语言规划的基本原则》，《语言科学》2005 年第 2 期，第 54 页。

③ 色·贺其业勒图：《论语言政策》，《内蒙古师大学报》1994 年第 2 期，第 46 页。

④ 同上。

⑤ 同上书，第 47 页。

⑥ 同上书，第 48 页。

进行研究，科学地阐明语言政策的性质、分类、意义、制定办法、决策、预测等问题，是目前语言政策研究的当务之急。"①

　　鲁子问（2008）在讨论"国家治理视野的语言政策"问题时，首先强调的就是目前语言政策的研究大多还是从语言学的视角进行，从政治视角进行语言政策研究的成果很少，甚至是几近于无。所以他的研究主要是强调语言政策研究是对政策本身的反映，而不是前期研究那样是对语言本身的反映。在国家执政范式从管理（management）转向治理（governance）的大背景下，并以公共政策学和国家治理观为立论基础，鲁子问认为："语言政策应该是语言相关的公共权力机构制定的、为解决与公共语言生活相关的问题、实现语言相关的公共利益的行动方案。国家治理视野的语言政策可分为公众语言政策（以公众语言为政策目标的语言政策）和公务语言政策（以公务语言为政策目标的语言政策）两类。国家治理要求这两类语言政策都必须具有治理意识，尤其是公务语言政策。"② 他强调，国家语言政策作为国家公共政策的组成部分，应该基于国家治理意识制定和实施，以促进国家治理目标的实现。

　　对比两个时期对语言政策的界定，我们可以发现这样的问题。首先，不同时期语言政策的终极目标是一致的，从国家的层面上看就是体现国家意志。其次，两个时期对语言政策的理解存在差异性。第一，语言政策研究的学科归属不同。前期的研究显然是归属于社会语言学的，是把语言政策问题作为社会语言学的分支问题来研究。正如色·贺其业勒图（1994）所言，从社会语言学角度对语言政策进行研究，是语言政策研究的当务之急。当下的研究与之不同，是把语言政策研究归属于政策学或公共政策学。正如鲁子问所言，语言政策本身属于公共政策学。第二，不同时期语言政策制定主体方面的差异。前期的研究在涉及语言政策制定主体时认为制定语言政策的主体单位不应是个人，但强调了在语言政策制定过程中个人作用的重要性。在谈及语言政策的变体时，认为国家、政党、阶级以及其他社会群体都可以制定和执行一套语言政策。当下的研究认为，语言政策学属于公共政策学的组成部分。公共政策的制定是由公共政策主体完成的。汪大海等（2010）认为："所谓公共政策主体，就是指在特定政策环

---

① 　色·贺其业勒图：《论语言政策》，《内蒙古师大学报》1994 年第 2 期，第 49 页。

② 　鲁子问：《国家治理视野的语言政策》，《社会主义研究》2008 年第 6 期，第 54 页。

境中以某种方式直接或间接参与、影响公共政策的个人、团体或组织。公共政策主体一般应包括：由立法机关、行政机关和司法机关构成的官方决策家和政党、利益集团、大众传媒、思想库以及作为个体的公民等。"①也就是说，当下语言政策的制定应该是相关各方共同完成的。从这个角度看，前期的研究强调语言政策制定主体的单一性，而后期的研究认为语言政策的制定应该强调主体的相关性和多元化。第三，不同时期语言政策研究所反映的国家执政范式有差异。很显然，前期的研究强调政策制定主体对语言的发展、变化的管理作用，强调"制定语言政策是以无产阶级民族解放的理论作为依据"，凸显的是"国家管理"的理念；当下的语言政策研究认为，语言政策应该由公共权力机构制定，解决与公共语言生活相关的问题，实现公共利益，强调公民参与、上下互动、协商合作，是以公共政策学和国家治理观为依据，凸显的是"国家治理"的理念。第四，语言政策反映方式不同。前期的语言政策是对语言本身的反映，即主要强调"通过制定并执行语言政策，影响语言的发展与变化，是强化社会对语言的影响力的重要途径之一"。② 前期研究也强调语言政策的措施系统应该包括语言的使用和语言本身的规范两个方面，强调预测的重要性，但是从整体看，还主要是通过语言政策对语言本身进行影响。当下研究语言政策学，强调语言政策学是对政策本身的反映，即从政策学角度研究语言政策的相关问题，并通过政策实现国家治理。

当然，任何一种研究和实践都是与当时的政治、历史、文化等背景因素密切相关的。历史地看，任何一种类型的语言政策在当时都曾经在一定程度上适应了历史的发展，起到了一定的作用。随着社会历史的发展与进步，任何一种政策也都需要进行相应的调整。前期的语言政策观反驳的是割裂语言与社会的观点，服务于当时社会和政治需要，历史地看，是有积极作用的。当下提出语言政策的重构，是适应社会发展的客观需要，符合历史发展的进程，也是必要和重要的。但任何一个时期提出的新的重构范式都应该以当时所处政治、经济、文化等要素为背景，都要吸取前期的教训，吸取前期的经验，不宜矫枉过正。

2. 语言政策的归属

从我们的视野范围内看语言政策的界定，其概念多种多样。但不论对

---

① 汪大海等：《现代公共政策学》，清华大学出版社 2010 年版，第 27 页。

② 色·贺其业勒图：《论语言政策》，《内蒙古师大学报》1994 年第 2 期，第 46 页。

语言政策如何界定，都离不开特定国家、地区以及特定社会、文化、历史背景。语言政策是政策的一种类型，它的上位范畴或者说所属范畴如何，这是我们这个部分要讨论的问题。

首先，语言政策属于公共政策范畴。关于什么是公共政策，目前在国内也没有一个统一、公认的定义。王曙光、李维新、金菊（2008）认为："公共政策是公共权威部门为实现一定时期特定的任务与目标所制定实施的行为规范。"[①] 陈潭等（2008）认为："公共政策是实现公共意志、满足社会需要的公共理性和公意选择，是规范、引导社会公众和社群的行动指南或行为准则，是由特定的机构制定并由社会实施的有计划的活动过程。"[②] 严强（2008）认为："公共政策是以执政党和政府为主的公共机构，在一定的政治背景下，经论辩、竞争、合作的民主途径，以科学方法选择适合的工具，采取行动解决社会公共问题、求得社会进步的活动过程。"[③] 汪大海等（2010）综合国内外专家学者的观点，认为公共政策是"政府机关为解决公共问题或满足公共需求，利用合法性与权威性，所作为、如何作为或不作为的一系列相关活动"。[④] 虽然国内关于公共政策的定义还不统一，出现了诸如"规则规范说"、"活动过程说"等不同的说法，但对公共政策的基本特征的认识总体上看还是统一的。一般认为，公共政策是以解决公共问题为取向，以政府及其公共部门为主导，以公共权力的运用为依托，以科学民主决策为生命，以维护公共利益为目标。我们以此为依据，考察语言政策的基本特征。语言政策针对的问题是语言问题。语言作为人类最重要的交际工具，没有阶级性，如果出现问题其本身就是公共问题。政策主体制定的语言政策就是为了解决这样的问题。如新中国成立后我国提出推广普通话，就是为了解决不同方言区、不同民族之间的交际和交流问题。语言政策的制定、实施主要依靠政府及其公共部门。我国历史上不同朝代的语言政策基本都是以政府为主导制定并实施的。语言政策的实施出现过集权的形式，但是离不开当时的社会、历史背景。考察新中国成立后的语言政策的运用，是符合公共权力运作方式的。在语言政策的制定过程中，个人可以起到作用，但主要依靠科学民主的决

---

① 王曙光、李维新、金菊：《公共政策学》，经济科学出版社2008年版，第34页。
② 陈潭：《公共政策学原理》，武汉大学出版社2008年版，第5页。
③ 严强：《公共政策学》，社会科学文献出版社2008年版，第5页。
④ 汪大海等：《现代公共政策学》，清华大学出版社2010年版，第5页。

策形成，是为了维护一定区域，尤其是主权区域的公共利益。从这一点看，语言政策毫无疑问应该属于公共政策范畴。

其次，语言政策属于公共政策下的文化政策范畴。文化政策学是现代公共政策学的一个分支学科。"作为政策科学的分支学科，文化政策学是运用现代政策科学理论，研究、探讨和解决文化政策决策和运行科学化的专门性科学，是关于文化政策发生发展过程、运动形态和基本规律的科学抽象和理论概括。"[①] 文化政策学不是研究某个单个的具体的文化政策，而是研究文化政策的整个运行系统。胡惠林（2006）认为，文化政策具有"政治敏感性""很强的实践性""多学科综合性"等特征。

我们先看语言与文化的关系。语言是文化的载体，同时语言也是文化很重要的一种表现形式。也就是说，不论从文化的构成要素方面看，还是从文化的表现形式方面看，语言与文化都密切相关。文化政策学的研究内容中，语言政策（学）的研究应该是其不可或缺的组成部分。另外，从文化政策学的三个基本特征看，语言政策表现出的文化政策特征就更加明显。第一，语言政策政治敏感性非常强。语言政策的政治敏感性，尤其在多民族、多语言的国家和地区表现得更加明显。尼日利亚是撒哈拉以南非洲人口最多的国家，全国约有250个民族或部族，是非洲民族成分最为复杂的国家之一。尼日利亚的语言状况也非常复杂。1976年汉斯福德的调查表明，尼日利亚境内的语言达到了394种，除了科伊桑语系外，涵盖了非洲大陆的全部四大语系。社会、经济、政治、文化、民族、宗教等多方面的因素使尼日利亚的语言问题超越了语言本身的范畴，成为敏感的政治问题，是最易引发争议的问题之一。20世纪50年代末60年代初，索科托的最高行政长官阿赫麦杜·贝洛试图在其管辖区域推行豪萨语单一语言制度，蒂夫族人把这项制度视为民族同化之举。1962年蒂夫发生大规模骚乱，导致人员伤亡和财产损失。1976年南非白人在索韦托强制推行南非荷兰语语言政策，导致大规模骚乱；苏丹长期内战也是由反抗政府推行阿拉伯语的伊斯兰化而起的。这些事件都毫无疑问地说明：语言政策问题是敏感的政治问题。第二，语言政策学具有很强的实践性。语言政策学不仅要建构语言政策学的基本理论，更重要的是它具有很强的实践性。语言政策学要明确什么是语言政策，要完成语言政策学的建构，要对语言政策

---

① 胡惠林：《文化政策学》，书海出版社、山西人民出版社2006年版，第15页。

环境进行调查分析，要进行语言政策的制定、政策工具的选择，要对语言政策进行评估和分析。这些问题往往更加凸显其实践特征。第三，语言政策学具有多学科综合的特征。语言政策学的多学科综合性特征在语言学本身及政策学本身都能够表现出来。政策学从第二次世界大战以后出现，其本身就是一个多学科综合的产物。语言学经过历史发展，不仅为其他学科提供了很多科学的研究方法，也借鉴了其他学科的研究方法，本身就经历了融合与发展的过程。语言学与政策学结缘产生的语言政策学注定不仅要使用语言学和政策学本身的研究方法，还需要借助诸如政治学、行政学、社会学、经济学、管理学、行为学、法学、艺术学、领导学、资源学等多学科的理论和方法。这样看来，语言政策学本身就是一个多学科综合的产物。

从以上的分析中我们可以看出：语言政策学应该属于文化政策学的范畴，语言政策是文化政策的组成部分。国家的文化战略应该包含语言战略。

二 语言政策的起源与发展

（一）语言政策属于历史范畴

任何政策的产生和发展都是在历史中完成的，所以任何政策首先也都属于历史范畴。

一般认为，政策最原始的形式应该是原始社会中形成的原始习惯。所谓原始习惯，就是原始社会的人用以调整社会关系、规范社会行为的原则。可以肯定地讲，原始社会是没有语言政策的。但是语言与人类社会紧密、特殊的关系又决定语言在政策的产生过程中担当了非常重要的角色。从语言产生的角度讲，语言和人类社会是伴生的关系。因为口语的产生，人类也就随之诞生。人类按照特定的关系就结成了人类的团体，成为一种社会关系。所以我们可以从两个方面来理解语言政策的原始形态。一方面，语言作为原始习惯的构成部分成为原始社会政策雏形的一分子。也就是说，原始习惯中包含"语言习惯"。从"民族"定义的角度看，具有共同语言、共同地域、共同经济生活及表现于共同文化上的共同心理素质的人的共同体构成一个民族。可见，共同的语言是民族的首要标记性特征。"语言的这种族类属性符号功能使它成为一个民族身份和认同的重要标示与表现手段。"① 从这个角度讲，不同民族的不同语言就成为原始习惯中非常重要的表现形式。从另一个角度讲，作为原始习惯组成部分的语言也是原始习惯形成和维系的最重要的工具。相同的语言使一个群体具有交际的可能，而这个群体要维系其内部的某些习惯，除个人的自觉外，还需要依靠氏族会议、氏族首领的威信和社会舆论来保证其实施。这时语言就成为首要和重要的工具。基于这样的认识，我们认为，在原始社会的原始习惯阶段虽然没有语言政策，但是语言已经在社会发展中发挥了"公器"的作用，只是没有政策的自觉而已。

原始习惯的进一步发展就演变成为原始氏族的传统制度。这是比原始习惯更稳定、更明确、更有力，也更为有效的约束和行为准则。虽然传统制度还不是现代意义上的政策，但它发挥作用的方式以及产生的调整社会关系、规范社会行为的效果与政策极为相近。因此有人就把传统制度看作政策的萌芽。传统制度阶段，我们还看不到语言政策的明显的影子，语言还是以民族身份标记特征的方式发挥其特有的工具作用。

语言政策的萌芽应该始于生产资料公有制的逐渐瓦解和阶级的形成。一种新的规则或范式的形成一般都建立在原有的规则或范式失效的基础上。随着私有制和阶级的出现，"传统制度"在调节社会关系、规范社会行为等方面逐渐失去存在的基础，已经与新的社会形态不相适应。在那样的历史时期，拥有话语权的就是统治阶级。那么当统治阶级意识到语言在社会管理中能起到一定作用的时候，就不会忽视其存在的价值。也就是在这样的历史时期，语言政策开始萌芽。

（二）语言政策是阶级的产物

从政策产生的历史线条上看，只有到了一定的历史阶段，政策才能真正形成。原始社会和阶级社会一样，都需要相应的规范体系来约束人们的行为。但由于生产关系的不同，原始社会的原始习惯是自然形成的简单的规范。因为当时没有阶级的对立，所以在社会调节中能够起到很大的作用。随着私有制的产生和阶级的出现，很多社会矛盾仅仅依靠原始习惯已经无法调解，再加上统治阶级需要通过特定的手段完成对自己阶级利益的维护，于是国家就需要通过强制力量推行政策体系来调控社会关系。从这

① 吴利琴：《语言与民族身份和民族心理》，《阜阳师范学院学报》2009 年第 3 期，第 62 页。

一点上看，政策本质上是阶级的产物，带有明显的阶级性。语言政策是政策的一部分，其核心的属性不会有变化。

首先，语言政策也是阶级意志的体现。所谓阶级意志，就是同一阶级内部成员共同或倾向一致的政治要求和利益要求。阶级意志主要通过政策的形式表现出来，所以政策往往是阶级意志的基本表达形式。对于统治阶级来讲，制定相应的政策就是本阶级意志的集中表现，并主要为巩固和加强自己的政治统治服务。例如，中国历史上出现的"书同文"政策，实质上就是统治阶级为实现政令畅通而进行的一次文字整理工作。春秋战国时期，民间使用的文字彼此之间差异较大，这在一定程度上妨碍了不同地区之间经济、文化的交流。对于统治阶级来讲，更重要的是文字的差异影响了中央政府政策法令的有效推行。秦始皇统一中原以后，命令李斯等人进行文字的整理、统一工作，并推行"书同文"的政策。"书同文"是我国语言政策史上的典型案例，显然是服务于统治阶级的意志的。

其次，语言政策是阶级利益的表现。众所周知，语言既不是经济基础，也不是上层建筑，所以语言政策本身一般不会给统治阶级带来直接的经济效益。但政策是政治范畴的概念，同时也是经济利益的集中表现。阶级的社会存在决定了不同阶级的社会意识的差异。而任何的阶级意志都是由它所赖以生存的物质生活条件决定的。作为上层建筑的政策毕竟是由经济基础以及适应这种经济基础的生产力发展水平所决定的，所以统治阶级的语言政策，首先是对占统治地位的阶级利益的反映。例如，满族入关建立清政府后，实施了一系列的语言规范工作，如官修韵书、创办正音书院、编纂正音书籍等。这些工作实施的背后原因是"由于古今方域语音显著差异的刺激和少数民族执掌政权长治久安的需要"。[①]

（三）语言政策是客观规律的反映

语言政策属于主观认识范畴，但是它所反映的内容是客观的。语言政策是客观规律和客观现实的反映，这主要体现在这样几个方面：首先，语言政策的制定是以客观实际为依据的。语言政策的制定要考虑一个国家或地区的语言发展实际，民族以及种族的分布，人口的数量，不同语言或方言的使用范围，人们对语言或方言的态度以及一个国家或地区的政治、经济、文化等各种不同的要素，这些都构成语言政策制定所依据的客观实际

---

① 李建国：《汉语规范史略》，语文出版社 2000 年版，第 186 页。

的组成部分。其次，语言政策的制定必然反映客观规律。语言政策的制定总的来说必须遵循语言发展的规律和社会发展的规律，这也是制约语言政策使其具有动态特征的两大要素。语言政策是国家制定的关于语言方面的政策，所以首先应该尊重语言发展的规律，如语言发展的渐变性、语言本身具有的系统性，等等，都会在一定程度上影响语言政策的制定；同时，语言政策的制定必须遵守社会发展的规律，社会的构成要素影响语言政策的制定。例如，我国是一个多民族的国家，在语言政策的制定方面就需要充分考虑这个问题。"中国少数民族约有 6000 万人使用本民族语言，占少数民族总人口的 60% 以上，约有 3000 万人使用本民族文字。全国 55 个少数民族，除回族和满族通用汉语外，其他 53 个民族使用 80 余种语言，这些语言大多属于 5 种不同的语系，其中 22 个民族使用 28 种文字。多民族、多语言、多文种是中国语言状况的一大特征。"[1] 我国在制定语言政策的时候，就充分考虑了这个问题。《中华人民共和国宪法》（以下简称《宪法》）中关于语言文字政策方面的表述主要包括这样几个部分：

第四条　各民族都有使用和发展自己的语言文字的自由，都有保持或者改革自己的风俗习惯的自由。

第十九条　国家推广全国通用的普通话。

第一百二十一条　民族自治地方的自治机关在执行职务的时候，依照本民族自治地方自治条例的规定，使用当地通用的一种或者几种语言文字。

第一百三十四条　各民族公民都有用本民族语言文字进行诉讼的权利。人民法院和人民检察院对于不通晓当地通用的语言文字的诉讼参与人，应当为他们翻译。

在少数民族聚居或者多民族共同居住的地区，应当用当地通用的语言进行审理；起诉书、判决书、布告和其他文书应当根据实际需要使用当地通用的一种或者几种文字。

《宪法》是我国的根本大法。从中可以看到，我国在推广全国通用的

---

① 周庆生：《中国"主体多样"语言政策的发展》，《语言文字应用》2013 年第 2 期，第 33 页。

普通话的同时，还兼顾了我国的民族现实情形。这种语言政策的制定是由我国的社会现实决定的。

《中华人民共和国通用语言文字法》是我国第一部关于语言文字方面的专门立法，其中关于语言文字政策的表述也表明了社会现实对语言政策的影响，如：

> 第三条 国家推广普通话，推行规范汉字。
> 第八条 各民族都有使用和发展自己的语言文字的自由。少数民族语言文字的使用依据宪法、民族区域自治法及其他法律的有关规定。

由此可见，语言立法包括语言政策的制定，必须考虑社会发展的规律，考虑社会发展的现实情形。

三 语言政策的特征

语言政策是公共政策的组成部分，是由政府等社会公共权力机构制定的，具有明确目标的行为准则。语言政策在不同的国家往往有不同的表现形式，但同时也有共性的基本特征。

（一）社会性与阶级性

语言政策表现出明显的社会性和阶级性，这决定于国家的政治统治和社会管理两种重要的职能。

首先，语言政策具有社会性。从社会本身来看，处于同一社会共同体中的成员虽然有统治阶级和非统治阶级之分，但是，一方面，他们往往需要面对共同的语言问题，拥有共同的交际需要，从而具有利益的一致性；另一方面，统治阶级为了维护自己的统治地位，在制定语言政策时也要顾及被统治阶级成员的利益需求，以保证社会的稳定、进步与发展。尤其是随着社会的发展，人类面临的共同的问题和难题越来越多，如气候变暖、环境污染、信息安全等，因此政府在制定语言政策的时候，需要程序上的公开化和民主化，以取得更多不同群体的拥护和支持。

新世纪以来，我国在语言文字政策制定方面就曾多次面向全社会征求意见。为了全面贯彻《中华人民共和国国家通用语言文字法》，促进国家通用语言文字的规范化、标准化，适应信息时代语言生活和社会发展的需要，教育部、国家语言文字工作委员会历时 8 年组织研制了《通用规范汉字表》。2009 年 8 月 12 日上午教育部召开 2009 年第 12 次新闻发布会，为确保字表的科学性和可行性，经国务院批准，决定自 2009 年 8 月 12 日起至 2009 年 8 月 31 日面向社会公开征求意见。征求意见稿中打算对"琴""亲""魅""杀""茶"等 44 个汉字的写法进行调整。这次征求意见在全社会引起了强烈的反响。从发布之日起的 9 天时间内就有 77280 余人参与调查，并提出不同的意见。这表明在我国语言政策的制定中社会性特征越来越明显。从这个角度看，语言政策首先具有社会性。

其次，语言政策具有阶级性，这主要是由国家政治统治的需要决定的。不论在何种类型的社会中，政府等公共权力机构都是统治阶级进行政治统治的工具，任何政策都是统治阶级意志的体现，并为统治阶级的根本利益服务。"统治阶级的思想在每一时代都是占统治地位的思想，这就是说，一个阶级在社会上占统治地位的物质力量，同时也是社会上占统治地位的精神力量。"① 所以任何国家的语言政策最终都是为统治阶级的利益服务的。

刘汝山、刘金侠（2003）在讨论澳大利亚语言政策时，将澳大利亚不同时期的语言政策划分为三个阶段：18 世纪末到 20 世纪 60 年代末为同化阶段。这个阶段澳大利亚联邦政府采取推广殖民主义语言——英语，同化其他土著居民语言和外语的政策。其根本目的在于使土著居民和外来移民学习、接受澳大利亚主流社会的语言和文化，从而放弃自己的语言和文化。这显然是为当时的统治阶级服务的。同化阶段的语言政策严重伤害了土著居民和外来移民的语言感情，同时也导致在澳大利亚社会中产生了严重的教育、就业等不平等现象。统治阶级为了消除这种不平衡和不稳定，开始调整语言政策，进入语言政策调整的第二阶段，即语言权利阶段（20 世纪 60 年代末至 70 年代末）。在此阶段，澳大利亚政府提高土著语言和外来移民语言的社会地位，并通过提供双语教育、语言障碍服务、电台电视台多语播音等方式具体实施，有效保证了社会的稳定和发展，维护了统治阶级的统治地位。20 世纪 70 年代末以来，澳大利亚执行了以语言为资源作为立论基础的语言政策。不论是英语、土著居民语言还是外来移民的语言，都被看作不可或缺的资源。1986 年成立的亚洲研究委员会还

---

① 《马克思恩格斯选集》第 1 卷，人民出版社 1995 年版，第 98 页。

把国民经济发展、语言技能培养和文化知识紧密结合起来。正因为这样，澳大利亚的语言政策的制定得到了语言学界、政界以及各种社会团体的高度关注，语言政策的进程大大加快，统治阶级的利益得到了充分的体现。所以，不论语言政策如何制定、如何变化，到最后都是为统治阶级服务的。

（二）稳定性与动态性

语言政策的稳定性与动态性是相互联系、相互制约的，并决定于语言政策的公共政策特征。

首先，语言政策具有稳定性。语言政策首先应该保持相应的稳定性，这是由语言政策的制定是为了解决复杂的社会公共问题这一目的决定的。第一，一个社会的构成要素在一定历史时期内是稳定的，社会的核心稳定性决定这个社会的语言政策也应该具有相应的稳定性。第二，语言政策只有具有相应的稳定性，才能保证语言政策效用的充分发挥。任何政策都是针对相应的政策问题而制定的，而一种政策问题往往不是短期内就可以解决的，一般都需要一定的时间。这就需要政策具有相对的稳定性，以高效解决业已出现的政策问题。第三，语言政策只有稳定地执行和运行相当的时间，才能对语言政策进行科学的评估和评价。政策的评估和评价一般都是在政策执行结束并产生相应的效果的时候进行的，这就需要一定的时间去观察和评测。

从另一个方面看，如果语言政策不稳定，而是频繁变动，往往就会导致政府成本的增加和资源的浪费，导致政府公共政策体系发生结构性紊乱，致使政府和社会之间的信赖关系破裂。所以语言政策首先应该具有稳定性。例如，新中国成立之初就我国确定了普通话的判定标准，即"以北京语音为标准音，以北方话为基础方言，以典范的现代白话文著作为语法规范的现代汉语民族共同语"。虽然语音、词汇、语法方面的标准还有待细化和深化，但是这个标准至今没有发生颠覆性的变化，而是保持了较大的稳定性，这是语言政策与社会互动的结果。

其次，语言政策具有动态性。语言政策的动态性是指语言政策的核心保持稳定，在此基础上，语言政策也会适应社会变化发生相应变化。稳定都是相对的，政策一般都是在一定时间范围内发挥作用。如果时代发展、社会经济生活等发生变化，语言政策也要适应新的形势和新的需要发生相应的变化。

　　李建国（2000）认为，最迟从西周时期开始我国就有了关于语文规范方面的制度。西周时期的宗法社会特征以及以礼乐为核心的文化特征，决定这一时期的语文规范是"定名分，别贵贱，由国家统一名号，绝对禁止乱名改作"。① 随着西周灭亡进入春秋时期，礼崩乐坏，诸侯力征，社会形势的变化需要新的语文规范。这时就出现了孔子和墨子分别提出的两种不同的语文规范思想。孔子主张继承，认为"名不正则言不顺，言不顺则事不成，事不成则礼乐不兴，礼乐不兴则刑罚不中，刑罚不中则民无所措手足"。墨子则主张重视语言的变异，轻视语言的继承，主张"不囿于旧名而根据现实'择务从事'，'取实予名'"。② 虽然在新的历史时期，两位先圣所提规范思想不一致，但是至少说明随着形势的变化，语言政策也要发生相应的变化。新中国成立后，我国政府相当重视语言文字工作，对汉字的简化曾经有几次大的动作。二简字出台一段时间以后，就进行了修订，说明当时的二简字是存在问题的。这从另一个侧面说明，语言文字政策是具有动态性特征的。

　　（三）合法性与强制性

　　语言政策具有合法性和强制性，这是由政策的基本特征以及公共政策的职能所决定的。合法性是前提，强制性是合法性前提下的强制。

　　首先，语言政策必须在合法的程序下制定，并能够反映大多数公众的意愿，即具有合法性。语言政策的合法性最终体现为公共政策的合法性。"公共政策的合法性在一般意义上是指人们对公共政策系统及其产出的认可和接受程度。"③ 语言政策的合法性可以从两个方面进行分析：一是统治系统的正当性，二是语言政策本身的合法性。谭海波等（2004）认为：公共政策本身的合法性"主要是指制定和执行公共政策的每一种政策行为——政策规划、政策认定、政策议程、政策决定、政策执行和政策修正等，至少在形式上都必须符合法律规范和传统规范，遵守正当的民主程序，体现公共利益的价值指向"。④ 事实上，语言政策的合法性应该包括形式的合法性和实质的合法性两个方面。其中，形式的合法性是指语言政

---

　　① 李建国：《汉语规范史略》，语文出版社 2000 年版，第 1 页。

　　② 同上。

　　③ 谭海波、李纬纬：《公共政策合法性基础与影响因素探析》，《行政论坛》2004 年第 6 期，第 32 页。

　　④ 同上。

策的形成、执行与评价需要符合法定的程序；实质的合法性是指语言政策应该反映大多数人的利益和事物的发展规律。政策制定主体的权威性、政策执行过程的正当性、政策评价标准的科学性是语言政策合法性的基础。

我们来看普通话的确定。事实上，汉语自古以来就有共同语。春秋时期以洛阳雅言为标准的共同语叫雅言。孔夫子弟子三千，方言各异，授课使用的就是雅言。汉代的共同语称为通语。各地讲不同方言的人可以用通语进行交际。晋代以后，官方语言分为南北两支，北方以洛阳雅言为标准音，南方以建康雅言为标准音。隋朝统一，定都长安，采用金陵雅音。隋朝末年，扬州吴音也曾成为南方雅言的代表。唐朝开始，苏州吴音成为南方雅言的一种通行语，长安雅言成为北方雅言的标准音。南宋时期建都临安，临安雅言也成为标准音的一种。元代时，大都话也是一种通行语。明代以南京话为正统，南京话也是南方官话的代表。后来迁都北京，北京话也有一定通行度。清代之初，仍以南京官话为正统。后来由于太平天国战争，江南经济开始衰落，北京白话开始成为唯一的标准音。辛亥革命后，为了发展中国的经济、文化，政府在中国开始推广国语。在推行国语的过程中发生的"京国之争"（指京音和国音的大辩论）值得关注。"京国之争"本身说明的是民众参与语言政策制定的可能性和必要性。南京高师张士一主张应"先由教育部公布合于学理的标准语定义，以至少受到中等教育的北京本地人的话为国语的标准"。1913 年"读音统一会"拟定"以京音为主，兼顾南北"，从而老国音修改为"纯以北京话为标准"的新国音。1932 年根据新国音编纂的《国音常用字汇》（以下简称《字汇》）由民国政府教育部公布，并在《字汇》的序言中对国音以北京音为标准的含义作了进一步的说明。新中国成立后，1955 年 10 月召开"全国文字改革会议"和"现代汉语规范问题学术会议"，"普通话"正式定名。1956 年 2 月 6 日，国务院发出推广普通话的指示。从普通话定名以及正名的过程来看，民族共同语的确定不论在形式上还是在实质上都是合法的。

其次，语言政策具有强制性。"所有公共政策都必须理解为强制性的。它们的制定是出于最好的和最善意的愿望，执行时可以尽可能做到公正和宽容。然而，这并不能减弱它的强制性。"① 语言政策的强制性是在

---

① ［美］雷蒙德·塔塔洛维奇、拜伦·W. 戴恩斯：《美国政治中的道德争论》，重庆出版社 2001 年版，第 1 页。

合法前提下的强制，同时语言政策的强制性也是由其公共政策的属性决定的。

任何公共政策都是统治阶级的公共政策。虽然公共政策的制定是旨在解决社会成员面临的共同的问题，但它在形式上满足大多数人的利益的同时，最终是要维护统治阶级的利益。任何政策都不可能保证让社会所有成员都满意，一定会损害某些人或集团的利益。因此，统治阶级为了达到推进和推行政策的目的，就必须以强制力作为后盾。例如，我国实行推广普通话的政策以来，取得了很大的成绩，但是在某些领域，也存在用语用字不规范的现象。2000 年 10 月 31 日通过的《中华人民共和国国家通用语言文字法》就对部分语域的使用情形作出了明确的要求，并明确了相应的处罚措施。"凡以普通话作为工作语言的岗位，其工作人员应当具备说普通话的能力。以普通话作为工作语言的播音员、节目主持人和影视话剧演员、教师、国家机关工作人员的普通话水平，应当分别达到国家规定的等级标准；对尚未达到国家规定的普通话等级标准的，分别情况进行培训。"以立法的形式明确以上标准，这在我国尚不多见。虽然这里没有列出明确的处罚措施，但是从另一个方面理解，不具备相应的普通话等级，就不可以进入相应领域工作。《中华人民共和国国家通用语言文字法》第二十六条规定："违反本法第二章有关规定，不按照国家通用语言文字的规范和标准使用语言文字的，公民可以提出批评和建议。本法第十九条第二款规定的人员用语违反本法第二章有关规定的，有关单位应当对直接责任人员进行批评教育；拒不改正的，由有关单位作出处理。城市公共场所的设施和招牌、广告用字违反本法第二章有关规定的，由有关行政管理部门责令改正；拒不改正的，予以警告，并督促其限期改正。"这里虽然还没有刚性的惩罚措施，但是其强制性已经明显凸显出来。当然，这是我国第一次为语言文字及其使用专门立法，某些方面还需要不断完善。

（四）整体性与多样性

首先，语言政策的整体性体现在语言政策作为公共政策的组成部分，与其他相关公共政策密切相关，共同构成公共政策体系。任何政策都应该具有一定的独立性，同时由于不同政策之间的关联性，它们往往可以构成一个整体，成为一个系统。

语言政策就与民族政策、教育政策等息息相关。我国的民族政策多表现为有关少数民族的政策，是我国政策体系的重要组成部分。我国的民族政策规定，中国各民族都有使用和发展自己语言文字的自由和权利。其中《中华人民共和国宪法》规定："各民族都有使用和发展自己语言文字的自由。""民族自治地方的自治机关在执行公务的时候，依照本民族自治地方自治条例的规定，使用当地通用的一种或者几种语言文字。"《中华人民共和国民族区域自治法》规定："民族自治地方的自治机关保障本地方各民族都有使用和发展自己的语言文字的自由。"（第十条）"民族自治地方的自治机关在执行职务的时候，依照本民族自治地方自治条例的规定，使用当地通用的一种或者几种语言文字；同时使用几种通用的语言文字执行职务的，可以实行区域自治的民族的语言文字为主。"（第二十一条）"招收少数民族学生为主的学校（班级）和其他教育机构，有条件的应当采用少数民族文字的课本，并用少数民族语言讲课。""各级人民政府要在财政方面扶持少数民族文字的教材和出版物的编译和出版工作。"（第三十七条）"保障各民族公民都有使用本民族语言文字进行诉讼的权利。"（第四十七条）教育政策主要体现在教育法、教师法、义务教育法、高等教育法、职业教育法、语言文字法、未成年人保护法等法律文本中。教育政策本身就是包括语言文字政策的。其中《中华人民共和国教育法》第十二条规定：汉语言文字为学校及其他教育机构的基本教学语言文字。少数民族学生为主的学校及其他教育机构，可以使用本民族或者当地民族通用的语言文字进行教学。学校及其他教育机构进行教学，应当推广使用全国通用的普通话和规范字。由于语言是人类最重要的交际工具，与诸多社会现象息息相关，所以语言政策与其他政策也往往具有密切的联系，并共同构成一个整体。

其次，语言政策的多样性是由语言及公共政策的属性决定的。语言政策的整体性和多样性不是冲突的，语言政策在形式、类型、领域、功能等方面具有多样性。

我国的公共政策从形式角度考察，由三部分构成，即党的政策、人大立法和行政决策。语言政策也包含在这三种形式当中。从这个角度讲，语言政策也由党的语言政策、人大立法中的语言政策和行政决策中的语言政策构成。

党的代表大会和中央全会通过的政策性文件中也往往包含语言政策。例如，党的十八大报告中就明确提出了"推广和规范使用国家通用语言文字"。

　　人大立法主要表现为宪法、基本法、其他法律、地方性法规、自治条例以及单行条例、人大决定等不同的形式。在这些不同的形式中，语言政策都有不同程度的表现。《中华人民共和国宪法》中规定：各民族都有使用和发展自己的语言文字的自由，都有保持或者改革自己的风俗习惯的自由。在基本法、其他法律等不同形式的人大立法中很多都涉及语言政策问题。

　　行政决策是我国当代公共政策的一个重要组成部分，包括行政法规、行政措施、决定和命令、部门规章、地方性规章以及地方性行政措施、决议和命令等。这其中也往往都包含有关语言及语言使用的决定。这是我国语言文字政策中从数量方面看占主体的部分。

　　从上面对我国语言政策情形的分析来看，语言政策必须是多样的，这是社会的多样性决定的。

四　语言政策的功能

　　"公共政策的功能就是指公共政策所能发挥的作用和公共政策所具有的意义。目前，学术界对公共政策功能的表述并不一致。有的归纳为导向、调控和分配功能，有的归纳为制约性、导向性、管理性和象征性功能，有的归纳为导向、控制、协调、管理、分配、规范、中介、监督、再生和动力功能等。"① 公共政策的不同的子政策都具有自身的特征，因此除公共政策的共性功能外，不同类型的公共政策往往也有其具有自身特征的功能。我们认为，语言政策主要具有规定与规范、引导与协调以及服务的功能。

（一）规定与规范功能

　　语言政策要解决一定的语言政策问题，就需要通过要求政策对象不做什么以及鼓励政策对象要做什么来达到语言政策的目标。同时，因为政策都是阶级的产物，为了维护统治阶级的利益，也需要对不同语言或方言的地位作出规定。语言政策发挥作用并作用于其自身时，能够起到规范的作用。从这个角度来讲，语言政策首先具有规定与规范的功能。

　　语言政策的规定功能反映在不同层面上的语言政策中。从国家语言政策角度看，多是从宏观角度进行规定。如规定不同语言或方言的地位，规

---

① 刘昌雄：《公共政策：涵义、特征和功能》，《探索》2003 年第 4 期，第 40 页。

定不同民族语言的使用，规定教育教学语言等。如我国宪法中规定："国家推广全国通用的普通话"，事实上就是规定了普通话的通用语的地位；"民族自治地方的自治机关在执行职务的时候，依照本民族自治地方自治条例的规定，使用当地通用的一种或者几种语言文字"，这就是对语言文字使用的规定。这个层面上的规定多是宏观的。具体的实施办法等多体现在具体的法律、法规、规章、制度中。如国家新闻出版广电总局发出的《关于广播电视节目和广告中规范使用国家通用语言文字的通知》，就是相当具体的语言政策，具有微观性。

语言政策的规范功能表现在语言政策在执行过程中能够反作用于本身，从而起到规范的作用。这种作用往往是一种间接的作用，是通过规范语言政策对象的语言使用，使语言和语言使用朝着一定的方向发展。语言规范化就是根据语言发展的规律，为一种语言的语音、词汇、语法等方面确定大家应遵循的规范，使人们共同遵守语言规范而进行有效的交际，进而使语言循着一条统一的正确道路向前发展。语言的规范是通过人的规范使用而实现的。对人们的语言使用进行规范往往需要通过特定的语言政策来实现。从这个角度来讲，语言政策的规范功能往往是间接显现的。

（二）引导与协调功能

语言政策针对的是语言政策问题。而语言政策问题由于语言的特殊性，往往在政策执行过程中更多地需要引导和协调，语言政策也因此表现出引导和协调的功能。

陈刚（2011）认为："公共政策的制定除了解决公众所面临的问题之外，还应为社会的发展确立方向，引导人们的思想和行动，从而使整个社会生活中多样的、复杂的、漫无目的的行为被有效地纳入到统一的目标上来。"[①] 语言政策具有引导的功能。为了解决特定的语言政策问题，政府会依据特定的政策目标，通过相应的语言政策对人们的行为和事物的发展加以引导。语言政策的引导功能表现为对人们行为和观念的引导，也表现为对语言的发展方向以及不同语言或方言之间的关系的引导。

语言政策还具有协调的功能。语言政策的协调功能表现在不同的方面：一是为了实现人与语言之间的协调；二是为了不同语言之间的协调；三是为了不同方言之间的协调。人与语言之间的协调从交际的角度讲，就

---

① 陈刚：《公共政策学》，武汉大学出版社 2011 年版，第 14 页。

是人在不同的场合、对不同的对象、针对不同的交际目的等，如何使用语言以保证更好、更高效地达到交际目的。这在我国的宪法中也有体现。如我国宪法规定：民族自治地方的自治机关在执行职务的时候，依照本民族自治地方自治条例的规定，使用当地通用的一种或者几种语言文字。不同语言之间的协调主要表现在一个政体内几种不同语言之间的关系上。如我国的语言政策规定，国家推广全国通用的普通话，同时各民族都有使用和发展自己的语言文字的自由。不同方言之间的协调就是如何处理不同方言之间的关系。如我国的推广普通话政策规定，既要在全国范围内对普通话进行推广和普及，同时也要保护方言的发展。语言政策的协调功能最终就是为了构建和谐的语言文字生活。

（三）服务功能

一直以来我们都认为政策往往都是带有约束性、强制性的，而忽略了这种约束和强制背后的东西。对于任何一种政策来讲，它们都无一例外地具有服务功能。语言政策当然也具有服务功能。

首先，语言政策服务于统治阶级的利益。任何语言政策都是由居于统治地位的权力机关制定、发布和实施的。因此，这样的政策必然最终要服务于统治阶级的利益。其次，语言政策服务于人类语文生活的建设。语言政策当然是要为统治阶级服务。但是统治阶级为了维护其统治地位，也需要得到民众的拥护和支持。因此，通过语言政策的实施构建和谐的语文生活，进而构建和谐的社会生活就显得非常重要。因此，语言政策必须要服务于和谐的语文生活的建构。最后，语言政策服务于语言的发展。任何政策的制定都要符合事物的客观发展规律，因为只有如此，才能保证政策的可行性和科学性，从而为维护统治阶级的利益服务。语言政策的制定需要遵循语言的发展规律。同时它也会服务于语言的健康发展。

第二节　语言政策学的对象与内容

一　语言政策学提出的理论和实践背景

（一）公共政策学的诞生为语言政策学的提出奠定了基础

国家制度建立伊始，政策和政策行为就已经存在了。但是政策科学作为一门独立的学科的形成相对来说却很晚。一般认为，直到 20 世纪四五十年代政策科学才开始萌芽。学界一般认为，勒纳（D. Lerner）和拉斯韦尔（Harold Lasswell）合著并于 1951 年出版的《政策科学：范围和方法的最近发展》是政策科学创立的标志。

政策科学的形成与创立受到当时社会哲学和政治学思想理论背景的影响。

政策科学出现以前，在当时盛行的社会哲学思想主要有实用主义、工具主义和应用社会科学。其中，"实用主义强调知识的有用性和实用性，主张将科学知识加以运用来解决具体问题。实用主义认为，如果知识不能帮助实际问题的解决，那么便没有实际效用"。[①] 受实用主义思想的影响，政策科学产生之初就形成了解决问题的应用导向，是一门应用科学。与实用主义并行的工具主义认为，"科学研究的目的不仅仅是追求科学知识本身、不是为科学而科学，还应包括改善人类生存状况的积极目的"。[②] 应用社会科学认为，应该采用不同学科的知识来进行社会科学研究，关注社会科学对解决社会问题的实际有效性。产生于 19 世纪末 20 世纪初的这三种社会哲学思潮有一个共同的特点，就是具有明显的应用取向，关注科学知识对社会问题的解决能力，强调知识对社会产生的实际效用。这对公共政策学的建立产生了巨大的影响，突出表现在公共政策学在知识内容和研究方法方面体现出的整合性特征。

公共政策学的建立还受到政治学的影响。政治学的研究经历了传统主义时期、行为主义时期和后行为主义时期三个阶段。其中传统主义时期政治学主要关注的是国家问题，侧重对历史和法律制度进行研究。行为主义时期主要关注个体行为的社会心理因素，认为通过对个体需求的满足可以改变个体的行为。后行为主义时期主要关注如何发现问题和解决问题，如何寻找解决问题的途径。这为公共政策学的建立提供了必要的基础。因为公共政策学恰好是一方面关注机构、制度的运作；另一方面关注个体行为的选择，并把这样的两个方面整合到"社会问题"的主体上来。

公共政策学的建立还受到社会实践发展的影响。理论来源于实践，实践需要理论的指导。当新的社会问题出现，而现有理论无法解决现实问题

---

① 李建军等：《公共政策学》，华南理工大学出版社 2009 年版，第 9 页。

② 同上书，第 9—10 页。

的时候，就需要有新的理论，或者说源于实践并带有预测性特征的新的理论来指导实践。

社会实践的发展需要新的理论来指导新的实践。首先，新的社会问题的出现催生了公共政策学的建立。第一次世界大战以后，市场经济出现的同时也带来了它本身不能解决的矛盾和问题。政府干预的介入成为当时处理社会问题的有效途径。第二次世界大战后，凸显出来的社会问题数量更多，复杂程度更高，单纯的政府干预解决实际问题的效用越来越小。如何解决与公民基本权利相关的社会公共问题，为公民提供公共服务成为各国政府面临的共同问题。在致力于解决这些社会问题的过程中，政策分析获得了越来越重要的地位。其次，社会经济的发展也需要公共政策去解决其带来的问题。随着社会经济的发展，资源破坏、环境污染等问题成为共性问题，成为各国政府必须面对、亟待解决的问题，这就需要有新的政策来应对。最后，民主政治的发展直接推动了公共政策学的建立。民主政治的发展使"低政治化"现象成为社会政治现象的常规，公民权利的保障成为各国政府共同面临的问题，公共权利、公共资源、公共服务成为民主政治的重要话题。这些实践发展方面的原因同样促进了公共政策科学的发展。

语言政策是公共政策的重要组成部分，不可能不受到当时的社会哲学思潮的影响。不同国家、不同地区面临的新的语言实践的共性特征与各种理论思潮，共同催生了语言政策学的形成。

（二）语言问题观向语言资源观的转变成为语言政策学产生的实践背景

人类对语言的认知经历了漫长的过程。语言系统观、语言工具观、语言问题观、语言资源观都是人类在认识语言过程中提出来的观点。在语言资源观念产生之前，语言问题观占据主导地位。

语言问题是近年来学界使用较多的一个术语，但是其确切内涵指的是什么，还没有一致的意见，究竟是指语言本身存在的问题，还是指因为语言本身或语言使用带来的其他问题，还没有定论。到目前为止，对这一问题阐述比较全面和精当的应属陈章太先生。陈章太（2009）认为：语言问题"多指因语言及其社会应用所带来的困难、麻烦或冲突。具体指因语言结构、地位及其功能等的缺失、变异，或因相关制约因素的变化，如社会、政治、经济、文化、宗教等因素，以及语言关系、语言观念、语言政策的变化，使得语言在社会应用中发生困难与障碍，甚至可能造成、引发社会、民族、宗教、群体等的矛盾与冲突，这些与语言、语言社会应用及其相关因素有关的需要认真对付、解决的麻烦和疑难事情，称为语言问题。或可简单定义为'语言问题是指由语言及其社会应用带来的需要认真对付、解决的困难与麻烦'"。[①] 语言问题观曾经在一段时期内作为一种主导的观念，影响了人们对语言的认识，也影响了语言政策的制定和执行。

随着资源观念受到越来越多的人的重视，语言也是资源的观念成为与语言问题观并行甚或比语言问题观更占主导的一种语言观念。陈章太（2009）认为："到了上世纪70、80年代以后，随着当代社会的发展和现代经济、文化、科技等的发达，人们的语言观念又发生了深刻的变化，越来越多的人既把语言视为现代交际工具，同时认为语言是一种极为重要的社会资源，它具有特殊的政治、经济、文化和科技等价值，可供利用与开发，同时需要加以保护与建设。"[②] 李宇明（2008）阐释了他对语言资源的认识。他认为："语言是资源，这表现在：每种语言都是一种特殊的语言样品，具有其他语言无法代替的语言学上的认识价值。"[③] "语言也是文化的资源。语言及其文字本身就是人类的伟大创造，是文化的重要组成部分。民族的语言与文字不仅表现着民族智慧，而且常常成为民族的图腾象征。语言及其文字也是记录文化最为重要的载体。"[④] "当今时代，一些语言职业和语言产业逐渐形成，语言已经进入到经济和高新科技领域，成为经济发展的重要资源。"[⑤] 也就是说，语言不仅是语言资源，还是文化资源、经济资源。

一直以来，人们习惯于把语言问题观与语言资源观对立来看，但事实上，语言问题如果处理得好可以转化为资源；本来是语言的资源，如果处理不当，也可能成为语言问题。陈章太先生在论证语言问题的构成时讲道："语言问题是由语言及其使用本身的问题，以及语言外部各相关社会因素构成的。就语言内部来说，语言结构系统的语音系统、词汇系统、语

---

① 陈章太：《语言资源与语言问题》，《云南师范大学学报》2009年第4期，第5页。

② 同上书，第1页。

③ 李宇明：《语言资源观及中国语言普查》，《郑州大学学报》2008年第1期，第5页。

④ 同上书，第6页。

⑤ 同上。

法系统、语义系统，还有文字系统的缺失、不完备，如语音系统的不完整，词汇的贫乏，语法的不严密，语法功能差，语义表达力弱，语言规范化程度不高，或是没有文字形式，以及语言文字本身长期停滞不变或是变化太大太快，都会影响、降低、削弱语言的功能、活力、地位及声望，使得语言不能很好适应社会及社会发展的需要和人们交际的需要，从而造成语言问题。"①一种语言的语音系统、词汇系统、语法系统、语义系统、文字等都是这种语言的资源，这种资源子系统上的问题有些显然就是资源匮乏的问题，资源的匮乏引起相应的语言问题。所以可以这样认为，语言资源与语言问题是两个密切相关的问题。那么如何让语言问题转化成语言资源就成为社会共同面对的问题，是一个带有公共特征的问题。这就要求政府能够科学地制定相应的语言政策，促使问题向资源转变。陈章太先生表述了这样的观点："语言问题转化为语言资源，也是由语言本身与社会因素两方面的因素和条件所决定的，主要是加强语言规范与建设，恰当确定其地位和作用，完善其语言功能，增强其语言活力，并在社会方面为语言的发展和语言问题的转化，创造有利的条件，如科学制定语言政策和语言规划，加强语言立法和语言管理，保障语言权利，提供语言服务，协调语言关系，利用语言价值，促进语言发展。"②

从这个角度看，语言资源观的形成以及开发利用语言资源的实践，促使语言政策学的建构成为语言实践的需要和社会发展的必然。

二　语言政策学的研究对象和内容

（一）语言政策学的研究对象

语言政策学的研究对象是语言政策，即由公权组织制定的关于语言本体和语言使用的政策。公权组织就是以管理社会公共事务，提供公共产品和公共服务，维护和实现社会公共利益为目的，拥有法定的或授予的公共权力的所有组织实体。公权组织在从事组织生产、提供公共产品和公共服务的过程中，其主要的目的与动机，是在谋求社会的"公共利益"，一切措施都是在顾及全局公平、公正、公开的原则下来为全体民众服务，并以最好的服务来争取民众的拥护与支持，不以盈利为目的。制定语言政策的

① 陈章太：《语言资源与语言问题》，《云南师范大学学报》2009 年第 4 期，第 5 页。
② 同上书，第 7 页。

公权组织主要包括三个部分，即强制型公权组织，如国家的立法机构、行政机构、司法机构以及执政党领导机构等；半强制型公权组织，主要是指更多地依靠市场手段而较少地依靠法律和行政手段的组织；非强制型公权组织主要是指提供公共服务为主并在一定范围内进行公共管理的组织。

　　语言政策学的研究对象当然是语言政策。作为语言政策学研究对象的语言政策应该包括不同历史时期的语言政策，不同公权组织制定的语言政策。作为比较的对象，语言政策学也会研究不同国家和地区的语言政策。

（二）语言政策学的研究内容

　　语言政策学作为一门学科，不同的人对它的认识就会有所不同。当然，对其研究内容的界定也就会有差异。我们认为，语言政策学的主要研究内容应该包括这样几个方面：（1）语言政策的起源与性质；（2）语言政策的主体和客体，主要阐述语言政策的主体、客体的构成以及主体与客体之间的关系；（3）语言政策的选择，主要阐述决定语言政策的各种要素；（4）语言政策制定，主要阐述语言政策制定的过程，语言政策制定的原则和方法，影响语言政策制定的要素等问题；（5）语言政策的执行，主要阐述何为语言政策的执行，语言政策执行的过程，语言政策执行的原则等问题；（6）语言政策评价，主要明确语言政策评价的含义、语言政策评价的作用以及语言政策评价的主体，语言政策评价的过程、标准与影响因素，语言政策评价的方法与政策监控等问题；（7）语言政策终止，主要阐述语言政策的稳定与变化，语言政策的调整与终止等问题。

第二章

我国语言政策的历史演变

国家出现，就意味着政策的诞生。为了简单梳理我国语言政策的发展历程，我们拟从三个阶段进行总结。所谓的我国古代的语言政策是指从先秦到清代的一段历史时期，其终结标志事件为辛亥革命；近代是指从辛亥革命开始到新中国成立，大致时间段为1911—1949年，其终结标志性事件为新中国成立；现代是指1949年新中国成立以来的一段时间。

第一节　我国古代的语言政策

一　先秦时期的语言政策

先秦一般是指从周至秦汉之前的一段历史时期。这个时期的语言文字政策多与当时的文化相融合，并与当时的社会情形密切相关，最终这个时期形成的语言文字政策到底是为统治阶级服务的。"语言文字是重要的交际工具和信息载体，它对于维护国家的统一、民族的团结，促进社会文明，都有重要的作用。所以任何一个独立自主的国家，都必须重视语言文字的规范化、标准化。"① 先秦时期的语言文字政策是与国家的礼仪制度相适应和融合的。这一时期的统治者非常重视语言文字的规范化，并有贤德明君亲自制定规范标准的事例。

周朝形成了等级森严的宗法文化，强调长幼有序、尊卑有别，从制度的层面确立了不同等级、阶层和阶级的权利和义务。"非天子不议礼，不制度，不考文。今天下车同轨，书同文，行同伦，虽有其位，苟无其德，

---

① 李建国：《汉语规范史略》，语文出版社2000年版，第17页。

不敢作礼乐焉；虽有其德，苟无其位，亦不敢作礼乐焉。"（《礼记·中庸》）当时的统治阶级也非常重视语言政策工作。"相传周公曾经自作《尔雅》（即今本《尔雅·释诂》），以释古今之异言，通方俗之殊语，促进宗周社会语言的规范化和标准化，并为后世树立楷模。"① 可见当时的统治者对语言文字的标准化和规范化是非常重视的。

统治阶级除了自身重视语言文字工作外，还通过设立专职机构、学校教育等方式进行语言文字的规范化工作。周朝设置专职官员，负责语言调查、标准制定的工作。周秦时期，每年八月政府派遣辍轩使者深入民间采集民歌谣谚、方俗语词，回来后上奏朝廷，由太史、太师整理审定，制定语言规范。语言规范制定后，通过培训工作，以国家行政力量的方式进行推行。此外，周朝也通过学校教育的方式进行语文规范化工作。周朝制度规定，学童八岁入小学，习六艺，其中包括"六书"，即学习象形、指事、会意、形声、转注、假借六种文字的构造以及使用方法，并有《史籀》十五篇作为学童认知规范字的启蒙课本。当时的教学语言也基本都使用当时的官方语言——雅言。《论语·述而》载，"子所雅言，《诗》、《书》、执礼皆雅言也"。可见孔子的教学语言也是当时的官方语言。学校教育中语言文字方面的规定对语言文字的规范化起到了积极的作用。

先秦时期的语言政策在律法和辞书编纂方面也有所体现。这一时期在语言文字规范方面有较大影响的主要是孔子、墨子和荀子。其中孔子主张维护语言文字的继承性，认为"名不正则言不顺，言不顺则事不成，事不成则礼乐不兴，礼乐不兴则刑罚不中，刑罚不中则民无所措手足"（《论语·子路》）。墨子主张根据现实"择务从事""取实予名"。荀子则持"循旧作新"，即"若有王者起，必将有循于旧名，有作于新名"。荀子的语言规范思想中还包括了语言规范方面的资政建议，强调语言文字必须规范化，并由国家以行政干预的方式加以实施。他建议对那些"析辞擅作名以乱正名，使民疑惑，人多辨讼的人"，应该看作"大奸"，主张与破坏"符节度量"者同罪。

辞书编纂也是语言文字规范的一种必需和有效的方式。周秦至战国，由于社会战乱纷至，言语异声、文字异形的现象日益严重，但是总归得有通用的语言和文字存在，以进行教学和交流。于是在战国末期，我国第一

---

① 李建国：《汉语规范史略》，语文出版社 2000 年版，第 17 页。

部词汇总释《尔雅》问世。《尔雅》之"尔",即"迩",是"近"的意思,"雅"即"正",引申指官方规定的规范语言——"雅言"。"尔雅"即"近正",就是使语言接近官方规定的语言。这对词汇的规范具有重要的意义。

二 秦汉时期的语言政策

(一)秦代的语言文字政策

秦朝是继周朝之后的又一次大一统时期。秦始皇为了封建统治的需要,采取了严格的语言文字工作措施。据《史记·秦始皇本纪》载,秦朝实行了"一法度衡石丈尺,车同轨,书同文"的政策。秦始皇采纳李斯的建议,以秦国文字为主,凡是与秦国文字不同的一概废弃。为了提供标准的规范字体,李斯、赵高、胡毋敬分别完成《仓颉篇》《爰历篇》和《博学篇》,作为秦朝文字的规范体系,从而形成了小篆。

值得一提的是,秦朝时期除了小篆之外还使用古隶书。古隶书是书写者为了书写方便快捷,而对小篆加以改造、简化的结果。李建国在评价秦朝文字政策时说:"这说明秦朝文字政策的灵活性,既有标准字供人们取法识写,而在实际用字中,又可在不改变文字基本结构、不影响识读的前提下,允许写得简省草率一些。"[①]

(二)汉代的语言文字政策

汉朝是一个文化大发展的时期。这一时期从统治阶级的角度看,尊重知识、尊重人才,教育教学发展较快,文化发展迅速。汉代的语言文字政策多体现在当时的律法之中。虽然没有独立的语言政策,但是从教学政策、教材建设、辞书编纂等方面仍能看到汉代对语言政策给予了相当的重视。

汉朝建立后,汉高祖命令萧何在秦朝律法的基础上,"取其宜于时者,作律九章",即在《法经》六篇的基础上增加了《户律》《兴律》和《厩律》三章。汉武帝时期,为了加强中央集权统治,修订旧律、颁布新律,基本奠定了汉律的规模。东汉基本上仍沿用西汉旧律。其中《九章律》中规定,年满17岁的学童如果能够背诵、讲解、书写9000字以上有关法律的文字就具备为吏的资格;如果会书写除小篆和隶书两种常用字体

---

① 李建国:《汉语规范史略》,语文出版社2000年版,第49页。

外，还能够书写刻符、虫书、摹印、署书、殳书、大篆等六种字体，就具备为尚书史的资格。这种通过为官进仕强调语言文字能力的政策，对语言文字的规范化起到了积极的作用。

配合《九章律》中相应的语言文字政策，汉朝也积极进行了相关的教材建设。《汉书·艺文志》记载："汉兴，闾里书师合《苍颉》、《爰历》、《博学》三篇，断六十字以为一章，凡五十五章，并为《仓颉篇》。"汉武帝时，司马相如仿《仓颉篇》作《凡将篇》；汉元帝时，史游作《急就章》；汉成帝时，李长作《元尚篇》，扬雄作《训纂篇》。汉代童蒙识字教材多用正体小篆写成。这为启蒙教育阶段正确识写汉字打下了坚实的基础。同时在教学过程中，还有八体书法的教学要求，所以形成了比较强的文字规范意识。

汉代辞书编纂也为语言文字规范树立了榜样。汉代的辞书编纂大多得到了政府的支持和扶助，体现出统治阶级对语言文字工作的重视。此间首推扬雄的《輶轩使者绝代语释别国方言》。扬雄继承周秦时期方言调查的传统，在得到朝廷的支持下，历时27年完成13卷本《輶轩使者绝代语释别国方言》（简称《方言》）。《方言》记录了通语（指周秦时期直至汉朝的民族共同语）、某地通语（指通行地域较广的方言）、某地语（指因地域之别而变异的各地方言）、古今语（指因历史变迁新旧交替而残留在当时汉语中的古语词或古方言词）、转语（指因时间地点之故，语音发生变化而产生的方言殊语）等五大类词语。所记录的语词涉及的地域覆及黄河流域和长江流域的大部分地区，以及辽东和朝鲜。《方言》是一部纯语言学的专著，尤其是其调查活语言的研究方法成为后世方言研究的典范。李建国认为："扬雄著《方言》，是继承《尔雅》正名释义的传统，实际上在做着'合九州之音以成一家之言'的语言规范工作。"[①] 正因为《方言》具有语言规范的作用，而规范的语言对于政权的稳定、民族的团结、社会的安定、经济的发展、文化的传承具有积极的意义，所以《方言》的撰写得到了统治阶级的大力支持。

东汉许慎作《说文解字》15卷，分析了9353个汉字的形义关系，归纳了540个部首，讲究求真致用、兼收并蓄、尊重规律、从俗从变。因此之故，《说文解字》一书完成后，文字形体及使用一律都以《说文解字》

---

① 李建国：《汉语规范史略》，语文出版社2000年版，第62页。

为准绳。文字的运用及其发展变化纳入规范的轨道。李建国认为："由于上古汉语以单音节词为主，《说文》收入书面语词和大量的方俗词语，并为之说解，所以它对文字的规范，其实也是对汉代词汇的规范。"① 可见《说文解字》在汉代的语言规范中发挥了多维的作用。

东汉末年，持续 20 年之久的党锢之祸致使官学式微、学风败坏的同时，也使字无正体，文字失范。这种状况引起了当时正直官员的关注。熹平四年（175），蔡邕、张训、韩说等上书奏请正定五经文字，得到宦官李巡的大力支持，并说服汉灵帝"诏定五经，刊于石碑"。这是中国历史上第一次碑刻经书、规范文字的伟大工程。"这项由最高统治者钦定的规模空前的文化工程，竣工之后，引起全社会的轰动……从此，五经有了官方石刻定本，后儒晚学，以石经文字为准，在统一书面语言文字的同时，也提高了全社会语言文字的规范意识。"②

三　魏晋南北朝时期的语言政策

魏晋南北朝时期书法艺术大兴，佛教传入及反切发明，辞书、字书编纂是这一时期语言文字政策的主要表现形式。

魏晋南北朝时期是一个由分及合，又由合及分的动荡时期，政权更迭频繁，文教学术发生了异于传统的变化。这一时期，由于学术文化传统的变换，文字也发生了很大的变化。在隶书的基础上，出现了行书、草书、楷书，这为书法艺术的形成奠定了基础。晋朝初期，政府设置"书博士"，文字的书写也纳入求取功名的必修课。书法艺术与政治仕途的联姻，对文字的规范起到了一定的作用。

西汉末年，佛教由西域传入中国，先是流行于民间，到汉明帝时，已经开始翻译佛经。在翻译佛经的过程中，梵文的语音原理和拼音方法随之传入中土。于是在直音、譬况的注音方式之外又产生了一种新的注音方式——反切。李建国认为："反切注音的发明和使用，能够统一读音，有利于准确认读汉字，促进书面语言的规范……反切注音法成为历代正音辨读的主要方法，韵书成为书面语的标准语音读本，对推广教育、实行语言

---

① 李建国：《汉语规范史略》，语文出版社 2000 年版，第 70 页。

② 同上书，第 77 页。

规范起着承前启后的作用。"① 佛经的翻译在汉明帝时受到政府高层的重视，这在一定程度上促进了反切方法的出现。也就是说，反切在语言规范方面的作用归根到底还是政府在其中发挥了一定的作用。

魏晋南北朝时期，辞书、字书的编纂对语言规范的作用非常明显，尤其是有些辞书、字书是在政府相关政策理念下直接出现的，对语言规范影响很大。张揖所作《广雅》，继承了《尔雅》的做法，用通语解释方俗语词，用今语解释古语词，用常用语解释疑难、生僻语词，对当时的语言规范起到了积极的作用。吕忱所作《字林》被认为是继《说文解字》之后又一部重要的字书。《字林》是从大量典籍中搜求异文奇字，依照《说文解字》增补而成，在文字应用及书法教学中发挥了重要的作用，成为当时很多学者征引的对象。

魏晋南北朝时期北魏采取的语言政策值得一提。魏孝文帝痴迷华夏礼教，他在语言使用方面从制度角度进行了规定。据《魏书·高祖纪》记载："太和十九年六月己亥，诏不得以北俗之语言于朝廷。若有违者，免所居者。"《魏书·咸阳王禧传》记载："自上古以来及诸经籍，焉有不先正名而得行礼乎？今欲断诸北语，一从正音。年三十以上，习性已久，容或不可卒革。三十以下，见在朝廷之人，语音不听仍旧；若有故为，当降爵黜官，各宜深戒。如此渐习，风化可新。若仍旧俗，恐数世之后，伊洛之下，复成被发之人。"这可以看作当时非常明确的语言政策了。在这种政策的导引下，北魏江式的《古今文字》和南朝顾野王的《玉篇》应时应势而生，在语言文字规范方面起到了"无言之师"的作用。

四　隋唐时期的语言政策

隋唐时期是我国历史上大发展的时期。语言作为人类最重要的交际工具影响着民族的团结和社会的稳定，对统治阶级来讲当然也十分重要。这一时期语言政策主要体现在科举制度的建立、字样之学的实行等方面。隋唐时期编纂的辞书、韵书也对语言政策的实施起到了积极的作用。

隋文帝灭陈建隋，完成了统一大业。隋朝及时总结前朝灭亡的教训，实施了一系列的改革。其中之一就是取消了魏晋以来的"九品官人法"，实行科举制度。科举取士，就是分科取人之意。隋唐选用官员不再以门阀

---

① 李建国:《汉语规范史略》，语文出版社 2000 年版，第 87 页。

品第为标准，而是通过科举考试选用人才，平民百姓也可以通过科举考试封官晋爵。隋唐科举考试的各种科目均实行全国统考，这就对教学用书提出了要求。教学用书的统一首先需要语言文字的统一，这对语言文字的规范化、标准化提出了要求。所以说，科举考试制度的建立一方面对语言文字的规范提出了要求，同时也从制度方面促进了语言文字的规范。例如，科举考试中有铨选考试，就是常科考试及第后进行的"身、言、书、判"四项内容的考试，其中"言"是指"言取其言辞辩证"，"书"是指"书取其楷法遒美"。铨选考试合格并进身仕途的官员都能够讲官话，写规范楷书，这对语言文字规范是有积极作用的。也就是说，隋唐虽然没有单独在科举制度中明确关于语言文字的政策，但是科举制度间接为语言文字规范奠定了基础，成为一种间接的语言政策。

统一的国家一般都注重法制建设，这是保证统治阶级利益的有效方式。"像任何一个强大的国家一样，唐王朝在坚持改革开放的同时，加强了法制建设，对不利于国家安定、民族团结、社会进步的非法的或不文明的行为，敢于不失时宜地进行法制管理。初唐以后兴起的字样之学，就是对语言文字实行法制管理的文明工程之一。"① "所谓'字样之学'，也就是研究正字法的学问，其主要任务是辨析汉字形体俗讹，正字音、字意，正书写法式，编纂正字书，进而指导汉字的使用，具有共时性和实用性的特点。"② 魏晋南北朝时期，文字混乱，这与大唐王朝的政治稳定、经济繁荣、对外交往频繁的社会局面极不相称。这就促使唐朝政府在建国伊始，就将经书规范、用字规范和书法规范纳入议事日程。贞观之初，唐太宗为了适应政治统一的需要，诏令颜师古考订五经文字，撰成《五经定本》作为经学标准文本，供儒学之士习用。贞观七年（633）又令颜师古"刊正所有奇书难字，众所共惑者随宜剖析，曲尽其源"并录成样本，作为楷体文字的书写标准，供全社会习用，时称"颜氏字样"。颜师古首创《字样》一书，开创唐代字样之学的先河，字样之学也由此产生了。后在颜元孙、张参的推动下，字样之学得到了进一步的发展。颜元孙将文字分为"俗""通""正"三体。这意味着不但正体是合理的，通体、俗体也是合理的，同时他也提出了对"通""俗"的变更希望，指出了它们的发

---

① 李建国：《汉语规范史略》，语文出版社 2000 年版，第 117 页。

② 张辉：《试论唐代字样之学》，《延边教育学院学报》2008 年第 2 期，第 5 页。

展目标："倘能改革，善不可加。"这种变通的正字观念为社会应用提供了灵活的尺度，也为文字发展提供了空间。

唐代的字样之学，首先充分认识了语言文字规范的社会属性，即语言文字的规范要适应社会发展之需，动态调整相关标准，对社会用字进行积极的干预和疏导；其次，认识到语言文字规范要符合语言文字发展的规律，面向社会受众，应具有层次性和灵活性；最后，唐代字样之学与干禄联姻并且有书法家参与其中，示人以法，确立了楷书正字的历史地位。这些语言文字方面的认识以及由此形成的语言文字政策对后世产生了积极的影响。

当然，这一时期辞书与韵书的编纂也对语言文字的规范起到了不可忽视的作用，是当时语言文字政策的一种积极表现。陆德明《经典释文》对14种儒学、玄学文献词语进行解释，为此后的文字、语音、训诂规范提供了充分的理据。陆法言作《切韵》，"继承和发展了颜之推'共以帝王都邑，参校方俗，考核古今，为之折衷'的语言规范思想，试图建立以洛阳传统的读书音为主、金陵传统的读书音为辅的中古汉语音系，旨在正音、审音，统一和规范全国的语音"。① 此外颜师古奉召考订五经文字撰成的《五经定本》，孔颖达等奉召撰成的《五经义训》，以及杜延业《群书新定字样》，颜元孙《干禄字书》，张参《五经文字》《开成石经》，唐玄度《新加九经字样》等都对当时的文字规范、词汇规范起到了不可小觑的作用。

五　宋元时期的语言政策

宋元时期关于语言文字方面的政策也多是融合在统治阶级的其他政策中，其中科举制度的沿袭、印刷术的出现、辞书韵书与字书的编纂在一定程度上反映了当时统治阶级的语言政策思想。

宋朝科举制度中对语言文字的要求客观上起到了语言文字政策的作用。宋代实行"恩科"制度，但是一般只涉及极少数人。宋朝前期的科举基本上承袭了唐和五代，包括常科和制科两大系统。

"常科"由国家规定考试大纲、考试内容、考试时间及具体程式。除进士科之外，还包括九经、五经、开元礼、三史、三礼、三传、明经、明

---

① 李建国：《汉语规范史略》，语文出版社2000年版，第111页。

法、明字等科。每年秋季进行乡试，次年开春，由礼部主持国家级统一会试。"制科"是由皇帝亲自主持的小范围考试，源于汉朝的射策，唐代已经非常普遍，到宋朝逐渐形成了一些"常科"性质的制科，也就是经常重复考试的制科题目。宋朝的科举考试与前期相比，有几个方面发生了变化：一是糊名制度。糊名制度就是把考生所填写的姓名、籍贯等一切可能作弊的资料信息全部密封，使主考官和阅卷官无法得知每张卷子是谁的。二是考试时间。宋朝自英宗治平二年（1065），定为三年一大比；三是文风转变。宋代科举尚言之有物、论之成理的"古文"。四是考试内容和科目的转变。王安石上书神宗，只留进士一科，考试只考经义，不必再考诗、赋。科举考试制度本身就促使那些期望进身入仕的人注意文字和文法。同时这一时期试卷评阅采取的"点抹法"也进一步使语言文字规范成为求取功名人士的一种自觉的意识。所谓点抹法就是考官批阅试卷时，在错字旁加"点"，大错处勾抹。每错 3—5 字为一点，三点为一抹。一份试卷错达三点一抹，即降一等录用；错达九点三抹，即取消录取资格。宋朝科举制度中的这些规定对语言文字规范的发展起到了积极的作用。

宋朝活字印刷术的发明在一定程度上促进了语言文字的规范，成为当时统治阶级规范书面语言和文字的措施。在活字印刷之前就于隋初出现了雕版印刷。雕版印刷最初在民间使用，后来在五代时期由于印制经书之需，才登上大雅之堂。北宋时期毕昇发明活字排版，印刷技术发生飞跃式转变。由于五代以来经书讹误颇多，宋代建国伊始就命令国子监镂版刊行《五经正义》等文献，称为监本。除监本以外，还有私家刻书和书坊刻书。宋代出现的监本和坊本刻书多用欧阳询、颜真卿、柳公权等名家楷书，对语言文字的规范起到了积极的作用。另外，随着印刷技术的提高，刊印书籍数量激增，于校勘学之外，又诞生了目录学和版本学。"它们与校勘学一起，示人津梁，利于学者，在繁荣学术的同时，也促进了书面语言的规范。"①

宋元时期的辞书、字书和韵书多是官修，反映了当时统治阶级对语言文字的重视，也从一个侧面体现了当时的语言文字规范政策。宋景德四年，陈彭年、邱雍等奉敕刊定《切韵》，撰成《大宋重修广韵》，并由宋朝政府颁行天下。宋仁宗景佑四年，宋祁、丁度等人奉敕重撰《广韵》，

---

① 李建国：《汉语规范史略》，语文出版社 2000 年版，第 135 页。

经司马光续编成书，名《集韵》。同时完成的还有《礼部韵略》等韵书。元朝时期由于语音等发生变化较大，又出现了以大都（今北京）的实际语音为主的韵书《中原音韵》。这些韵书的编纂从实际作用的方面讲，对语言文字的规范化起到了积极的作用；另外，大部分韵书的形成都是当时统治阶级的意志的表现，是当时语言政策的一种表现形式。宋元时期比较著名的字书如《玉篇》《类篇》都是当时的官修字书，与当时的韵书一起对语言文字的规范起到了积极的作用。

六　明清时期的语言政策

语言政策在维护统治阶级利益中的作用在历朝都受到了关注，虽然明清时期也没有关于语言文字的独立的政策法规，但是在语音、词汇规范和语言文字教学等方面还是能够看到这一时期语言文字政策的思想。

（一）明朝时期的语言文字政策

明朝时期的语言文字政策一个显著的特点就是得到了统治阶级的高度重视，并且在政策范围上有所扩大。

首先，明朝确立了"官话"的国语地位。明朝时期，由于在建立过程中经历了数年的战争，破坏了经济建设，但这在客观上促进了移民潮的形成。移民的过程就成为语言，尤其是方言不断融合碰撞的过程。方言众多，交流有障碍，这对统治阶级的政治统治是不利的。这就促使政府高度重视标准语的建立。明代确立了官方语言——官话，这从《利马窦中国札记》中可见一斑。"中国各省，口语也不大相同，即各有方言。此外，还有一种整个帝国通用的口语，被称为官话，是民间和法庭用的官方语言。……他（传教士罗明坚）第一件必须要做的事就是学习中国语言，像人们所称呼的那样，学习这种语言的官话，即在全国通行的特殊语。除了这种朝廷的或官方的语言外，也像其他国家一样，各省还有自己的方言和土语。"① 从中可以看出，当时方言众多，但是官方是有通用语的。官话的确立和推广一方面是《洪武正韵》起到了积极的作用，同时明朝初年的科举制度也起到了推动的作用。"明初科举考试复试时有书学一事，要求士人通六书之义，手书正楷，时文取字用韵，以《洪武正韵》为

---

① 利马窦、金尼阁：《利马窦中国札记》第 2 卷，中华书局 1983 年第 1 版。

准。"① 由此也可以看出，当是政府规定了官方标准用字——楷书。而且不仅是政府，正规的学校教育中也要使用楷书。据《英宗实录》载：（壬辰）添设提调学校官员：……"赐敕谕之……一，学者所作四书经义论册等文，务要典实，说理详明，不许虚浮夸诞。至于习字，亦须端楷。"②

其次，明朝的民族语言文字政策有了一定的进展。明朝时期，中国境内已经有了众多的少数民族与汉族一起生活。主要有蒙古族、回鹘、女真族以及在云南、四川一代生活的少数民族。蒙古族当时在北方势力很大，使用自己的蒙古文。回鹘大量涌入内地，有自己的语言文字。女真族自宋代以来就在东北地区形成了不同的部落民族，语言文字渐趋成熟。在这种复杂的情形下，政府需要制定相应的民族政策，当然也包括民族语言文字政策。明代的民族语文政策主要表现在共同语推广和民族语文献翻译方面。明代，为了维护统治阶级的利益，政府在民族地区设立学校，教习汉语、汉俗。据《太宗实录》载："永乐十二年春正月，戊戌，乌撒军民府经历钟存礼言，府故蛮夷地，久沾圣化，语言渐通，请设学校、置教官，教民子弟、变其夷俗。"③ 可见，由于民族接触以及学校教育等因素的影响，当时很多少数民族已经能够讲汉语了。民族语文献翻译并不是当时明朝政府制定的明确的语言政策，而是四夷馆的工作内容之一。明朝时期，中原地区与周边的民族之间有朝贡和贸易往来，这样就需要翻译人员。为此，明朝专门设置了四夷馆，一方面负责翻译朝贡国家的往来文书，另一反面教习周边民族和国家的语言文字。

最后，明朝的对外语言政策有了长足的发展，主要表现在汉语的对外推广方面，同时也积极推进外语学习。在外语学习方面，我们前面已经提到了四夷馆。四夷馆在教习外国语言文字方面起到了很大的作用。据《大明会典》记载："凡四方番夷翻译文字，永乐五年设四夷馆，内分八馆，曰鞑靼、女直、西番、西天、回回、百夷、高昌、缅甸，选国子监生习译。……正德六年增设八百馆；万历七年增设暹罗馆。"在汉语推广方面，明朝接受了大量的留学生，如当时就有日本、泰国、朝鲜等国的留学

① 李建国：《汉语规范史略》，语文出版社 2000 年版，第 161 页。

② 《英宗实录》卷 17，正统元年五月，第一册，第 524 页。

③ 《太宗实录》卷 147，永乐十二年春正月，第三册，第 1729 页。

生在中原学习汉语。

（二）清朝时期的语言文字政策

清朝是我国最后一个封建王朝，也是少数民族一统中原的王朝。清朝的语言文字政策自然就具有鲜明的特色和值得借鉴的意义。清朝的语言政策突出地表现在创制与改革文字、推广与保护国语、语音规范及民族语言政策等几个方面。

1. 满文创制与改革

16 世纪末，建州女真逐渐壮大，开始统一建州女真各部。到 1593 年东北地区最强大的女真部族——建州女真各部得到了统一，接下来努尔哈赤又要统一女真其他各部。在此过程中，一直借用的蒙古文字已经不能适应迅速发展的政治、军事、经济、文化的需要。"首先，独立的文字成为政权建设的需要。从长远来看，努尔哈赤如果要统一女真各部，甚至取得全国的统治权，没有属于本民族的文字就无法达到真正的统一。其次，借用蒙古文字也给人们的日常生活带来许多不便。女真人使用的是满语，在文字上用的却是蒙古文，这使得口语和书面语严重脱节，给人们的日常交际和民族的进一步发展带来了诸多不便。再次，言文脱节的现象很容易使信息失真。努尔哈赤政权发布政令均使用蒙古文，在宣布时又要讲女真语，这种言文转换容易导致信息保真度的降低，同时也容易在翻译或传递过程中导致重要信息的泄密。这对政权建设等都是非常不利的。"[①] 在这种情况下，努尔哈赤命令额尔德尼和葛盖创制满文，并且亲自提出了满文创制的原则。至皇太极时期，满族政治、经济的发展，使老满文存在的缺陷明显地暴露出来，严重地阻碍了社会交往，不能适应新的发展形势的需要。针对老满文的缺陷，皇太极决定对满文进行改革，并将这项任务交给满族杰出的语言学家达海。经达海改进的满文称为"有圈点满文"或"新满文"。新满文创制以后，就被清政府迅速推广。满族入关后，顺治、康熙、雍正三朝也采取积极的政策，大力推广和使用满语满文。入关前有关满族档案的记载和入关后清初的公文，都用满文书写。除公文外，满文还用来刻制官印、碑碣、书写家谱，翻译汉文典籍，编纂书籍等。在选拔官员中，也以"通满文义者"作为晋升条件。为了推广满文，入关后清朝设立了许多官学、义学，教习满语满文。当时，上至宫廷下至民间，都学习满文。

---

① 王世凯：《辽宁地区满语资源及其管理》，辽宁民族出版社 2012 年版，第 78 页。

2. 推广和保护国语——满语

清朝历代统治者都重视满语的推广和保护工作，一直沿袭了"国语骑射"的制度。努尔哈赤和皇太极政权采取强制的满化政策，逼迫编入八旗中的汉军改从"满洲"风俗，学习满语满文。从 1644 年清军入关一直到乾隆中期，满语的使用也随满族的兴盛进入繁荣期。"首先，这一时期满族内部都讲满语。早在入关之初，皇太极就发现一些满族人学习汉语，而且在努力学习汉文化。他已经意识到满族人学习汉族风俗、语言的弊端。据《清史稿·太宗本纪》载，皇太极曾为此告诫臣工：'昔金熙宗循汉俗，服汉衣冠，尽忘本国言语，太祖太宗之业逐衰……诸王贝勒务转相告诫，使后世无变祖宗之制。'另据《太宗文皇帝实录》载，天聪八年（1633 年），皇太极针对新出现的汉语官名、地名再次重申：'朕闻国家承天创业，未有弃其国语反习他国之语者。弃国语而效他国，其国未有长久者也。蒙古诸贝子，弃蒙古之语，名号俱学喇嘛，卒到国运衰弱。今我国官名，俱因汉文，从其旧号。夫知其善而不能从，知其非而不能省，俱未为得也。朕虽未成大业，亦不听命他国，凡我国官名及城邑名俱易以满语……嗣后俱照我国新定者称之。若不遵我国新定之名，仍称汉字旧名者，是不奉国法，恣行悖乱者也，察出决不轻恕。'顺治帝也极力反对满人学习汉语。据《清实录》载，'朕思习汉书，入汉俗，渐忘我满洲旧制。前宗人府礼部设立宗学，令宗室子弟读书其内，因谕令设立宗学，教习满书，其愿习汉书者，各听其便。今思既习满书，即可将翻译各汉书观察，其宗室子弟，永停其习汉书，仍习满书。'"[1] 统治者的高度重视，使满族内部语言实现了高度统一，满族内部基本上只讲满语。而且这一时期还有一部分汉人学习满语，主要包括在清朝政府供职的官员、被俘的明朝官兵和投靠清朝政府的其他汉人。从统治者发布的语言文字政策看，当时清朝政府实行了推广满语和保护满语的政策。也正是因为这些政策的实施，使满语在这一时期达到了鼎盛。

3. 清朝的语音规范政策与实践

语音规范是语言政策中很重要的一部分，尤其是在多民族的国家中，就显得越发重要。民族入关建立大清王朝，语言关系更加复杂，语言问题更加突出。统治者对语言问题给予了很大的关注，当然也包括语音问题。

---

[1] 王世凯：《辽宁地区满语资源及其管理》，辽宁民族出版社 2012 年版，第 67—68 页。

史鉴（1995）认为："由于古今方域语音显著差异的刺激和少数民族执掌政权长治久安的需要，清代的语音规范比历代都更自觉、更严格，也更持久，几乎贯彻有清一代的始终。大体说来，这项工作主要包括官修韵书，制定语音标准；创办正音书院，培训举人、秀才和地方官员；编撰正音书籍，推广民族共同语——官话。"① 清朝历史上语音规范方面有几件事情值得关注：一是韵书编撰，一是设立正音书院，还有就是相关教材的编辑。康熙年间，为"使五方之民取音能'较若划一'"②，康熙皇帝命令李光地和王兰生编撰韵书——《音韵阐微》。《音韵阐微》为清代的语音规范提供了标准，对官话的推行起到了积极的作用。雍正年间，为使方言区的官员能够讲官话，在福建、广东等省的府州县设立"正音书院"，教习官话。为了适应正音书院教习之用，也出现了相应的教材。这个时期比较著名的主要有《康熙字典》《音韵阐微》《正音咀华》《正音切韵指掌》《正音通俗表》等。

4. 清朝政府的民族语言政策

满族原来主要生活在我国的东北地区，有本民族的语言和文字。入主北京建立清王朝后，这种语言和文字就等于置于汉语文的大潮中。为了保持满语和满文的国语、国文的地位，清朝政府出台了一系列相关的政策。同时因为政治统治的需要，清朝政府还需要面对民族语言问题。

清朝政府首先需要面对的就是占人口主体的汉族人讲的汉语。清朝政府对汉语采取了满汉合璧的政策，既强调满语和满文的国语、国文地位，同时也允许使用汉语和汉字。因为蒙古语和蒙古文与满语和满文之间存在密切的关系，且蒙古族和满族当时是联盟民族，因此在对待蒙古语和蒙古文的态度上，基本采取了和对汉语文相同的政策。"皇太极时期在一定程度上首开广纳贤才的先河。他多次颁布诏书，强调满汉蒙三语并用，并在多种场合大力推行这一政策。诰封时使用满、汉、蒙三种文字，即源于皇太极。他在上尊号时，册封东西宫大福晋时，均以'满洲、蒙古、汉人三语言作册，并宣读之'。入关后，凡是册封亲王、郡王、贝勒、贝子、将军之福晋时，亦采用满、汉、蒙三种字样。办理边疆和少数民族事务的官员，除向皇帝请示汇报一般都用满文奏疏外，与中央各部院和有关地方

---

① 史鉴：《清代的语音规范》，《语文建设》1995 年第 12 期，第 43 页。

② 李建国：《汉语规范史略》，语文出版社 2000 年版，第 186 页。

官员行文时，并不一定使用满文，可以视不同情况，用汉、蒙古、维吾尔等文字行文。"① 从这个角度来讲，杨亚庚（2005）认为清朝政府实行的是多民族语言共存的政策，是符合当时实际的。

第二节　我国近代的语言政策

我国近代主要指民国时期。这一时期的语言政策从整体方面看，可以分为两大部分，即"政府的语言政策以国语的建立和推广为中心和主体，'国语运动'成为这一语文运动的特定称谓……民族共同语的建立和推广在很大程度上受到方言调查研究的影响，尤其对于中国这样一个语言历史悠久、方言差异很大的国家更是如此，因此民国时期语言政策中的方言内容对于国语的建立和推广具有不可替代的作用，是民国时期整个语言政策的重要组成部分"。② 简单地说，民国时期的语言政策可以分为国语政策和方言政策两部分。

一　我国近代的国语政策

国语运动就是"从清末到1949年中华人民共和国成立前推行的把北京话作为汉民族共同语的运动。它提出'言文一致'和'国语统一'两大口号"。③ 所以，事实上与国语统一相配合的还有言文一致的问题。国语运动的开展，最根本的目的当然还是为了维护统治阶级的利益服务，但其发生还是有相应背景的。

明朝末年以来，西方传教人员进入中国宣传《圣经》。除了文化方面的中西差异之外，他们遇到的最大问题就是语言文字问题。为了传教方便，许多传教士开始用拉丁字母拼注汉语。法国传教士金尼阁就曾于1626年出版《西儒耳目资》，利用29个字母互相配合，加5个字调记号

---

① 杨亚庚：《〈清实录〉所见清前期语言文字政策》，硕士学位论文，吉林大学，2005年，第19页。

② 黄晓蕾：《民国时期政府方言政策概述》，《中国社会科学院研究生院学报》2006年第4期，第131页。

③ 中国大百科全书总编委会：《中国大百科全书·语言文字卷》，中国大百科全书出版社1982年版，第123页。

来拼读汉语。西方传教士在用不同方言传教的同时，形成了所谓的"教会罗马字运动"。受"教会罗马字运动"影响，中国人也开始了拼注汉字的尝试。卢戆章接触罗马字后，受其启发，开始汉字拼注。最后选择55个记号制成了一套新音标——《天下第一快切音新字》，后又出版了《一目了然初阶》。此间，王照仿日本片假名著成《官话合声字母》，劳乃宣写成《京音简字述略》《简字全谱》《简字谱音》，推广汉字注音。

与汉字注音相应，当时有些人在学习西方语言文化的同时，认为欧美语言的言文一致值得学习和效仿，倡导先废止冷僻字，手写都用草书，为汉字注音以使全国语同音。"深受西方文化及语言文字影响的近代知识分子，是国语运动的倡导者、支持者和身体力行者，对民国时期国语运动的开展起到了推波助澜的作用。"①

影响国语运动的另一背景就是当时社会的政治斗争。清朝末期，反封建、反传统的政治斗争开始延伸到语言文字领域，力主改造传统的语言文字，认为文言文及老八股是代圣贤立言的封建思想文化的载体，必须改革。戊戌维新时期，有人就提出了"愚天下之具，莫文言若；智天下之具，莫白话若"②的观点。正是在上述这样的社会背景下，国语运动成为历史的必然。

国语运动是推广国家颁布的标准字音、语音、语法的语文改革运动，始于清朝末期，兴盛于1920年前后，并持续到20世纪30年代，时间长达半个世纪之久。1912年7月，教育总长蔡元培主持召开临时教育会议；8月7日通过了"采用注音字母案"，拟定成立读音统一委员会。同年12月，教育部公布《读音统一会章程》，明确其任务为"审定一切字音为法定国音；将所有国音均析为至单至纯之音素，审定所有音素总数；采定字母，每一音素均以一字母表之"。1913年2月读音统一会成立，并于2月25日正式开会，完成了制定注音字母、审定常用字读音、确定出《国音推行方案》7条以及建议教育部在各省设立"国音字母传习所"等议程，并编成《国音汇编》一书。

1916年蔡元培等人组织成立国语研究会，继续注音字母的颁行工作。

---

① 赵慧峰：《简析民国时期的国语运动》，《民国档案》2001年第4期，第100页。

② 梁廷栋：《论白话为维新之本》，载《辛亥革命前十年间时论选集》第1卷上册，生活·读书·新知三联书店1978年版，第38页。

1917 年，读音统一会的工作得到新任教育总长范源廉大力支持，特拨专款用于注音字母的制定与颁布。吴稚晖编写完成《国音字典》，经读音统一会决定由商务印书馆出版并颁行全国。至此，国音统一工作基本完成。

与注音工作同时进行的就是标准音的推广。1918 年召开全国高等师范校长会议，决定"高等师范附设国语讲习所，以专教注音字母，养成国语教员为宗旨"。① 1920 年 1 月 24 日教育部修改学校法规，规定"首宜教授注音字母，正其发音"。② 1920 年 4 月，注音字母小学教科书正式出版。1922 年，教育部再次公布注音字母书法体式。1923 年，第六届全国教育会联合会新学制课程标准化起草委员会发布《中小学各科课程纲要》，将中小学国文科一律更名国语科。

1927 年 4 月南京国民政府成立，继续推行注音字母。1930 年 4 月国民党中常会第 8 次会议将"注音字母"改称为"注音符号"。1932 年 5 月 7 日，教育部公布了以北平地方国音为标准而形成的《国音常用字汇》。在制定《国音常用字汇》的同时，南京政府加大了推行的力度。1934 年 3 月南京政府教育部发布吴稚晖创作的《注音符号歌》。1934 年 11 月，教育部国语统一筹备委员会第 39 次常务委员会会议讨论通过《汉字注音铜模应由国家铸造推行案》。1935 年 1 月，教育部委托中华书局铸造注音汉字铅字铜模，以印刷普及注音字母读物。1935 年国语统一筹备委员改为国语推行委员会，加大国语普及力度。同年 10 月，颁布《促进注音国字推行办法》（以下简称《办法》）。《办法》规定：国民学校成人班、妇女班及初级补习学校之课本，其文字均使用注音国字；国民学校、初级小学、中心国民学校、高级小学之国语科，其课本生字均用注音国字；一年级上学期应以国语科教育时间一半以上教授注音符号与国音课本，今后凡编辑小学国语教科书，应另以注音符号编辑首册；动员报纸杂志尽量采用注音国字。从《办法》中可见，当时政府采取了刚柔并济的办法，灵活的政策极大促进了注音符号的推行。这期间，各书店以注音汉字出版的教材及读物多达 3000 万册以上。

二　我国近代的方言政策

国语政策和方言政策都是语言政策的重要组成部分。"民国时期政府

---

① 教育部：《第一次中国教育年鉴》（丙编），开明书店 1934 年版，第 591 页。

② 同上书，第 592 页。

方言政策主要包括两个方面的内容：一是逐渐摆脱方言音和历史音的影响，将新的国音音系从传统的官话音系中剥离出来；二是进行大规模的方言调查，为民国时期语言政策的制定提供现实依据。"①

1918 年，北洋政府教育部公布的《注音字母表》包括声母、介音、韵母、四声点法和"浊音符号"五个部分。其中专为方音所设"浊音符号"以"于字母四角作点"表示。"《注音字母表》的公布开始将国音音系中方音和古音的附属地位合法化。"② 1919 年，北洋政府教育部国语统一筹备会设立"闰音委员会"。"闰音"即方音。闰音委员会负责调查方音、制定闰音字母的工作。1920 年，"闰音委员会"改为"审音委员会"。在讨论修订注音字母的过程中，国音应以北平音为标准的提法得以通过，同时规定"兀、广、万"三个声母只用来注方音和外语音，不注国音。"'全以北平音为标准'的决议并对'兀'、'广'、'万'三音进行了重新规定，使得国音音系以北京音为标准的尺度越来越严格，国音音系进一步摆脱方音的影响，方音在国音音系中的位置开始由国音音系的附属部分逐渐向与国音音系相对照的独立部分转变。"③

政府方言政策的变化促使方言研究发生了历史性的改变。1924 年，北京大学成立"方言调查会"，提倡调查研究活的方言口语。林语堂等以国际音标为基础，制定了方音字母草案，并用这套字母标注了北京、苏州、厦门等 14 种方音。调查会进行了方言调查的实践工作，展开了方言理论研究的讨论，发表了一系列文章。政府政策的制定促进了方言调查和研究的发展，同时方言研究也对方言政策的制定和完善提供了实证性的依据。1926 年，全国国语运动大会宣言提出的"两纲四目十件事"就包括了"添制闰音字母、调查方言、征集并改进方言文学"等方面的内容。在这种形势下，1927 年清华大学组织了对吴语的调查。

南京政府时期，方言调查取得了丰硕的成果。1928 年南京国民政府中央研究院历史语言研究所成立。史语所成立后，先后对两广方言、陕南方言、徽州方言、江西方言、湖南方言、四川方言等方言进行了调查。这一时期也产生了丰富的方言研究成果。1928 年赵元任出版《现代吴语研

---

① 黄晓蕾：《民国时期政府方言政策概述》，《中国社会科学院研究生院学报》2006 年第 4 期，第 131 页。

② 同上书，第 132 页。

③ 同上。

究》，1930 年陶焕民出版《闽音研究》，1931 年罗常培出版《厦门音系》。方言研究成果的出现为语言政策的制定提供了理论方面的基础。抗战结束后，赵元任的《钟祥方言记》（1939）、《中山方言》（1948），罗常培的《临川音系》（1941）、《唐五代西北方音》，黄锡凌的《粤音韵汇》（1941）相继出版。1944 年，中国大辞典编辑处的《洛川、同官方言分类词汇》出版。1948 年，丁声树的《湖北方言调查报告》出版。上述研究成果的出现说明方言调查和研究的方法和范围有了进一步发展。

　　丰硕的方言调查和方言研究成果为民国政府提出语言规划、制定语言政策提供了丰富的资料和坚实的理论。这一时期出现的《注音符号总表》和《全国方音注音符号总表草案》是民国时期重要的语言政策文件。1932 年，国民政府教育部国语统一筹备委员会在赵元任的主持下制定《注音符号总表》，并由商务印书馆出版发行。《注音符号总表》除记录南京、苏州、无锡、常州、广州五地的方音外，还对松江、长沙、南通、厦门、西安等 40 处的方音与国音进行了对描写。《注音符号总表》之后附了南京、苏州、无锡、常州、广州五地的闽音符号分表，并在分表的基础上形成了《闽音符号总表》。"《注音符号总表》以及《闽音符号总表》在积累了许多方言事实的基础上对国音和方音进行了规定和对照，是民国时期国音、方音研究和推行成果的重要体现，它的制定和公布是民国时期处理国音和方音、国语和方言关系的重要语言政策文件。"①

　　1941 年，国民政府教育部国语推行委员会委员黎锦熙拟定《全国方音注音符号总表草案》，对方音注音符号的形式、内容和地位进行了更为系统和明确的规定，是 20 世纪 40 年代南京国民政府针对方言问题提出的重要语言政策，为新中国的方言调查研究和方言政策制定打下了可靠的基础。

第三节　新中国成立以来的语言政策

一　《中华人民共和国宪法》中的语言政策

　　1949 年 9 月 29 日，中国人民政治协商会议第一届全体会议选举了中

---

① 黄晓蕾：《民国时期政府方言政策概述》，《中国社会科学院研究生院学报》2006 年第 4 期，第 134 页。

央人民政府委员会，宣告中华人民共和国的成立，并且通过了起临时宪法作用的《中国人民政治协商会议共同纲领》。其中第五十三条涉及了语言文字方面的政策性解读，即"各少数民族均有发展其语言文学、保持或改革其风俗习惯及宗教信仰的自由"。1954 年 9 月 20 日，在第一届全国人民代表大会第一次会议上通过了《中华人民共和国宪法》（以下简称《宪法》）。这是中华人民共和国的第一部宪法。《宪法》中总共有三条内容涉及了语言文字方面的问题。"各民族都有使用和发展自己的语言文字的自由，都有保持或者改革自己的风俗习惯的自由。"（第四条）"民族自治地方的自治机关在执行职务的时候，依照本民族自治地方自治条例的规定，使用当地通用的一种或者几种语言文字。"（第一百二十一条）"各民族公民都有用本民族语言文字进行诉讼的权利。人民法院和人民检察院对于不通晓当地通用的语言文字的诉讼参与人，应当为他们翻译。在少数民族聚居或者多民族共同居住的地区，应当用当地通用的语言进行审理；起诉书、判决书、布告和其他文书应当根据实际需要使用当地通用的一种或者几种文字。"（第一百三十四条）

1975 年的《宪法》中关于语言文字的说明只有一条，就是"各民族都有使用自己的语言文字的自由"。1978 年《宪法》中有两处提到语言文字问题，即"各民族都有使用和发展自己的语言文字的自由"，"民族自治地方的自治机关在执行职务的时候，使用当地民族通用的一种或者几种语言文字"。1982 年《宪法》基本使用了 1954 年《宪法》的说法。此后的 1988 年、1993 年、1999 年、2004 年以及新近的 2012 年《宪法》基本没有实质性的变动。

《宪法》是我国的根本大法。《宪法》规定了国家权力的界限和组织方式，从而通过制度化的方式保障人民权利的实现。《宪法》关注的是国家和社会生活的根本问题，规定了国家的根本制度、根本任务、公民的基本权利和义务，是一切组织和个人的根本活动准则。《宪法》是制定一般法律的依据，一切法律都要以《宪法》为依据。《宪法》具有最高的法律效力，一切法律、法规都不得同宪法相抵触。《宪法》中关于语言政策的相关说明，既体现了国家政府对语言文字问题的高度重视，也为语言文字政策的制定奠定了法理基础。

二　《中华人民共和国国家通用语言文字法》

中华人民共和国第九届全国人民代表大会常务委员会第十八次会议于

2000 年 10 月 31 日通过了《中华人民共和国国家通用语言文字法》。《中华人民共和国国家通用语言文字法》共 4 章 28 条，除总则和附则外，主要有"国家通用语言文字的使用""管理和监督"两个部分，确立了普通话和规范汉字作为国家通用语言文字的法律地位，对国家通用语言文字在国家机关、学校、新闻出版、广播影视、公共服务行业以及公共场所和公共设施、信息技术产品、广告、招牌、企业事业组织名称和在境内销售的商品的包装、说明等方面的使用作出了明确规定。同时也对国家通用语言文字使用的管理和监督进行了说明。

《中华人民共和国国家通用语言文字法》的立法依据是我国的根本大法——《宪法》，它体现了国家关于语言文字的主要政策。这是我国第一部关于语言文字方面的专门法律，在我国语言政策史上具有重要的意义。王铁琨（2001）认为：《中华人民共和国国家通用语言文字法》的颁布，首先，有利于确立和巩固普通话是国家通用语、规范汉字是国家通用汉字的地位，是对普通话和规范汉字地位规范的首次专门立法，这将对民族间的交流、地区间的交往起到积极的作用，有利于在实践上增强民族的凝聚力；其次，有利于促进国家通用语言文字的规范化、标准化；再次，有利于普及文化教育，发展科学技术，提高社会信息化水平；最后，有利于加强国家通用语言文字社会应用的管理，加强社会主义精神文明建设。《中华人民共和国国家通用语言文字法》自颁布实施以来，对我国的语文生活产生了积极的影响。黄德宽（2010）认为："该法颁布以来，我国语言文字工作跨入一个法制化的历史新阶段，对社会转型期的语文生活产生了广泛而深远的影响，语言文字的规范化、标准化水平明显提高，依法使用国家语言文字的意识明显加强，《国家通用语言文字法》在语文生活中规范、引导和教育作用明显发挥，地方性语言文字管理法规不断健全，语言文字工作越来越得到社会各界的重视。"①

《中华人民共和国国家通用语言文字法》的颁布和实施应该标志着我国语言文字立法工作一个新的阶段的开始，是我国语言文字政策史上一个里程碑式的事件。

---

① 黄德宽：《〈国家通用语言文字法〉的"软法"属性》，《语言文字应用》2010 年第 3 期，第 11 页。

三　其他立法中关于语言文字政策的说明

《中华人民共和国宪法》是根本大法,《中华人民共和国国家通用语言文字法》是关于语言文字的专门立法。除此之外,还有很多法律文本中有关于语言文字政策的解读或说明。《中华人民共和国民族区域自治法》《中华人民共和国教育法》《中华人民共和国义务教育法》《中华人民共和国人民法院组织法》《中华人民共和国刑事诉讼法》《中华人民共和国行政诉讼法》《中华人民共和国民事诉讼法》《中华人民共和国居民身份证法》等法律文本中都有关于语言文字政策的说明。

《中华人民共和国民族区域自治法》1984 年通过,2001 年修正,是实施宪法规定的民族区域自治制度的基本法律。《中华人民共和国民族区域自治法》总计 74 条,其中直接涉及语言文字政策的就有 7 条之多,如下:

第十条　民族自治地方的自治机关保障本地方各民族都有使用和发展自己的语言文字的自由,都有保持或者改革自己的风俗习惯的自由。

第二十一条　民族自治地方的自治机关在执行职务的时候,依照本民族自治地方自治条例的规定,使用当地通用的一种或者几种语言文字;同时使用几种通用的语言文字执行职务的,可以以实行区域自治的民族的语言文字为主。

第三十六条　民族自治地方的自治机关根据国家的教育方针,依照法律规定,决定本地方的教育规划,各级各类学校的设置、学制、办学形式、教学内容、教学用语和招生办法。

第三十七条　招收少数民族学生为主的学校(班级)和其他教育机构,有条件的应当采用少数民族文字的课本,并用少数民族语言讲课;根据情况从小学低年级或者高年级起开设汉语文课程,推广全国通用的普通话和规范汉字。

各级人民政府要在财政方面扶持少数民族文字的教材和出版物的编译和出版工作。

第四十七条　民族自治地方的人民法院和人民检察院应当用当地通用的语言审理和检察案件,并合理配备通晓当地通用的少数民族语言文字的人员。对于不通晓当地通用的语言文字的诉讼参与人，应当为他们提供翻译。法律文书应当根据实际需要，使用当地通用的一种或者几种文字。保障各民族公民都有使用本民族语言文字进行诉讼的权利。

第四十九条 民族自治地方的自治机关教育和鼓励各民族的干部互相学习语言文字。汉族干部要学习当地少数民族的语言文字，少数民族干部在学习、使用本民族语言文字的同时，也要学习全国通用的普通话和规范文字。

民族自治地方的国家工作人员，能够熟练使用两种以上当地通用的语言文字的，应当予以奖励。

第五十三条 民族自治地方的自治机关提倡爱祖国、爱人民、爱劳动、爱科学、爱社会主义的公德，对本地方内各民族公民进行爱国主义、共产主义和民族政策的教育。教育各民族的干部和群众互相信任，互相学习，互相帮助，互相尊重语言文字、风俗习惯和宗教信仰，共同维护国家的统一和各民族的团结。

《中华人民共和国教育法》由中华人民共和国第八届全国人民代表大会第三次会议于 1995 年 3 月 18 日通过，自 1995 年 9 月 1 日起施行。《中华人民共和国教育法》第十二条从教育教学角度对语言文字作出了如下规定：

汉语言文字为学校及其他教育机构的基本教学语言文字。少数民族学生为主的学校及其他教育机构，可以使用本民族或者当地民族通用的语言文字进行教学。

学校及其他教育机构进行教学，应当推广使用全国通用的普通话和规范字。

《中华人民共和国人民法院组织法》于 1979 年 7 月 1 日第五届全国人民代表大会第二次会议通过。1983 年 9 月 2 日第六届全国人民代表大会常务委员会第二次会议进行修订。《中华人民共和国人民法院组织法》第六条对人民法院语言和文字的使用作出了明确的规定，如下：

各民族公民都有用本民族语言文字进行诉讼的权利。人民法院对于不通晓当地通用的语言文字的当事人，应当为他们翻译。在少数民族聚居或者多民族杂居的地区，人民法院应当用当地通用的语言进行审讯，用当地通用的文字发布判决书、布告和其他文件。

1979 年 7 月 1 日第五届全国人民代表大会第二次会议通过，1996 年 3 月 17 日第八届全国人民代表大会第四次会议第一次修正，2012 年 3 月 14 日第十一届全国人民代表大会第五次会议第二次修正的《中华人民共和国刑事诉讼法》也包含了与《中华人民共和国人民法院组织法》类似的关于语言文字的规定，如下：

各民族公民都有用本民族语言文字进行诉讼的权利。人民法院、人民检察院和公安机关对于不通晓当地通用的语言文字的诉讼参与人，应当为他们翻译。在少数民族聚居或者多民族杂居的地区，应当用当地通用的语言进行审讯，用当地通用的文字发布判决书、布告和其他文件。

1989 年 4 月 4 日第七届全国人民代表大会第二次会议通过的《中华人民共和国行政诉讼法》对我国行政诉讼中语言文字的使用作出了规定，如下：

各民族公民都有用本民族语言、文字进行行政诉讼的权利。在少数民族聚居或者多民族共同居住的地区，人民法院应当用当地民族通用的语言、文字进行审理和发布法律文书。人民法院应当对不通晓当地民族通用的语言、文字的诉讼参与人提供翻译。

1991 年 4 月 9 日第七届全国人民代表大会第四次会议通过，2007 年 10 月 28 日第十届全国人民代表大会常务委员会第三十次会议第一次修正，2012 年 8 月 31 日第十一届全国人民代表大会常务委员会第二十八次会议第二次修正的《中华人民共和国民事诉讼法》也对语言文字的使用作出了规定，如下：

　　　　各民族公民都有用本民族语言、文字进行民事诉讼的权利。在少
数民族聚居或者多民族共同居住的地区，人民法院应当用当地民族通
用的语言、文字进行审理和发布法律文书。人民法院应当对不通晓当
地民族通用的语言、文字的诉讼参与人提供翻译。

2003 年 6 月 28 日第十届全国人民代表大会常务委员会第三次会议通
过《中华人民共和国居民身份证法》，对居民身份证文字的使用作出了明
确规定，如下：

　　　　居民身份证使用规范汉字和符合国家标准的数字符号填写。民族
自治地方的自治机关根据本地区的实际情况，对居民身份证用汉字登
记的内容，可以决定同时使用实行区域自治的民族的文字或者选用一
种当地通用的文字。

《中华人民共和国民族区域自治法》《中华人民共和国教育法》《中华
人民共和国义务教育法》《中华人民共和国人民法院组织法》《中华人民
共和国刑事诉讼法》《中华人民共和国行政诉讼法》《中华人民共和国民
事诉讼法》《中华人民共和国居民身份证法》等法律文本都是以《中华人
民共和国宪法》为基础的，其中关于语言文字政策的法条都是在《中华
人民共和国宪法》的基础上，并根据不同法律需要制定的。

四　语言文字工作中体现的语言政策

　　学界一般把我国语言文字工作的开展划分为三个不同的历史时期。每
个时期的语言文字工作中都反映了当时的语言政策。如果把新世纪以来的
语言文字工作算作一个独立的时期，那么应该分为四个不同的历史阶段。

（一）语言文字工作全面展开时期的语言政策

　　一般认为，1949—1966 年是我国语言文字工作的第一个时期，也是
我国语言文字工作全面展开的时期。1951 年 6 月 6 日《人民日报》发表
社论——《正确地使用祖国的语言，为语言的纯洁和健康而斗争》。"社
论"指出："语言的使用是社会经济政治文化生活的重要条件，是每人每
天所离不了的。学习把语言用得正确，对于我们的思想的精确程度和工作
效率的提高，都有极重要的意义。很可惜，我们还有许多同志不注意这个

问题，在他们所用的语言中有许多含糊和混乱的地方，这是必须纠正的。"因此决定连载吕叔湘、朱德熙两位先生关于语法修辞的长篇讲话。这是针对当时语言使用中的混乱现象，政府发出的声音。

1954 年 12 月中国文字改革委员会成立，是我国当时主管文字改革的专门机构，致力于普通话的确定与推广、汉语规范化和汉字简化。中国文字改革委员会在推广普通话、汉字简化与整理、推行汉语拼音等方面做了大量的工作。在推广普通话方面，中国文字改革委员会与教育部、语言研究所从 1956 年到 1961 年联合举办了 9 期普通话语音研究班；1956 年与语言研究所合作成立了普通话审音委员会，审议异读词 1800 多条和地名读音 190 多个，编成了《普通话异读词三次审音总表初稿》。在汉字简化和整理工作方面，中国文字改革委员会公布了《汉字简化方案》，编印了《简化字总表》，与文化部联合发布了《第一批异体字整理表》，与文化部联合发布《印刷通用汉字字形表》。在推行汉语拼音方面，中国文字改革委员会致力于制定和推行汉语拼音方案。1958 年秋季起，全国小学开始教汉语拼音。

这一时期，在政府和语言文字工作者的共同努力下，形成了《汉字简化方案草案》《第一批异体字整理表草案》《汉字简化方案》《简化字总表》《第一批异体字整理表草案》《第一批异体字整理表》《印刷通用汉字字形表》《汉语拼音方案》《普通话异读词审音表初稿》《普通话异读词三次审音总表初稿》《暂拟汉语教学语法系统》《语法和语法教学》等一系列的重要成果，是政策执行的有力体现。

（二）语言文字工作停顿时期的语言政策

1966—1978 年是我国语言文字工作的第二个时期，也是通常所谓的停顿时期。这一时期由于受到"文化大革命"的影响，语言文字工作基本处于停顿状态。

这一时期语言文字的主要工作体现在"二简字"上。1977 年 12 月 20 日中国文字改革委员会发布《第二次汉字简化方案〈草案〉》，同时《人民日报》《光明日报》《解放军报》及各省、市、自治区一级报纸发表该草案。《第二次汉字简化方案〈草案〉》第一表收简化字 248 个，第二表收简化字 605 个。12 月 21 日《人民日报》开始试用《第二次汉字简化方案（草案)》第一表的简化字。

《关于第二次汉字简化方案（草案）》原则上吸收了广大群众对汉字

进行的简化，采用的主要是"各省、市、自治区和部队推荐的群众中流行的新简化字材料""群众来信中提供的新简化字材料""1972 年中国文字改革委员会向各省、市、自治区征集的新简化字材料"。具体表现在选用群众中流行的简化字、简化汉字形体的同时精简汉字的数量、淘汰部分容易读错和写错的字、使一部分汉字的偏旁和笔画结构变成了常用字、减少了一部分汉字的偏旁。由于二简的指导思想、做法都是"文革"惯性使然，因此引发了广泛批评。1978 年 7 月，《人民日报》《解放军报》停止试用这批简化字。1986 年 9 月国务院发出通知，决定停止使用《第二次汉字简化方案》。同时《人民日报》发表社论——《促进汉字规范化，消除社会用字混乱》，要求做好汉字规范化工作。

（三）语言文字工作深入开展时期的语言政策

1978—1999 年是语言文字工作的第三个阶段，是语言文字工作深入开展的时期。

首先，这一时期我国建立了各级语言文字工作机构。1985 年 12 月把中国文字改革委员会改名为国家语言文字工作委员会，并在各省、市、自治区以及省辖市、县也成立了相应机构，主管语言文字工作。中小学和高校建立了语言文字工作委员会，负责管理本校的语言文字工作。

其次，明确了新时期语言文字工作的方针和任务。当时的工作方针确定为"贯彻执行国家关于语言文字工作的政策和法令，促进语言文字规范化、标准化，推动文字改革工作，使语言文字在社会主义现代化建设中更好地发挥作用"。主要任务是"做好现代汉语规范化工作，大力推广和积极普及普通话；研究和整理现行汉字，制定各项有关标准；进一步推行《汉语拼音方案》，研究并解决它在实际使用中的有关问题；研究汉语汉字信息处理问题，参与鉴定有关成果；加强语言文字的基础研究和应用研究，做好社会调查和社会咨询服务工作"。

再次，明确普通话的地位，确定推广普通话。《中华人民共和国宪法》（1982）明确规定"国家推广全国通用的普通话"，这一方面从法律上确定了普通话的国家通用语的地位，同时也确定了要推广这种通用语。1986 年国家语言文字工作委员会明确提出了普通话的推广目标，即使普通话成为教学语言、工作语言、宣传语言，并最终成为通用语言的目标。

最后，加强汉字使用管理，简化规范汉字。1991 年国家教委发布《关于全国教育系统进一步加强语言文字规范化工作的通知》，1992 年国务院发布《国务院批转国家语委关于当前语言文字工作的请示的通知》，同年新闻出版署、国家语委联合发布《关于发布〈出版物汉字使用管理规定〉的通知》，对汉字规范和规范汉字的使用提出明确要求。

这一时期，还公布了《普通话异读词审音表》（1985 年 12 月 27 日），确定了普通话异读词的读音、标音。《中学教学语法系统提要（试用）》修订完成，对汉语教学和汉语规范起到了积极作用。

（四）新世纪以来的语言文字工作反映的语言文字政策

语言文字工作进入崭新的历史时期的标志就是《中华人民共和国国家通用语言文字法》的颁布和实施。为推动国家通用语言文字的规范化、标准化及其健康发展，使国家通用语言文字在社会生活中更好地发挥作用，促进各民族、各地区经济文化交流，2000 年 10 月 31 日第九届全国人民代表大会常务委员会第十八次会议修订通过了《中华人民共和国国家通用语言文字法》，并于 2001 年 1 月 1 日起施行。这是我国第一部关于语言文字的专门法律，标志着我国的语言文字工作进入一个新的历史时期，更标志我国语言政策进入一个新的历史阶段。

《中华人民共和国国家通用语言文字法》颁布后，在全社会都引起了强烈的反响，先后有 32 个地方相继出台贯彻落实《中华人民共和国国家通用语言文字法》的语言文字地方性法规或规章，3 个地方性法规进行了修订。这标志着以国家通用语言文字法为核心的语言文字法律、法规体系初步形成。在《中华人民共和国国家通用语言文字法》的影响下，这一时期的语言文字工作取得了很明显的成绩，也标志着我国语言文字政策的逐渐成熟。

首先，我国语言文字工作的体制机制更加完善。第一，各地建立健全语委，设立专门办事机构。到 2011 年底，全国 31 个省、直辖市、自治区和新疆生产建设兵团，2/3 的地（市）、县（区）设有语言文字工作工作机构，多数大中城市的机构延伸到区县、街道、社区。第二，建立健全了"语委统筹、部门协同、定期协商"的议事协调机制。逐步建立健全了年度语言文字工作会议、语委咨询委员会议、语委全体委员会议、外语中文译写规范部际联席会议，以及各专业机构、专项工作组等制度和组织。第三，建立了宏观管理和联合督查机制。通过各级人大积极支持、各级政府统一领导、各级语言文字工作机构组织协调、各部门各行业相互配合，初步形成了"行政推动、部门协同、专家支持、社会参与"的工作格局。

　　其次，语言文字规范化、标准化、信息化建设的新思路逐渐成熟。第一，工作机构系统化。我国建立了由教育部和国家语委统筹协调，各部门分工合作的系统的工作机构。这保证了我国语言文字规范化、标准化和信息化的顺利进行。第二，制定完善了工作规章。我国先后成立了负责制定、审定、评测的专业机构，制定完善了《国家语委语言文字规范（标准）审定委员会章程》《国家语委语言文字规范（标准）管理办法》等规章，保证语言文字规范化、标准化工作运行更加科学规范。

　　最后，我国语言文字规范标准建设取得重要进展。2006 年以来，我国组织制、修订语言文字规范标准 14 项（见表 2－1）。

表 2－1　　　　　　　　2006 年以来发布的语言文字规范标准

规范标准名称	发布时间	发布部门
GF3007—2006 中国通用音标符号集	2006.2	教育部、国家语委
GF2002—2006 汉字应用水平等级及测试大纲	2006.8	教育部、国家语委
GB/T 20532—2006 信息处理用现代汉语词类标记规范	2006.9	国家质检总局、国家标准委
GB/T 13504—2008 汉语清晰度诊断押韵测试（DRT）法	2008.7	国家质检总局、国家标准委
GF0011—2009 汉字部首表	2009.1	教育部、国家语委
GF0012—2009　GB13000.1 字符集汉字部首归部规范	2009.1	教育部、国家语委
GF0013—2009 现代常用字部件及部件名称规范	2009.3	教育部、国家语委
GF0014—2009 现代常用独体字规范	2009.3	教育部、国家语委
GF0016—2010 汉语口语水平等级标准及测试大纲	2010.10	教育部、国家语委
GF0015—2010 汉语国际教育用音节汉字词汇等级划分	2010.10	教育部、国家语委
GB/T 15835—2011 出版物上数字用法	2011.7	国家质检总局、国家标准委
GB/T 28039—2011 中国人名汉语拼音字母拼写规则	2011.10	国家质检总局、国家标准委
GB/T 15834—2011 标点符号用法	2011.12	国家质检总局、国家标准委
GB/T 16159—2012 汉语拼音正词法基本规则	2012.6	国家质检总局、国家标准委

　　同时《中国语言生活绿皮书》发布了 7 项语言文字规范草案（见表 2－2）。

表 2 – 2　　　　　《中国语言生活绿皮书》发布的语言文字规范

规范标准名称	发布时间	发布部门
现代汉语常用词表（草案）	2008. 10	教育部、国家语委
日本汉字的汉语读音规范（草案）	2009. 10	教育部、国家语委
文语转换与语音识别系统语言文字评测规范（草案）	2009. 10	教育部、国家语委
机器翻译系统语言文字评测规范（草案）	2009. 10	教育部、国家语委
语料库系统语言文字评测规范（草案）	2009. 10	教育部、国家语委
现代汉语语料库元数据规范（草案）	2009. 10	教育部、国家语委
基于概念层次的语句概念结构语料库标注规范（草案）	2009. 10	教育部、国家语委

　　这些规范标准进一步完善了语言文字规范标准体系，有力地促进了社会语言文字应用的规范化、标准化、信息化，也标志着我国语言文字政策的进一步系统化。

第三章

语言政策的主体与客体

公共政策的主体和客体是一对相对的概念。公共政策主体是指在公共政策的运行过程中，在政策的制定、实施与评估等不同阶段上对政策问题、政策过程、政策目标群体主动施加影响的人员和机构的总称。公共政策主体具有相应的主体能力，可以规范制约社会成员的行为，引导公众的观念及行为倾向，可以调控各种利益关系，公平分配各种不同的社会资源，同时可以推动和促进公共政策体系内部的互动及整合。从世界范围内观察，公共政策主体通常包括国家公共法权主体、社会政治法权主体和社会非法权主体三类。

公共政策的客体就是公共政策的作用对象及影响范围，也就是公共政策主体针对什么、为了谁制定了公共政策。公共政策的制定是为了解决相应的社会问题，其目的是为了调节或分配一部分人的利益，同时规范或指导一部分人的行为。

语言政策是公共政策的重要组成部分。但是近年的公共政策学研究中却几乎没有关于语言政策主体、客体的讨论，这不能不说是一个遗憾。

第一节　语言政策的主体

"从公共政策运行阶段的角度可以将政策主体区分为政策规划、制定主体，政策实施、执行主体，政策评估主体。"[①] 这里我们先讨论语言政策的规划、制定主体。

语言政策的主体问题就是语言政策是谁的语言政策的问题。因为政策

---

① 严强：《公共政策学》，社会科学文献出版社 2008 年版，第 41 页。

说到底是为统治阶级服务的，政府拥有对社会资源进行权威分配的权力，所以通过政府行为实现国家的语言资源分配和管理是当前世界各国的共性办法。"政府中枢决策系统"成为语言政策制定主体的核心部分。"政府中枢决策系统"对应着国家公共法权主体、社会政治法权主体两个部分。与"政府中枢决策系统"相对应的是社会非法权主体，是语言政策主体的个体性体现，主要包括政策学家、语言学家等，可以统称为语言政策事业家。

一　语言政策的中枢决策系统

"政府中枢决策系统是由执政党领导机关、国家权力机关和行政机关组成的一个文化决策和文化统治体系。"① 语言政策作为文化政策的一部分，与其他公共政策一样，具有相同或相似的政府中枢决策系统。语言政策不论是作为国家统治的手段，还是作为国家管理语言资源的工具，最终都是为特定阶层和集团的利益服务的。在这个过程中，语言政策要反映执政党的语言利益和语言愿望，就需要使相关的语言政策合法化，就需要有相关的执行机构按照既定的语言政策对语言资源进行管理和分配，从而体现国家的语言意志。因此，政党统治集团、国家立法机关和国家行政机关就成为语言政策中枢决策系统中不可或缺的三个要素。它们互相联系、共同作用，从而保证国家语言统治和管理的正常运行。

1. 政党统治集团

《世界政党大全》认为，政党是"代表一定阶级或阶层的利益为实现自己的目标和理想力求取得和保持国家政权而进行活动的政治组织"。② 《现代汉语词典》将政党定义为"代表某个阶级、阶层或集团并为实现其利益而进行斗争的政治组织"。任何政党成为一个国家的执政党之后，就享有包括制定语言政策在内的制定一切政策的权力。不论是由执政党直接制定的语言政策，还是在执政党的纲领原则指导下间接制定出来的语言政策，最后都是这个政党统治集团所代表的语言利益和语言意志的体现。所以政党统治集团在语言政策中枢决策系统中必定起着决定性的作用。

中国共产党历来重视语言文字工作，在其领导下也在不同历史时期制

---

①　胡惠林：《文化政策学》，书海出版社、山西人民出版社 2006 年版，第 30 页。

②　钟清清：《世界政党大全》，贵州教育出版社 1994 年版，第 972 页。

定了不同的语言文字政策。祝敏彻等 1960 年总结党的语言政策时就指出："一九二一年中国共产党诞生以后，党就十分重视中国文化的各个方面。白话文在发展过程中产生的一些偏向，党和进步人士（如鲁迅）也极为重视。"① 当时党的领导人瞿秋白就直接发起了普通话运动。1940 年毛泽东在《新民主主义论》中直接提出"言语必须接近民众"，1942 年在《反对党八股》中批判了八股式文风，提倡生动活泼、新鲜有力的文风，对语言使用提出了要求。这些虽还只能算是一个政党关于语言及其使用方面的政治主张，但事实上产生了很大的影响。

1949 年新中国成立后，中国共产党更加重视语言文字工作。"党根据客观现实的需要和汉语本身发展的要求，于一九五五年十月，召开了现代汉语规范问题学术会议，向全国人民正式提出了汉语规范化工作，并且指出了汉语规范化的标准和原则。"② 1955 年 10 月召开的全国文字改革会议，又提出了推广普通话的号召。这是中国共产党建立人民民主政权，实行多党合作制度之后在语言文字政策方面提出的鲜明的政策主张，也是核心主张，对我国语言政策的制定起到了规定性的作用。

新中国成立初期，党的语言政策主要体现在汉语规范化、文字改革、少数民族语言文字工作及改进文风等几个方面。汉语规范化工作在党的领导下取得了有目共睹的成绩，语音、词汇、语法等方面的标准得以确定，这对普通话的推广、对和谐语文生活的建设起到了不可估量的作用，在社会、经济、文化方面也发挥了巨大的作用。文字改革经过长期的专家论证，也取得了基本的共识，在定音、定形、定量、定序方面都取得了丰富的成果，尤其是进入计算机时代后，汉字的录入准备工作也取得了可喜的成就。我国少数民族语文工作一直是党关注和重视的工作之一。中国共产党一再强调，任何一项民族工作，都必须依据"自愿自择""慎重稳进"的原则，在少数民族语言文字工作方面，也坚持了这一原则。"各民族均有使用和发展自己民族的语言文字的自由"，是党的民族政策的重要内容。在文风工作方面，党也给予了充分的关注。当时党的领导人亲自撰写了《反对党八股》一文，专论文风问题。1951 年《人民日报》发表社论，发出了"正确地使用祖国的语言，为语言的纯洁和健康而斗争"的

---

① 祝敏彻等：《党的语言政策》，《西北师大学报》1960 年第 1 期，第 58 页。
② 同上书，第 63 页。

号召。1955 年《人民日报》又发表了"为促进汉字改革、推广普通话、实现汉语规范化而努力"的社论。当时这些主张后来在《中华人民共和国宪法》、《中华人民共和国国家通用语言文字法》、《中华人民共和国民族区域自治法》等法律文本中都有体现。这说明，政党统治集团的主张在语言政策中枢决策系统中起到了决定性的作用。

2. 国家立法机关

国家立法机关是能够制定、修改和废除法律的国家机关。国家立法机关是拥有使语言政策合法化的权力机关。资本主义国家的立法机关是议会。我国的立法机关是全国人民代表大会及其常务委员会。国家立法机关的主要职能是制定法律，它通过运用直接或间接民主的形式把民众的意见和要求汇总起来，经过立法程序而制定为法律。

新中国成立后的 1953 年 1 月 13 日，我国成立了以毛泽东为核心的中华人民共和国宪法起草委员会，负责宪法起草工作。1954 年 6 月 14 日，中央人民政府委员会通过《中华人民共和国宪法草案》。两个多月后经过提交全民讨论修改，提交全国人民代表大会第一次会议讨论，9 月 20 日通过了《中华人民共和国宪法》（即 1954 年宪法）并公布实施。1954 年宪法中不仅对普通话的地位进行了法律上的认定，还对语言使用的相关方面进行了法律约定。如宪法第十九条规定："国家推广全国通用的普通话"，事实上就是从宪法的高度确定了普通话的国家通用语的地位；第一百二十一条规定："民族自治地方的自治机关在执行职务的时候，依照本民族自治地方自治条例的规定，使用当地通用的一种或者几种语言文字"，这是不同民族之间语言文字使用的法律依据。

《中华人民共和国国家通用语言文字法》（以下简称《语言文字法》）是我国第一部关于语言的专门立法，于 2000 年 10 月 31 日在第九届全国人民代表大会常务委员会第十八次会议上通过。《语言文字法》首次明确提出"国家通用语言文字是普通话和规范汉字"，不仅规定了普通话和规范汉字的使用范围，也明确了普通话和规范汉字的地位。

国家立法机关制定的语言政策具有最高的法律效力，国家行政机关、司法机关等制定的有关语言的法律、法规和政策等都不能与之相抵触。且由于宪法是国家的根本大法，是国家立法机关制定其他法律、法规的基本依据，所以其他法律、法规也不能与宪法相抵牾。如《语言文字法》在制定之初就确定了"与宪法等有关法律保持一致"的基本指导思想。

3. 国家行政机关

国家行政机关也称国家管理机关，一般称为政府，是统治者运用国家权力，通过强制和非强制手段对国家经济、政治、教育、科技、文化、卫生、国防等事务进行组织和管理的机关。国家行政机关包括最高国家行政机关和地方国家行政机关。我国最高的国家行政机关是国务院。根据宪法和有关组织法的规定，我国地方国家行政机关分为省（自治区、直辖市）、市（自治州、直辖市的区）、县、乡（镇）四级。国家行政机关是国家权力的执行机关，直接执掌国家行政权，是从事国家语言事务管理的机关，是国家语言意志的直接体现者。国家行政机关依据国家权力机关制定的宪法、法律、法规以及政策及其赋予的立法权制定语言管理法规和政策，规范语言文字，引导国家语言生活。

1954 年宪法第十九条规定："国家推广全国通用的普通话"。1956 年 2 月 20 日，国务院依照宪法，发布《关于推广普通话的指示》，指出"汉语统一的基础已经存在了，这就是以北京语音为标准音、以北方话为基础方言、以典范的现代白话文著作为语法规范的普通话。在文化教育系统中和人民生活各方面推广这种普通话，是促进汉语达到完全统一的主要方法"，并就学校、部队、青年团的各地支部和工会的各地组织，全国各地广播电台，全国各报社、通讯社、杂志社和出版社，全国铁路、交通、邮电、对外交际等领域的普通话推广提出了明确的要求，同时要求中国文字改革委员会在 1956 年上半年完成汉语拼音方案，中国科学院语言研究所在 1956 年编好以确定语音规范为目的的普通话正音词典，在 1958 年编好以确定词汇规范为目的的中型现代汉语词典，在 1956 和 1957 年完成全国每一个县方言的初步调查工作以配合普通话的推广工作。

国务院设推广普通话工作委员会，统一领导全国的推广普通话工作，日常工作由中国文字改革委员会、教育部、高等教育部、文化部、中国科学院语言研究所分工进行。各省、直辖市人民委员会设立同样的委员会，并以各省、直辖市的教育厅、局为日常工作机关。至此，国家行政机关依照宪法和相关法律形成了由中央到地方的完善的普通话推广的机构系统和推广措施，保证了国家语言意志的实现。

2000 年 10 月 31 日，我国立法机关——第九届全国人民代表大会常务委员会通过了《中华人民共和国国家通用语言文字法》。该法通过后，在我国各级国家行政机构都产生了很大的影响。我国各级国家行政机关都制定了相应的规定、办法。如辽宁省人大常委会 2005 年 5 月 28 日发布了《辽宁省实施〈中华人民共和国国家通用语言文字法〉规定》，规定县级以上人民政府教育行政部门主管国家通用语言文字工作，明确了工作职责，就工商、民政、人事、建设、交通、信息、文化、卫生、广播电视、新闻出版、旅游等有关部门国家通用语言文字的使用提出了工作要求。结合辽宁省实际，对企业的名称、牌匾、广告及其在境内销售的产品包装、说明，自然地理实体名称，行政区划名称，居民地名称，各专业部门使用的只有地名意义的台、站、港、场等地名标志中语言文字的使用提出了明确的要求；就普通话水平测试和不同行业普通话能力提出了具体的要求。

不同层面上的国家行政机关依据国家权力机关制定的宪法、法律、法规以及政策，在规范语言文字，引导国家语言生活方面发挥了积极的作用。

二　语言政策事业家

政府中枢决策系统是从国家高层语言政策制定的主体角度来考察的，指的是国家机器。然而在语言政策制定过程中真正起作用的往往是具体的个人或群体。这主要包括两个部分：即语言政策的决策者和影响语言政策决策的个人或群体。

1. 语言政策的决策者

语言政策的决策者是指直接把握国家语言文字统治权力，控制国家语言文字发展走向的语言文字权力行使人。它通常是一个包括政党统治集团、国家立法机关和国家行政机关领袖及其核心成员在内的语言文字政策决策的主体群。这些成员虽然不是直接以个人权威作出决策，但其核心地位往往会对语言文字政策的制定产生决定性的影响。这个群体主要包括国家领袖、机关首长和公共权威等。

1950 年 11 月，毛泽东致信胡乔木，要他起草一份关于正确书写电报的文件。这就有了中共中央于 1951 年 2 月 1 日下发的《中共中央关于纠正电报、报告、指示、决定中的文字缺点的指示》（以下简称《指示》）。《指示》中明确提出要"必须遵守文法"。"至于信件和公布的文件，不但文字应当完全，标点亦须正确。为解决这一问题，《人民日报》不久将连载文法讲座，望全党予以注意。"这就有了 1951 年 6 月 6 日起在《人民日报》连载并结集成书的《语法修辞讲话》。《指示》及《语法修辞讲话》

典型地说明了语言政策制定中领袖、首长及权威在主体中的重要作用。毛泽东作为领袖，敏锐地发现了当时语言文字生活中存在的问题；胡乔木等作为首长（时任新闻总署署长）依据语言问题的事实形成了语言文字政策的初步思想，并最终成为那一时期重要的语言政策。吕叔湘、朱德熙等虽未在政界担任领导职务，但因其威望和影响力，在语言政策的制定中发挥了不可替代的作用。

2. 影响语言政策决策的职业者

语言政策的决策者往往因为身处特定的机构，受到一定的制度和法律的约束，从而在社会公众信息链上存在短板。而语言作为交际工具的特殊性又要求决策者对这些信息有充足的知悉和把握，只有如此，才能制定出合理科学的政策，这就需要完善的决策咨询系统来弥补。影响语言政策决策的职业者就构成了语言政策主体的另一个部分，也就是通常所讲的语言政策决策咨询系统，是语言政策制定的智囊团。

语言政策决策咨询是实现语言政策决策科学化的重要手段和保证，也是国家和政府进行语言决策的有力助手。"现代公共决策咨询具有咨询客体的多重性、咨询活动的高智力性、咨询过程的创新性、咨询规模的集团性、咨询体制的独立性、咨询人员的职业性等特点。"①

事实上我国语言文字政策的制定很多都有个体的参与，尤其是目前相关语言文字政策的制定或拟定就更凸显出了这样的特征。从第一部宪法草案到宪法发布的两个多月时间向全民征求意见，到第一部语言文字专门立法的形成都体现了这一主体的不可忽视的作用。2000 年 7 月 3 日在第九届全国人民代表大会常务委员会第十六次会议上全国人大教科文卫委员会副主任委员汪家镠所做的《关于〈中华人民共和国国家通用语言文字法（草案）〉的说明》以下简称《语言文字法》中讲到，《语言文字法》的起草工作于 1997 年 1 月正式启动，国家语言文字工作委员会积极配合全国人大教科文卫委员会的起草工作。起草班子在国内进行了大量立法调研，并对国外语言文字立法情况进行了考察。起草班子多方征求意见，数易其稿，形成法律草案。经八届全国人大教科文卫委员会第 49 次会议讨论通过，于 1997 年 9 月 29 日报告给八届全国人大常委会。全国人大换届

① 包兴荣：《决策科学化与中国公共决策咨询系统的建设与完善》，《四川行政学院学报》2004 年第 1 期，第 9 页。

之后，为了做好九届全国人大常委会审议的准备工作，全国人大教科文卫委员会于 1998 年 9 月 24 日在听取各方面意见的基础上，重新召开新一届委员会的全体委员会议，对草案进行了进一步的认真讨论，总体持肯定评价，认为比较成熟，建议全国人大常委会尽早审议。这充分说明智囊团在《语言文字法》的形成过程中起到了不可小觑的作用。

随着网络的普及化，当代的政策咨询也表现出一定程度的大众性特征。通过网络传媒等渠道，很多个体都可以表达个人的意见，这其中当然包括一定领域内的专家，还包括一些普通的民众。2009 年 8 月 12 日，教育部公布《通用规范汉字表》（征求意见稿），面向社会公开征求意见。在这份征求意见稿中，恢复了 51 个异体字，拟对 44 个汉字"动刀整形"，调整其写法，这一信息随即引发社会各界的强烈反响。对于"44 个汉字写法可能调整"的态度，网络中进行了网民意见的统计。其中，87.14% 的网友表示反对，有 2.69% 的网友表示赞同，有 7.29% 参与调查的网友持观望态度，有 2.88% 的被调查者认为无所谓。这些意见在《通用规范汉字表》的修订中也起到了决策咨询的作用。

第二节　语言政策的客体

"相对于政策主体而言，公共政策客体具有决定性的作用。正确认识公共政策客体是保证政策客观性的基础，也是保证政策有效运行的前提。"[①] 对于语言政策来讲，研究语言政策客体同样重要。语言政策的客体，就是语言政策发生作用的对象，或者说，是语言政策主体就哪些问题、为哪些人制定语言文字政策。关注语言政策的客体，有两个方面必须予以重视，即语言政策客体的内容及其特征。

一　语言政策客体的内容

胡惠林（2006）在讨论文化政策时认为："文化政策客体种类繁多，形式多样，按不同的标准可以有不同的分类。"[②] 例如按产业形态分为文

---

① 王曙光等：《公共政策学》，经济科学出版社 2008 年版，第 55 页。

② 胡惠林：《文化政策学》，书海出版社、山西人民出版社 2006 年版，第 41 页。

化娱乐业、图书出版业、文艺演出业、电影业、新闻传播业、音像制品业、艺术品经营业等；按时间形态区分为历史的和现实的；按文化形态区分为民族的、中国的和外国的，即少数民族地区文化政策、对外文化政策和民族文化遗产政策，等等。语言虽然属于文化的范畴，但语言政策毕竟不就是文化政策，所以从政策学的角度看，它们还是有一定的差异的。宏观上看，语言政策的客体主要包括两个部分。

（一）语言问题

陈章太（2009）这样界定语言问题："'语言问题'是语言学、社会语言学的专业术语，多指因语言及其社会应用所带来的困难、麻烦或冲突。具体指因语言结构、地位及其功能等的缺失、变异，或因相关制约因素的变化，如社会、政治、经济、文化、宗教等因素及语言关系、语言观念、语言政策的变化，使得语言在社会应用中发生困难与障碍，甚至可能造成、引发社会、民族、宗教、群体等的矛盾与冲突，这些与语言、语言社会应用及其相关因素有关的需要认真对付、解决的麻烦和疑难事情，称为语言问题。"[1] 当由于语言本身及其使用引发的问题成为需要解决的社会矛盾时，语言问题就成为社会问题。当语言引发的社会问题涉及面较大或造成的社会影响较大时，这部分社会问题就具有了公共的性质，转化为公共问题。公共问题进入政府的政策范围和政策议程时，公共问题就转化为政策问题。这时，由于语言问题引发的社会问题和公共问题就成为语言政策的客体。

我国之所以要在 1956 年发布关于推广普通话的指示，实行推广普通话的政策，显然是针对当时社会上出现和存在的语言问题。"由于历史的原因，汉语的发展现在还没有达到完全统一的地步。许多严重分歧的方言妨碍了不同地区的人民的交谈，造成社会主义建设事业中的许多不便。语言中的某些不统一和不合乎语法的现象不但存在口头上，也存在书面上。在书面语言中，甚至在出版物中，词汇上和语法上的混乱还相当严重。为了我国政治、经济、文化和国防的进一步发展的利益，必须有效地消除这些现象。"[2] 再如，我国之所以在 21 世纪初发布《语言文字法》，也是由当时的语言问题引发的。时任全国人大教科文卫委员会副主任委员汪家镠

---

① 陈章太：《语言资源与语言问题》，《云南师范大学学报》2009 年第 4 期，第 5 页。
② 引自《国务院关于推广普通话的指示》（1956 年 2 月 20 日）。

在《关于〈中华人民共和国国家通用语言文字法（草案）〉的说明》（以下简称《说明》）中指出："我国是一个多民族、多语言、多文种的国家，有 56 个民族，共有 73 种语言；30 个有文字的民族共有 55 种现行文字，其中正在使用的有 26 种。制定国家通用语言文字法，用法律的形式确定普通话和规范汉字作为国家通用语言文字的地位，规定国家通用语言文字的使用范围，有利于语言文字的社会应用，有利于各民族之间的交往，有利于促进民族团结，维护国家统一。"这是从我国语言生活总体情形角度分析制定语言文字法的必要性，也间接指出了当时存在的语言问题。同时《说明》中还指出："当前，语言文字的应用现状与社会发展的要求相比，还存在某些滞后现象：有些地区方言盛行，在公共场合说普通话还没有真正形成风气；社会上滥用繁体字、乱造简体字的现象比较普遍；有些企业热衷于取洋名、洋字号，在营销活动中乱造音译词；信息技术产品中语言文字使用的混乱现象也很突出；不少出版物、广告、商店招牌、商品包装和说明中滥用外文……大量事实说明，在语言文字工作中没有法律，只靠政策性文件，规范性差，权威性小。制定国家通用语言文字法，把语言文字工作纳入法制轨道，才能适应社会发展的需要，实现科学有效的管理。"这是从当时语言具体使用中存在的问题的角度分析语言立法的必要，也反观了当时语言应用中存在的具体问题。

当语言问题成为语言政策着力要解决的矛盾时，语言问题就成为语言政策的客体。

（二）目标群体

政策最终只有作用于一定的社会成员才能真正地发挥作用。所以语言政策的客体中还有政策发挥作用的目标群体。我们把语言政策发生作用的对象，即一定范围的社会成员或社会团体称为语言政策的目标群体。在公共社会的视野范围内，公共政策的主体可以作为客体而存在，同样地，公共政策的客体也可以作为主体而存在。无论是作为个体还是作为群体，民众往往兼具公共政策主体与客体双重角色。

这里仍以 1956 年推广普通话政策为例。国务院发布的《关于推广普通话的指示》中明确界定了当时推广普通话政策的作用对象。第一，除少数民族地区外，在全国小学和中等学校的语文课内一律开始教学普通话。到 1960 年，小学三年级以上的学生、中学和师范学校的学生都应该基本上会说普通话，小学和师范学校的各科教师都应该用普通话教学，中学和中等事业学校的教师也都应该基本上用普通话教学。各高等学校的语文教学中也应该增加普通话的内容。第二，中国人民解放军文化教育中的语文课和中国人民解放军所属各级学校的语文课，都应该用普通话教学。第三，青年团的各地支部和工会的各地组织，都应该采用适当的和有效的方式，在青年中和工人中大力推广普通话。第四，各个方言区域的广播站，必须适当地包括用普通话播音的节目。全国播音人员、全国电影演员、职业性的话剧演员和声乐（歌唱）演员，都必须接受普通话的训练。在京剧和其他戏曲演员中，也应该逐步地推广普通话。第五，全国各报社、通讯社、杂志社和出版社的编辑人员，应该学习普通话。第六，全国铁路、交通、邮电事业中的服务人员，大城市和工矿区的商业企业中的服务人员，大城市和工矿区的卫生事业中的工作人员，大城市和工矿区的警察，司法机关中的工作人员，报社和通讯社的记者，文化馆站的工作人员，县级以上的机关团体的工作人员，都应该学习普通话。第七，一切对外交际的翻译人员，除了特殊的需要以外，应该一律用普通话进行翻译。

就推广普通话的政策来讲，它的作用目标群体有七类，这其中有些仅以纯目标群体的身份成为语言政策的客体，还有一些是可以在推广普通话政策中起到主体作用的。

二　语言政策客体的特征

关于语言政策客体的特征，我们也从两个方面讨论：一是作为客体的语言问题的特征，二是作为客体的目标群体的特征。

（一）作为语言政策客体的语言问题的特征

1. 语言问题的社会性

"语言问题是由语言及其使用本身的问题，以及语言外部各相关社会因素构成的。"[①] 从语言文字的结构系统及其使用来讲，陈章太认为，语音系统的不完备、词汇的贫乏、语法的不严密、语法功能差、语义表达力弱、没有文字形式、语言规范化程度以及语言文字本身长期停滞不变或是变化太大和太快等都可能成为语言问题。在这些语言问题中，有些可能并没有在社会上引起较大的负面影响，有一些可能会造成社会矛盾。只有那些在不同层面上引发了社会矛盾的语言问题才是语言政策主体关注的问

---

① 陈章太：《语言资源与语言问题》，《云南师范大学学报》2009 年第 4 期，第 5 页。

题，从而成为语言政策的客体。

我们以出版物中数字用法为例。可以这样讲，出版物中的数字用法在国家制定相关的政策规定之前，各种不同的混乱现象一直存在。我国截至目前一共三次出台了相关的规定。"1987 年 1 月 1 日，国家语言文字工作委员会、国家出版局、国家标准局、国家计量局、国务院办公厅秘书局、中宣部新闻局联合发布《关于出版物上数字用法的试行规定》。《试行规定》出台后，1993 年国家技术监督局建议将《试行规定》制定为国家标准。后由王均、厉兵牵头起草完成《出版物上数字用法的规定》（GB/T 15835—1995）。国家技术监督局 1995 年 12 月 13 日批准，于 1996 年 6 月 1 日起实施。21 世纪以来，由詹卫东、覃士娟、曾石铭等牵头起草完成《出版物上数字用法》。2011 年 7 月 29 日国家质量监督检验检疫总局、中国国家标准化管理委员会联合发布《出版物上数字用法》（GB/T 15835—2011）。"① 1987 年规定制定的初衷在《规定》中就有明确的说明，即"鉴于目前出版物在涉及数字（如时间、长度、重量、面积、容积和其他量值）时，使用汉字和阿拉伯数字没有统一的体例，情况比较乱，根据有关方面的建议，我们会同部分新闻出版单位，经过多次讨论、修订，制定了《关于出版物上数字用法的试行规定》……出版物数字写法上的混乱，给编辑、排版、校对工作增加了许多不必要的负担，也不利于计算机输入、检索。制定一个统一的规则，有利于语言文字的规范化"。② 可见，当时国家已经认识到数字使用失范的问题已经影响了语言文字的规范化，语言问题已经成为社会问题。正因为语言问题具有了社会性，所以才具有了成为语言政策客体的可能性。

2. 语言问题的公共性

自然问题，如太阳东升西落、刮风下雨、苹果落地等，因其不具有社会性，所以没有可能进入政策问题范畴。语言问题的社会化也只是使其具有了进入政策范畴的可能性。如果语言问题成为语言政策的客体还需要其具有公共性。语言问题的社会性与公共性是不同的概念。黄建钢、骆勚在定义公共现象与社会现象时指出："以公共性为内在特征的事务在外部的

---

① 王世凯、胡北：《出版物上数字用法的相关规定及使用中存在的问题》，《中国科技期刊研究》2014 年第 1 期，第 173 页。

② 引自《关于出版物上数字用法的试行规定》，国家语言文字工作委员会、国家出版局、国家标准局、国家计量局、国务院办公厅秘书局、中宣部 1987 年 1 月 1 日发布。

表现形式或方式，就是公共现象，它所具有的主要意义和作用在于公共现象是公共社会下公共领域里对客观现象或事务的反映，其存在是具有一定的客观性的，其发生和发展的全过程都是以社会的发展趋势为标准和方向的，从公共现象里就可以看到公共性事务在社会生活中所具有的影响和作用。"① 语言问题只有在社会生活中具有相应的影响，并具有语言政策价值的时候，才成为语言政策的客体。也就是说，当某种语言问题生长发展到一定的程度，影响到业已形成的语言秩序或语言利益的平衡时，就可能引起政策主体的关注，成为主体的对象。

《中华人民共和国国家通用语言文字法》规定，"国家通用语言文字是普通话和规范汉字"，也就是说，国家通用语言是普通话，国家通用文字是规范汉字。这是从立法的角度规定了普通话和规范汉字的地位。这针对的就是带有公共特征的语言问题。因为"我国是一个多民族、多语言、多文种的国家，有 56 个民族，共有 73 种语言；30 个有文字的民族共有 55 种现行文字，其中正在使用的有 26 种"。② "多民族、多语言、多文种"是客观存在的语言文字现象，同时它也作为社会问题存在。当这种问题影响到统治阶级，包括广大人民群众的语言利益和文化利益时，就成为语言政策主体关注的对象，从而成为语言政策的客体。

（二）作为语言政策客体的目标群体的特征

作为语言政策客体的目标群体的特征就是其同时作为主体和客体的两面性。"政策目标群体与政策制定主体、政策执行主体和政策评估主体共生于政策过程之中，是政策客体的两个主要方面之一。"③ 事实上，就目标群体而言，语言政策主体与语言政策客体不仅仅是共生的关系。在公共社会的视野范围内，公共政策的主体可以作为客体而存在，同样地，公共政策的客体也可以作为主体而存在。无论是作为个体还是作为群体，民众往往兼具公共政策主体与客体的双重角色。

从 1990 年开始到 1996 年，全国人大代表和全国政协委员共提出有关语言文字立法的议案 97 件，其中 1996 年八届全国人大第四次会议上 227 位代表提出了对语言文字进行立法的议案。1997 年八届全国人大第五次

---

① 黄建钢、骆勋：《新公共政策学》，北京大学出版社 2010 年版，第 50—51 页。

② 引自《关于〈中华人民共和国国家通用语言文字法（草案）〉的说明》。

③ 汪大海等：《现代公共政策学》，清华大学出版社 2010 年版，第 60 页。

会议上又有 164 位代表提出对语言文字进行立法的议案。这可以看作语言政策的个体性主体。1996 年 10 月 28 日，八届全国人大常委会第二十二次会议同意由全国人大教科文卫委员会牵头起草《中华人民共和国语言文字法》，全国人大教科文卫委员会可以看作语言政策的群体性主体。这是从语言文字法的主体方面考察。当《中华人民共和国国家通用语言文字法》自 2001 年 1 月 1 日起施行，同样对上述的个体和群体性主体起作用，此时作为主体的个体和群体就成为语言文字法规范和约束的对象。所以，作为语言政策客体的目标群体同时兼有语言政策主体和客体的两种角色。

三　语言政策客体的作用

语言政策客体共同的核心作用在于推动和促进语言政策的变迁。陈潭（2006）认为，"公共政策变迁是人类社会基本的正式制度变迁模式，是围绕集体行动而开展的自发的或通过人为安排的秩序演进过程。政策变迁除了呈现为政策时滞、政策博弈、政策演进三个结构性逻辑外，还表现为政策失效、政策创新、政策均衡三个阶段性逻辑"。[1] 政策的变迁往往是因为原有或现有的政策失效，从而要求进行政策创新，并进行共时阶段上的政策平衡。所谓语言政策的变迁，是指由于语言现象或社会现象的发展，导致原有的语言政策失效或效用降低，经过科学政策评估后，进行语言政策的创新和更新。语言政策客体的作用可以从客体不同类型的角度分析。

（一）语言问题对语言政策变迁的推动作用

作为一个个体，因为每个人讲某种语言属于私人问题，因此并不构成公共政策的客体。当一种语言问题对社会中的许多人产生影响，这样的语言问题就成为社会问题。当这种社会问题具有公共属性，进入公共政策关注的范围之内，就成为语言政策的客体。语言问题的变化以及社会问题的变化都可能推动语言政策相应地发生一定的变化。这种现象在历史上不断地发生着。

这里我们以清朝政府不同时期的语言政策为例。努尔哈赤时期的清朝，地处关外，满族占主体，整个满族群体处于单语社会。这一时期满汉

也有接触，主要是汉人归降或是被俘获。当时清朝政府规定归降或是俘获的汉人必须学习并使用满语。到皇太极时期，一些满族人开始学习汉语。但这一时期的满族统治者也特别强调满语满文的学习。清朝政府明令满人和融入满族的汉人及其他民族的成员必须习满俗、讲满语。清朝入关后，满族的语言环境由单一满语转变为满汉双语。与之相应的社会情形也发生了变化：一方面，为了吸引并利用汉族有识之士为满族统治者服务，相当多的汉族人被吸纳到统治阶层；另一方面，满族和汉族有了大范围的接触。大多数满族人因生活环境的变化和生活的需要，加之对汉族先进文化的倾慕，主动学习汉语文与汉文化，开始转用汉语。统治阶层虽然坚持保留传统的"国语骑射"，但为了尽快了解、学习汉文化中的先进成分，发展自己的民族，稳定统一大业，清朝政府在语言教育方面采取了满汉兼顾的方针。

由此可见，语言问题的变化以及相应的社会问题的变化推动了语言政策的变化。这在任何的历史时期都是一样的。

（二）目标群体对语言政策变迁的促进作用

语言政策的目标就是为了解决一定的语言问题以及由之引发的相应的社会问题。作为政策客体的目标群体在语言政策的创新及更新中往往起着不可忽视的作用。尤其是语言作为人类最重要的交际工具，具有文化属性，与民族情感、文化多元性等问题息息相关，所以语言政策目标群体的作用就更加重要，更加需要受到重视。目标群体既能推动语言政策更新，也能促使语言政策保持不变，显示的都是作为语言政策客体的目标群体对语言政策的推动作用。

这里我们以发生在广州的"撑粤语"事件为例。① 2010 年 5—6 月，广州市政协组成 17 个调研组，对与"亚运软环境"有关的问题进行调研。涉及语言使用的一个问题就是，广州市政府有关方面为了让来广州参加亚运会比赛和旅游的国内外宾客了解亚运和本地新闻资讯，希望广州电视台增加普通话的播出时间。基于这样的考虑，广州市政协在网上发布了《广州电视台播音情况调查问卷》，其中第 9 项是：

---

① 这里我们不讨论"撑粤语"事件的性质等问题，可参看屈哨兵《广州"撑粤语"事件引发的思考》。

您赞成以下哪种调整：

A：广州电视台广州频道在主要时段改为普通话播音，其他时段以粤语播音；

B：广州电视台广州频道改为普通话播音，另外增设粤语频道；

C：维持不变。

据广州市政协相关负责人当时接受媒体采访时提供的数据看，"目前投票结果是 60%—70% 的人赞成粤语播音，30%—40% 的人赞成普通话播音。而这似乎和广州户籍人口和流动人口的比例相当"。[1] 这里的背景是，1988 年，为应对香港电视对珠三角的影响，国家广电部批准珠江频道、广州频道使用粤语播出节目。可见国家广电总局当时制定相关规定的时候是充分考虑了作为政策客体的人的因素的，或者说是政策客体的原因促使当时规定的出台。2010 年，广州市相关部门根据需要准备对相关规定进行修订，事实上就是相关语言政策的修订。在这次修订中，广州市相关部门显然对语言政策的公共性给予了充分的观照，首先是征求意见。参与调查的人虽然不会是全部，但反映出来的是有倾向性的规律。也就是说，作为政策客体的目标群体不赞成对当前的语言政策进行修订。这说明，目标群体在语言政策的制定中起着相当重要的作用。尤其是作为人类最重要的交际工具的语言，其政策的制定就更加应该重视目标群体的作用和反应。

第三节　语言政策主体与语言政策客体的关系

语言政策主体与语言政策客体的关系是矛盾运动的关系，反映的是语言政策主体作用于语言政策客体，同时语言政策客体也反作用于语言政策主体的矛盾运动、对立统一的过程。语言政策主体和语言政策客体互相以对方为依存条件，推动语言政策的运动与发展。语言政策主体与语言政策客体的关系一方面表现为语言政策主体提出的政策目标会规定和引导语言政策客体的运动方向；另一方面表现为语言政策客体的生长与发展也制约

---

[1]　屈哨兵：《广州"撑粤语"事件引发的思考》，《云南师范大学学报》2011 年第 1 期，第 57 页。

着语言政策主体的政策选择。

一　主体提出的政策目标引导客体的运动方向

语言政策的客体包括语言问题及语言政策的目标群体。语言政策客体的运动方向受到语言政策主体提出的政策目标的导引。我们知道，语言内部各要素之间的矛盾运动促使语言发展，同时因为语言的本质属性是社会性，语言的发展变化也会受到外部因素的影响。内部和外部的因素共同促使语言不断发展变化。语言的发展变化最终应该是为了更好地为人类交际服务。同时，语言问题的发展运动方向以及目标客体还要受到语言政策主体制定的政策目标的影响。

东周春秋时期的《礼记·中庸》（第二十八章）出现了"今天下车同轨，书同文，行同伦"的说法。《史记·秦始皇本纪》中明确了"一法度衡石丈尺，车同轨，书同文字"。这就是历史上有名的"书同文"。汉字产生的时间很早，至殷商以后，文字逐渐普及。金文作为当时的官方文字，形制比较统一。但到春秋战国时期，兵器、陶文、帛书、简书等民间文字在不同的区域中差异很大。秦始皇统一六国之前，各国的文字很不统一。就是同样的文字，也有多种不同的写法。这种状况不仅妨碍了各地经济、文化的交流，更重要的是影响了中央政府政策法令的有效推行。于是，秦统一六国后，秦始皇命李斯等人整理、统一文字。李斯以秦国文字为基础，参照六国文字，制定出小篆；程邈根据当时民间流行的、更为简化的字体，整理出隶书。两种形体的文字均在全国推广。其中小篆作为秦国标准文字，隶书作为日用文字，皇帝诏书和政府正式文件一般用小篆书写，非官方文件用隶书抄写。这就是当时的文字政策导引文字运动方向的典型例证。秦始皇下令统一和简化文字，对我国文字的发展是一次重大改革，既为推行法令、传播文化起到了重要作用，也对汉族文字的发展产生了重要影响。

政策主体的政策目标规定也引导着语言政策客体的运动方向，事实上就是语言政策在政策执行对象中发挥作用。这表现在两个方面：一是政策引导语言文字生活。"书同文"政策的执行，促使官方和民间的文字使用向统一化方向发展，即向小篆和隶书的方向发展。二是语言文字政策规范着人们的语言文字使用，引导社会的语言生活。虽然语言文字政策在不同的历史时期呈现出刚性和柔性的不同，但最终都会导致人们使用上的一定程度的趋同化。仍以"书同文"为例。"书同文"政策的发布，就是政府的一种强制性或半强制性的命令。它约束人们在不同的场合使用小篆或隶书，并逐渐放弃原来使用的文字。

二　客体的生长与发展制约主体的政策选择

对于语言政策的主体和客体来讲，主体有主体的政策目标，客体具有客体自身的发展规律。当语言政策主体的政策目标与客体的生长发展规律相适应、相协调，政策主体的目标选择就将为客体的生长发展提供客体自身所不具备的政策条件，从而为客体的发展提供良好的空间和环境；当政策主体的目标选择与客体的发展规律不相适应甚至背道而驰，主体与客体之间就会发生冲突，冲突的结果多是以主体的妥协而告终。

这里我们以新中国成立后文字改革的相关政策为例。1953 年 10 月 1 日，党中央内设中央文字问题委员会。1954 年 10 月 8 日，设立中国文字改革委员会，11 月，中共中央发出《关于讨论汉字简化方案的指示》。1955 年 1 月 7 日，教育部、中国文字改革委员会联合公布《汉字简化方案草案》，向全国各地征求意见。同年 10 月 15 日，教育部、中国文字改革委员会联合召开全国文字改革会议。会议主要议题是通过《汉字简化方案》《第一批异体字整理表》。1964 年《第一次汉字简化方案》发布，并在社会上产生了相当积极的影响。我国政府提出汉字的简化问题，是基于当时的繁体字艰深难懂，不方便各界人士学习和使用，在一定程度上对国家的政治、经济、文化等的繁荣和发展起到了消极的作用。文字改革问题提上了日程。这样看来，文字使用与社会发展需要不相适应的客体特征决定了政策主体要在这一时期制定新的文字政策。在汉字简化过程中，根据汉字发展规律，政府部门于 1950 年和 1952 年两次制定选定简体字的四条原则，以汉字及其使用的规律为核心和依据制定相应规范标准，反映了当时文字政策的制定是遵循了文字发展演变的规律的。当时的中央教育部社会教育司广泛搜集资料，编制《常用简体字登记表》，向社会征求意见。应征者对简体字的选定提出的"选定简体字应该遵循约定俗成的原则"和"只有少数楷化的草书简体可以采用"等意见被不同程度采纳，并重新确定简体字的选定原则，即完全根据"述而不作"的精神选定简体字，并适当注意缩减通用汉字的数目，把异体或可以相互通用的字尽量合并。1952 年 3 月 25 日，中国文字改革研究委员会成立汉字整理组，重新确定了编制简化字方案的四条原则：

1. 已有通行简体的字，以述而不作、不另造简体字为原则。但无通行简体而笔画较多的常用字不妨另找简体。

2. 简体字以印刷体为准，其构造宜注意与手写体相近。偏旁简化可以类推。

3. 异体字由本组另行处理，代用字暂不入本表。

4. 简体字表公布时，以简体字为主，附注繁体。排列按起笔"丶""一""丨""丿""㇆"的次序，首笔相同视次笔，另附由读音检简字及由繁体检简字的两个检字表。

1952 年下半年中国文字改革研究委员会汉字整理组拟出《常用汉字简化表草案》第一次稿。经过反复修订，六易其稿，汉字整理组编成《汉字简化方案草案》。1955 年 1 月，中国文字改革委员会、教育部、中国人民解放军总政治部、中华全国总工会联合发出通知，印发《汉字简化方案草案》30 万份，征求意见。其间收到各界群众的来信和意见书 5167 件，全国参加讨论的人数达 20 万。1955 年 9 月，中国文字改革委员会拟出《汉字简化方案修正草案》，并于当年进行了修订。1956 年 1 月 31 日，《人民日报》全文发表了国务院的《关于公布〈汉字简化方案〉的决议》和《汉字简化方案》。由此可以看出，由于受到汉字发展及其使用的影响，汉字简化的方针和政策从 1950 年到 1956 年间进行了多次调整，并最后公布。《汉字简化方案》等在社会公布后，产生了积极的影响。史有为（1991）认为，汉字改革在汉字书写速度、空间处置难度、汉字认知难度、汉字的系统性等方面都有积极的价值，[①] 进而在政治、经济、文化等方面都产生了积极的作用。之所以能够产生这样的效果，就是因为汉字的发展与使用有本身的规律，而语言文字政策主体在文字政策制定过程中充分尊重了汉字的发展及使用规律。语言政策主体的政策目标与客体的生长发展规律相适应，使政策主体的政策目标得以实现，同时也使政策客体本身得以发展和进步。

当然，当政策主体的目标选择与客体的发展规律不相适应时，也通常会使主体与客体都受损。1977 年 12 月 20 日，中国文字改革委员会继 20 世纪 50 年代《汉字简化方案》提出《第二次汉字简化方案（草案）》

---

① 参看史有为《汉字简化的价值评估》，见《语文建设》1991 年第 3 期。

（以下简称二简方案）。二简方案分为两个表：第一个表收录了 248 个简化字，推出后直接实行；第二个表收录了 605 个简化字，推出后仅供讨论，没有直接实行。1986 年"二简字"废除，而且《中华人民共和国国家通用语言文字法》规定，"二简字"不属于规范用字。二简方案之所以废止，显现的就是语言政策客体的发展规律对主体政策目标选择的制约。二简字的制定一方面没有遵循汉字发展规律，即对文字的改革要保持谨慎态度，文字形体在一个时期内要保持相对稳定；同时方案中把一些不应该简化的字简化了，又把一些应该简化的没有简化，并且有些字简化得过于简单，造成"二简字"过于混乱。另一方面从目标群体的角度来讲，二简草案大多采用了通行于一种行业、一个地区的新简化字，约未全定，俗未全成，大众接受度较低；另外受当时社会形势的影响，人们认为汉字是为工农兵服务的，知识分子是"臭老九"，所以简化汉字时并没有征求知识分子的意见，政策制定显然不具有公共性。正是由于这样的原因，当时的文字政策显然不能适应客体的生长发展规律，二简方案废止也是必然的事情。

三　语言政策主体与客体互相制约

语言政策的主体与客体之间不是单向影响的关系，而是互相制约、互相促进、动态平衡的关系。

（一）语言政策主体与客体互相制约

从语言政策主体和客体的作用看，语言政策主体提出的政策目标引导语言政策客体的运动方向，语言政策客体的生长与发展规律制约语言政策主体的政策选择。但这并不说明两者之间是单向引导和单向制约的关系，而是呈现互相制约的情形。语言政策主体提出的政策目标只有合乎语言政策客体的生长与发展规律，才能使政策目标的确定科学合理，才能正确引导政策客体的运动和发展方向。我国普通话推广政策、文字改革政策的提出正是适应了当时语言文字的社会情形及其发展规律，才取得了成功。同时，语言政策客体的生长与发展规律也在客观上制约着主体对政策目标的选择，并对目标选择呈现一种强制制约的态势。也就是说，只有合乎语言文字发展规律的政策目标才能是科学的目标，否则只能导致语言文字生活混乱或政策失败。

（二）语言政策主体与客体互相促进

语言政策主体和客体的目标性特征和客观发展实际决定两者之间的关

系还是相互促进的。语言政策主体选择特定的政策目标都是为了达到特定的目的，最终都是为了维护统治阶级的利益。为了这个原因，语言政策主体会想方设法制定科学的政策以达到他们的统治目的，维护统治阶级的语言利益，最终维护他们的统治利益。为了这样的目的，他们会根据不断出现的新的语言文字现象、新的社会现象，根据不同方面的需要，而在一定时期内不断调整或更新语言政策。从这个方面讲，语言文字政策的客体会一直不断地促进政策主体改进语言文字政策。

　　从另一个方面讲，科学的语言文字政策也会对建设和谐的语言文字生活、促进语言文字发展起到积极的作用，即可以促进语言政策客体的健康发展。和谐的语言文字生活的建设首先需要一个健康的语言文字环境。科学的语言文字政策能够引导语言文字向更加符合其本身发展的客观规律的方向，向适应社会的使用的方向发展，这就能够促使语言文字健康发展，从而建设和谐丰富的语言文字生活。

（三）语言政策主体与客体之间矛盾运动、动态平衡

　　语言政策主体和客体之间的互动关系可以概括为矛盾运动、动态平衡。首先，语言客体的客观发展和变化会促使语言政策主体不断修订或更新关于语言文字方面的政策。例如新中国成立以来，我国先后四次发布了关于标点符号用法的说明或规定。1951 年 9 月，中央人民政府出版总署公布《标点符号用法》，对句号、逗号等 16 种标号和点号进行了界定，并对其用法进行了说明。时隔近 40 年后，鉴于"文字书写、书刊排印由直行改为横行，标点符号用法也有些新的发展和变化"，1990 年 3 月，国家语言文字工作委员会和新闻出版署发布《关于修订发布〈标点符号用法〉的联合通知》，对说明进行了简化，对例句进行了更换，增加了连接号和间隔号，对直行文稿的部分说法进行了相应改动。《标点符号用法》修订稿发布后，在业界产生了较大的影响。除对《标点符号用法》本身进行讨论和商榷外，《中国出版》还连载了苏培成先生的《标点符号问答》，对部分标号和点号的用法进行了详细的解读和示例说明。1995 年 12 月，国家技术监督局发布《标点符号用法》，并确定为中华人民共和国国家标准（GB/T 15834—1995），于 1996 年 6 月 1 日开始实施。《标点符号用法》从非国家标准上升到国家标准，在业界和学界引起的争论就更大，当然也包括一些争议。《语言文字应用》《科技与出版》《中国语文》《修辞学习》《中国科技期刊研究》《中国出版》等分别刊发文章，对标点符

号的流变、标点符号的规范、标点符号的使用乱象等问题进行讨论，尤其是对《标点符号用法》进行了比较激烈的论争。在这种情况下，中华人民共和国国家质量监督检验检疫总局和中国国家标准化管理委员会于2011年12月发布中华人民共和国国家标准（GB/T 15834—2011），代替中华人民共和国国家标准（GB/T 15834—1995），并于2012年6月1日起实施。

　　另外，语言政策主体和客体之间也一直在寻求一种动态的平衡。这主要表现为政策对语言文字发展的制约和语言文字发展对政策的牵引。语言文字政策在主导上要适应语言文字的发展规律，引导其积极发展；同时政策本身也会表现一定的强制性，从使用上制约语言文字不向某个方向发展。语言文字本身的发展既要符合语言文字本身的客观发展规律，同时也受到人类使用的制约，两者共同影响语言政策的制定。就是在这样两种情形下，语言政策的主体和客体在不断地寻求动态的平衡，并表现为总体倾向性方面的共同发展。

第四章

语言政策的选择及影响因素

政策选择具有非常重要的意义。王春福（1992）认为："一个社会怎样选择自己的政策，选择什么样的政策来干预社会生活，直接关系到该社会社会矛盾的解决、社会结构的调整，从而也直接影响社会的发展方向。"[①] 语言政策是公共政策中不可或缺的组成部分，加之由于语言本身作为人类最重要的交际工具的特殊工具属性，以及文化属性、资源属性，语言政策的选择意义同样重大。

语言政策的选择就是政策主体如何依据客体的发展规律、生长特征及政策需求制定相应的语言政策，选择什么样的政策工具达到政策目的。语言政策本身也构成一个系统，它既受到政策内部要素的制约，也受到外部要素的影响。影响语言政策选择的外部要素通常指"政策制定过程所包含的一整套互相联系的因素，包括公共机构、政治体制、政府官僚机构以及社会总体的法律和价值观"。[②] 语言政策与产业政策、财政政策、货币政策等经济政策，国防与外交政策、人口与就业政策、社会保障政策等政治社会政策，科技政策、教育政策、文化政策、体育政策、卫生政策等科教文体政策等毕竟有着很大的差异。另外，加之语言本身的特殊性，就使影响语言政策选择的因素也与其他公共政策存在这样那样的不同。以下我们分析影响语言政策选择的因素。

---

① 王春福：《论社会政策选择的内在机制》，《理论探讨》1992 年第 6 期，第 56 页。

② ［美］E. R. 克鲁斯克、B. M. 杰克逊：《公共政策词典》，上海远东出版社 1992 年版，第 26 页。

第一节　语言的自然样态

这里所讲的语言自然样态是指一个国家范围内的自然语言和方言的分布形态。我国是一个多民族的国家，一般认为我国有 56 个民族。在这个民族大家庭内部，既有不同的民族语言、民族共同语，还有不同的方言。民族语言和方言的多样性构成我国的语言自然样态。一国的语言自然样态对语言政策的制定会产生多方面的影响。

我国的语言自然样态可以概括为"民族语言丰富，共同语方言众多"。对于一个国家的语言政策选择来讲，就需要在这样的语言自然样态基础上进行语言的地位规划和功能规划。所以一国的语言自然样态会影响该国语言政策的选择。知悉一国语言自然样态的途径就是语言调查，包括民族语言调查和方言调查两个部分。

一　民族语言自然样态对语言政策选择的影响

（一）民族语言样态与民族语言政策

语言政策，尤其是民族语言政策，制定的前提是对语言自然样态有充分的把握和了解。了解语言自然样态的途径就是语言调查。我国的民族语言调查一般分为三个阶段。20 世纪 50 年代以前是第一阶段，是少数学者从个人兴趣出发进行的调查，也可以看作学者自发性的调查。这一时期主要调查了广西、四川、云南、贵州等地区的少数民族语言，涉及藏语、瑶语、壮语、莫语、水语、彝语、哈尼语、白语、纳西语等不同民族语言，形成了一系列的成果，对少数民族语言文字的存在和使用情况有了一定程度的了解和把握。

1949 年中华人民共和国成立，"标志着民族压迫制度和歧视少数民族制度的结束，开始了民族团结和睦、民族平等和语言平等的新时代。党和政府制定了一系列方针政策保障少数民族的平等权利，其中包括制定民族语文政策，保障少数民族语言文字的使用和发展少数民族文化教育的权利"。① 这些政策，尤其是语言文字方面的政策的选择和制定显然得益于

---

① 孙宏开等：《中国的语言》，商务印书馆 2007 年版，第 17 页。

此前的语言调查，同时也促使新一轮的少数民族语言调查的启动。在新政策方面，1951 年 2 月中央人民政府政务院发布"关于民族事务的几项决定"，指出"在政务院文化教育委员会内设民族语言文字指导委员会，指导和组织关于少数民族语言文字的研究工作，帮助尚无文字的民族创立文字，帮助文字不完备的民族逐渐充实其文字"。与此同时启动了第二轮少数民族语言调查。1954 年中央对各地的语言文字情况有了初步的了解。同年 5 月，中央人民政府政务院文化教育委员会民族语言文字指导委员会和中央人民政府民族事务委员会向政务院提交"关于帮助尚无文字的民族创立文字问题的报告"，同月得到批复，同意帮助没有文字的少数民族创立文字。可见语言自然样态对语言政策的选择影响很大。

20 世纪 80 年代以来，我国又进行了新发现语言调查和社会语言学调查，为我国新时期语言政策的选择提供了非常重要的第一手资料。

（二）新时期语言资源观与民族语言政策

20 世纪 80 年代，我国就有专家学者提出语言资源观。进入 21 世纪以来，这种观点逐渐进入大众视野，成为专家、学者、政府以及部分民间人士关注的话题。语言资源观的形成带来的不仅是对语言本身的认识的深化，还带来了语言观点的改变。人们更加关注语言的多样性、文化的多元化问题。民族语言是语言资源的看法基本成为共识。这种观念的诞生以及当前的民族语言现状对语言政策的影响已经逐渐显现。

《中国的语言》的调查表明，我国境内共有 120 多种语言。但其中处于濒危状态的语言已达 20 余种，使用人数在千人以下的语言更是有 15 种。部分少数民族语言，如鄂伦春语、赫哲语、土家语、彝语、仡佬语、纳西语、仙岛语等语言已经处于接近"湮灭"状态，塔塔尔语、畲语、基诺语、普米语、怒语等一些少数民族语言已完全失去交际功能，濒临灭绝。有 1400 余万人的满族，其母语已经成为文献语言。民族语言的消亡代表着这种语言所承载的精神文化遗产的消失，影响民族权利的保护，也会对我国精神文化建设产生不利影响。这样的民族语言样态正引起国家越来越高度的重视。

任何一种语言都是不可再生的资源，应该得到保护、开发和利用。现实的民族语言样态对我国当前的语言政策的选择也正在产生越来越明显的影响。例如，在政府的主导下，加大对民族语言研究的力度，在立项政策等方面给予支持。中国社会科学院 2000 年把《中国新发现语言调查研究》立为 A 类重大课题，2002 年度又把《中国濒危语言方言调查研究》立为 A 类重大课题。为了制定相应的规范标准，国家社科基金项目开始立项支持相应民族语言的数据库建设等方面的研究，如 2013 年国家就立项资助了《西藏社会用字现状调查与规范化对策研究》（西部项目）、《锡伯语文有声数据库建设》（西部项目）、《黎语支语言有声资源数据库建设》（重点项目）、《新疆多民族语言有声调查与数据库建设》（重大项目）。虽然目前的政策文本中还没有明确的国家层面保护开发民族语言资源的提法，但是从实际工作中已经能够看到，国家已经对此给予了充分的关注。

二　汉语方言自然样态对语言政策选择的影响

共同语和方言政策的选择和制定有赖于对共同语和方言自然样态的了解和把握。"由于共同语对于方言的依赖性，任何一个民族共同语的建立和推广过程同时也是对该民族各种方言调查研究并制定政策的过程，民族共同语的建立和推广在很大程度上受到方言调查研究程度的影响，尤其对于中国这样一个语言历史悠久、方言差异很大的国家更是如此。"[1]

我国历来重视对方言的调查。历史上著名的《輶轩使者绝代语释别国方言》（以下简称《方言》）是汉代训诂学一部重要的工具书，也是中国第一部汉语方言比较词汇集，是那一时期方言调查的代表性著作。《方言》本身虽然还不是官方发布的语言文字政策，但是它在客观上起到了规范性的作用。

方言调查对语言政策的选择具有重要的意义。北洋政府时期通过方言调查和不同学派讨论，最终北洋政府教育部于 1918 年发布了《注音字母表》，将国音音系中方音和古音的附属地位合法化；1923 年国音统一筹备会确定国音以北平音为标准；1927 年北洋政府国语统一筹备会印发《国语字母》单张，规定"闰音"字母。南京政府时期，即 20—40 年代，南京国民政府中央研究院历史语言研究所进行了一系列的方言调查工作，取得了丰硕的成果。"这一大规模的方言调查研究为进一步完善民国政府提出国音和方音音系提供了大量的资料和理论支持，是民国时期语言规划的

---

① 黄晓蕾：《民国时期政府方言政策概述》，《中国社会科学院研究生院学报》2006 年第 4 期，第 131 页。

重要文件《注音符号总表》和《全国方音注音符号总表草案》产生的重要学术背景。"①

1949 年中华人民共和国成立后,党和政府高度重视语言工作。1955年 10 月召开"全国文字改革会议"和"现代汉语规范问题学术会议",将汉民族共同语正式定名为"普通话",并同时确定了它的含义,即"以北京语音为标准音,以北方话为基础方言"。1955 年 10 月 26 日,《人民日报》发表题为《为促进汉字改革、推广普通话、实现汉语规范化而努力》的社论,文中提道:"汉民族共同语,就是以北方话为基础方言、以北京语音为标准音的普通话"。1956 年 2 月 6 日,国务院发出关于推广普通话的指示,并完善了普通话的定义:"以北京语音为标准音,以北方话为基础方言、以典范的现代白话文著作为语法规范。"这些语言政策的选择和制定一方面得益于新中国成立前积累的方言调查成果,另一方面与新中国成立后开展的方言调查工作密切相关。

目前,我国正在实施"中国语言资源有声数据库"的建设工作。"中国语言资源有声数据库,是国家语委正在开展的一项语言工程,旨在用现代信息技术、遵循统一的工作规范和技术规范、将中国各县域的语言实态(也包括方言和地方普通话)记录下来,归档建库,永久保存。通过对该库的学术开发和行政开发,可以起到全面了解语言国情、科学制定国家语言规划、科学保存和开发国家语言资源、促进普通话的推广、促进语言文字的信息化、促进语言科学的发展等作用。"② 这次新一轮更大范围的语言普查工作不论从调查方法、调查范围、设备使用等方面,都比以往的调查显示出更加科学、先进的特征,无疑会对我们未来语言政策的选择产生积极的影响。

第二节　社会环境

社会环境也是影响语言政策选择的因素。"公共政策的社会环境指的

---

① 黄晓蕾:《民国时期政府方言政策概述》,《中国社会科学院研究生院学报》2006 年第 4 期,第 133 页。

② 李宇明:《论中国语言资源有声数据库的建设》,《中国语文》2010 年第 4 期,第 356 页。

是政府制定和实施具体政策时所面对的总的社会状况，它主要涉及人口数量和结构、民族和种族、公民组织和团队等。"①

一　人口结构对语言政策选择的影响

人口结构也称人口构成，是指将人口按不同的标准进行划分而得到的结果。人口结构反映一定地区、一定时点人口内部各种不同质的规定性的数量比例关系。人口结构通常分为人口自然结构、人口社会结构、人口地域结构三大类。人口自然结构依据人口的生物学特征划分，还可以下分为性别结构和年龄结构两种类型。人口社会结构依据人口的社会特征划分，可以下分为阶级结构、民族结构、文化结构、语言结构、宗教结构、婚姻结构、家庭结构、职业结构、部门结构等不同类型。人口地域结构依据人口的居住地区划分，主要包括自然地理结构和行政区域结构。

人口结构是社会、经济、文化和人类自身互动发展的历史产物。了解人口结构的基本情形，预测人口结构变动的趋势，对于制定经济与社会发展规划、制定人口政策和社会经济政策等，具有重要的意义。

人口结构也影响语言政策的选择。我们以马来西亚为例。马来西亚是个拥有大约 30 多个民族的国家。2004 年的数据显示，在马来西亚人口中，马来人口最多，达 1300 万人，占总人口 51.8%；华裔人数为 610 万人，占总人口的 23.96%；其余为印度族和其他民族，其中印度族大约占8%。这样的人口结构影响了马来西亚的语言政策选择。

马来西亚的语言主要有马来语、英语、华语、泰米尔语。马来语是马来西亚的国语和官方用语。英语广泛地在行政、工商、科技、教育、服务及媒体等方面使用。马来西亚大部分人都能讲马来语和英语。华语和泰米尔语主要在华人和印度人族群中广泛使用。马来人是马来西亚的土著居民，控制了马来西亚的政治，并且在教育、就业和购买房产等方面都享有一定的特权。这种人口结构以及马来人是土著居民等方面的特征，综合影响了马来西亚政府的语言政策。马来西亚宪法第 152 章规定，马来语是国语。马来西亚政府规定，各民族语文的牌匾用字，尺寸上不得大于马来文；国家电台、电视台华语广播中涉及非华族人名、地名，要用马来语的读法；所有政府中学、国小的媒介语是马来语；马来语是所有中小学的必

---

① 陈刚：《公共政策学》，武汉大学出版社 2011 年版，第 60 页。

修课；所有学校的马来文考试或比赛都必须使用马来标准语音。这些语言政策或规定的出台，反映了人口结构对语言政策选择的影响。

人口结构对语言政策的选择具有影响是普遍的。如我国普通话推广政策的制定与实施都受到人口结构与数量的影响。我国在 20 世纪 50 年代确定了"大力提倡、重点推行、逐步普及"的推普工作方针。到 20 世纪 80 年代，更新为"大力推广，积极普及，逐步提高"。1995 年，中央有关部门决定从当年起逐步实行普通话水平测试工作。1997 年国务院决定，自 1998 年起，每年 9 月第三周为全国推广普通话宣传周。

进入新世纪以来，我国能讲普通话的人口数量发生了变化。据"中国语言文字使用情况调查"领导小组 2004 年 12 月发布的数据显示，普通话在全国的普及率为 53.06%。据教育部相关部门提供的数据显示，到 2013 年，我国能用普通话交流的人数约占总人口的 70%，还有约 30%、即 4 亿多人口不能用普通话交流，而且大部分人普通话水平不高。针对这样的状况，第十六届全国推广普通话宣传周又提出了"推广普通话，共筑中国梦"的主题，将推广普通话的工作纳入中国梦的大系统。

二　民族和种族对语言政策选择的影响

民族是"人们在历史上形成的有共同语言、共同地域、共同经济生活以及表现于共同的民族文化特点上的共同心理素质这四个基本特征的稳定共同体"。[①] 种族是指在体质形态上具有某些共同遗传特征的人员，一般又称人种。民族与语言之间虽然没有意义对等的关系，但是由于国家往往都是不同民族的共同体，所以现今世界上大部分国家也大多是不同民族的共同体。这在语言使用上就表现为一个国家的不同民族往往可能使用不止一种语言或方言。这种现象在任何一个国家中都表现为一种带有公共性的语言问题。也正是因为如此，这样的语言问题成为公共政策制定过程中必须面对且不可回避的问题。正如张友国所言，"在当代多民族国家诸项公共政策议程中，语言问题一直是民族统一构设进程中需要处理的重大课题。语言问题处理不当，可能会影响族际和谐与民族统一构设进程"。[②]

---

① 《斯大林全集》第 11 卷，人民出版社 1955 年版，第 286 页。

② 张友国：《多民族国家的语言政策路径选择及其启示》，《中央社会主义学院学报》2011 年第 6 期，第 48 页。

　　当然，各国对语言政策的选择也不相同，一般认为有三种不同的路径。一元化路径下的语言政策一般规定国家只能使用一种语言作为国语或官方语言，如美国曾经推行的独尊英语政策就属于一元化路径下的语言政策。"美国的语言政策是维护英语的绝对权威、排斥和打击其他语言的政策。"① 双元化路径下的语言政策"首要关心的是维持各语言集团之间的均衡和政治稳定，因此，采取双重官方语言的办法解决语言问题"。② 哈萨克斯坦政府把哈萨克斯坦语和俄语定为官方语言，就是出于这样的考虑。1997 年 7 月 11 日，哈萨克斯坦颁布《哈萨克斯坦共和国语言法》。这部语言法规定：哈萨克语是哈萨克斯坦的国语。国语是国家机关、法规、法律文书和公文的使用语言，是全国各个社会关系领域运用的语言。掌握正在成为团结哈萨克人民重要因素的国语是每个哈萨克斯坦公民的义务；俄语与哈语一样是国家机关和地方自治机关的官方语言。多元化路径下的语言政策鼓励多民族国家采取多重国语或官方语言的办法。如瑞士把德语、法语、意大利语和和拉丁罗曼语定为官方语言，并坚持语言平等原则。1848 年 9 月 12 日，瑞士联邦议会通过瑞士第三部宪法，其中第 109 条规定：瑞士以德语、法语和意大利语为国语；德语、法语和意大利语为联邦的官方语言。新加坡把汉语、英语、马来语、泰米尔语一同列为官方语言，把国语定为马来语。

　　我国是一个多民族的国家。新中国成立后，中国政府高度重视语言政策的建设工作，制定了多项政策促进民族团结、国家统一和语言文字事业的发展。尤其是在语言地位的确定方面，表现出了高度负责的精神和深谋远虑的睿智。《中华人民共和国宪法》明确规定"各民族都有使用和发展自己的语言文字的自由，都有保持或者改革自己的风俗习惯的自由"；"民族自治地方的自治机关在执行职务的时候，依照本民族自治地方自治条例的规定，使用当地通用的一种或者几种语言文字"；"各民族公民都有用本民族语言文字进行诉讼的权利。人民法院和人民检察院对于不通晓当地通用的语言文字的诉讼参与人，应当为他们翻译。在少数民族聚居或者多民族共同居住的地区，应当用当地通用的语言进行审理；起诉书、判

---

　　① 蔡永良：《论美国的语言政策》，《江苏社会科学》2002 年第 5 期，第 194 页。

　　② 张友国：《多民族国家的语言政策路径选择及其启示》，《中央社会主义学院学报》2011 年第 6 期，第 50 页。

决书、布告和其他文书应当根据实际需要使用当地通用的一种或者几种文字"。

民族区域自治是我国解决民族问题的基本政策，也是国家的一项基本政治制度。《中华人民共和国民族区域自治法》中关于语言文字方面的政策，充分考虑了我国的民族和种族问题。如："民族自治地方的自治机关保障本地方各民族都有使用和发展自己的语言文字的自由，都有保持或者改革自己的风俗习惯的自由"，这保证了语言文字的地位平等；"民族自治地方的自治机关在执行职务的时候，依照本民族自治地方自治条例的规定，使用当地通用的一种或者几种语言文字；同时使用几种通用的语言文字执行职务的，可以以实行区域自治的民族的语言文字为主"，保证了语言文字功能的充分发挥，并且充分考虑了民族平等和民族情感问题；"招收少数民族学生为主的学校（班级）和其他教育机构，有条件的应当采用少数民族文字的课本，并用少数民族语言讲课；根据情况从小学低年级或者高年级起开设汉语文课程，推广全国通用的普通话和规范汉字"是针对少数民族教育的语言政策，保证了语言文字的均衡发展和教育的效率及效益；"民族自治地方的人民法院和人民检察院应当用当地通用的语言审理和检察案件，并合理配备通晓当地通用的少数民族语言文字的人员。对于不通晓当地通用的语言文字的诉讼参与人，应当为他们提供翻译。法律文书应当根据实际需要，使用当地通用的一种或者几种文字。保障各民族公民都有使用本民族语言文字进行诉讼的权利"，这是对公民各项权利和权益的从语言文字政策提出的保障。"民族自治地方的自治机关教育和鼓励各民族的干部互相学习语言文字。汉族干部要学习当地少数民族的语言文字，少数民族干部在学习、使用本民族语言文字的同时，也要学习全国通用的普通话和规范文字。民族自治地方的国家工作人员，能够熟练使用两种以上当地通用的语言文字的，应当予以奖励"，充分兼顾了民族区域特色和特点，以及语言文字在特定地区如何充分发挥作用。

《中华人民共和国教育法》中明确规定："汉语言文字为学校及其他教育机构的基本教学语言文字。少数民族学生为主的学校及其他教育机构，可以使用本民族或者当地民族通用的语言文字进行教学。"这都是充分考虑和尊重民族国情制定的语言政策，说明民族和种族在语言文字政策的制定中具有举足轻重的作用。

《中华人民共和国宪法》是国家的根本大法，规定了国家各项基本制度和根本任务，规定了国家机关的组织与活动的基本原则，保障公民的基本权利。它在国家的整个法律体系中居于主导地位，具有最高的法律权威和最大的法律效力。其他法律的制定都要以《中华人民共和国宪法》为依据。《中华人民共和国宪法》和其他法律中关于语言文字政策的制定，充分考虑了我国的人口结构，考虑了民族和种族的分布等社会环境要素，也正是这样，我国的语言政策在执行过程中发挥了重要的作用。

第三节　政治环境

影响语言政策选择的政治环境包括多种因素。陈刚认为，"公共政策的政治环境是对公共政策的制定发挥重要作用的各种政治要素的总和，主要指一个国家的政治体制、国家结构形式、政党制度等"。[①] 影响语言政策选择的政治因素也可以从这样几个方面进行分析。

一　影响语言政策选择的政治体制因素

政治体制又称政体（Form of Government），即国家的政治、统治形态，也就是国家政治体系运作的形式。"它体现着一国政治生活的基本构架和公共权利的分配，因而其类型和原则会对政策的制定方式、内容、质量和稳定性等产生影响。"[②] 在不同的历史时期，不同的国家和地域，政治体制都不尽相同。这当然也就影响了语言政策的诸多方面。

（一）政治体制类型对语言政策的影响

从政治体制类型的角度看，最传统，也是最常用的方法是把政体分为民主与专制两种。

专制政体的主要特征是"极权制""世袭制""终身制"，是集国家权力于少数贵族乃至个人（即君主）身上，君主是世袭、终身的。在这样的政体下，语言政策的选择、制定与更替几乎都是在特权阶层完成的，体现的是占统治地位的人的意志和意愿。这其中的典型就是殖民地时期的语言政策。公元8世纪建澜沧王国，即古代的老挝，曾经是清朝的附属

---

① 陈刚：《公共政策学》，武汉大学出版社2011年版，第63页。

② 同上书，第64页。

国。老挝在 14 世纪成为东南亚最繁荣的国家之一。1707—1713 年逐步形成了琅勃拉邦王朝、万象王朝和占巴塞王朝。1893 年老挝沦为法国的保护国。在长达 61 年的殖民统治时期，法国的殖民统治政策影响了老挝政治、经济、文化的发展，同样殖民政策中有关语言的政策也影响了老挝的语言。据郑淑花（2004）研究，1893 年法国殖民者入侵老挝后，"法国殖民者强迫当地居民学习法语，推行以法语作为老挝的官方语言，所有的公文一律用法文，中小学课本开法语课，老挝语作为选修课"。① 这种语言政策的选择和制定显然是殖民者的统治利益的体现，是一种纯粹的专制型的语言政策。

民主政体是指在一定阶级范围内，按照少数服从多数的原则来共同管理国家事务，法律上承认全体公民自由、平等的统治方式。在这种政体中，公民可以通过选举、监督直接或间接地分享决策权。在这种政体下，就需要通过各种政策来维护公共利益，从而影响政策的选择和制定。例如，新加坡是一个议会民主制国家。新加坡于 1965 年 8 月 9 日脱离马来西亚后，以总理公署的名义发表文告，确定了新加坡的语言政策，即在新加坡，四种官方语言——马来语、华语、泰米尔语和英语都是同等地位的官方语言。马来语作为新加坡的共同语和国语。这样的语言政策显然与专制政体下产生的语言政策不同。

政治体制的类型在一定程度上反映着哪些人占据统治地位，也就决定了不同政治体制下出台的政策最终要为谁服务。民主政体下公民可以不同程度地参与决策，获得决策权；而专制政体下权力集中于少数人，只有少数人享有决策权。这就必然决定在不同政治体制类型下语言文字政策会存在差异。也就是说，政治体制的类型会影响语言文字政策的选择。

（二）政治体制原则对语言政策的影响

"'三权分立'与'议行合一'原则是现时代比较流行的两种政权组织原则。"② 三权分立的基本思想是行政、立法、司法三权分立与相互制衡。在三权分立的体制下，国会在宪法"授予权力"和"默示权力"的限度内行使其立法权，"国会立法"成为公共政策最基本的形式。在三权

---

① 郑淑花：《从殖民地语言政策到民族独立的语言政策——老挝语言政策研究》，《广西教育学院学报》2004 年第 6 期，第 136 页。

② 高知鸣：《三权分立与议行合一原则的比较分析》，《江苏省社会主义学院学报》2006 年第 2 期，第 71 页。

分立这种政治体制原则制约下，除了国会授权行政部门制定的决策以及授权法院制定的专门政策外，几乎所有的政策必须通过立法规定。在政策的制定过程中，总统是直接决策者。总统在内阁决策中具有独断权，政府各部门提出的政策议案都需要汇集到总统直辖机构这个行政系统的末端。语言文字方面的政策制定也不例外。

美国的语言文字立法通过联邦政府官方立法和各州官方立法体现出来。联邦政府官方立法主要是"以美国英语协会（U. S. English）为首的唯英语运动的相关组织和人员首先通过基层征集请愿签名，然后进行援外政治活动，要求议员向国会提案或要求公民投票，最终促成联邦政府或州政府制定法律，确立英语为官方语言的法律地位"。[①] 1981 年，早川一会（Samuel I. Hayakawa）向国会递交修宪提案——《英语语言修正案》，建议美国政府以宪法的名义确定英语的官方语言地位，但该提案没有引起参议员们的重视，未被列入审议程序。但此事产生的影响较大，此后先后有50 多个议案提出支持将英语确立为美国的官方语言。但立法并不一帆风顺。1991 年第 102 届国会拟定《国家语言立法》草案。1993 年第 103 届国会《比尔·爱默生语言权利法案》提案进入听证表决程序。1996 年第104 届国会该提案才得以通过，但在参议院夭折。进入 21 世纪后，英语官方语言立法有了长足发展。2006 年 4 月 28 日，时任美国总统布什倡导成为美国公民的人用英语唱国歌。2006 年 5 月 2 日，美国国会参议院通过决议，宣告英语是美国国歌的唯一语言。同年 5 月 18 日，共和党参议员詹姆士·因霍夫（James Inhofe）提交的《英语语言一致法案》在美国第 109 届国会上获得广泛支持。该提案在参议院表决时获准通过，首次以立法的形式确定英语为国家的官方语言。由此可以看出，分权制衡虽然在很大程度上减少了权力被滥用的可能性，但是不同权力之间的互相掣肘也降低了政策选择和执行的效率。

议行合一是一种国家机关重要工作的决议和执行都统一进行的制度。1871 年成立的巴黎公社实行的制度是议行合一的雏形。俄国十月社会主义革命后列宁发展了议行合一的历史经验，苏维埃作为苏联的政权组织实行议行合一的原则。1977 年苏联宪法规定，苏联最高苏维埃是苏联最高国家权力机关和唯一的立法机关，苏联最高苏维埃主席团为其常设机关，

---

① 巨静、周玉忠：《当代美国语言立法探析》，《宁夏社会科学》2009 年第 4 期，第135 页。

苏联部长会议以及苏联最高法院和检察机关都由苏联最高苏维埃产生，并对它负责和报告工作。我国人民汲取国际无产阶级专政政权建设的经验，结合中国的具体实践，创建了人民代表大会制度。也有人认为是具有中国特色的议行合一制度。1982 年《中华人民共和国宪法》规定："中华人民共和国的一切权力属于人民。人民行使国家权力的机关是全国人民代表大会和地方各级人民代表大会"，"全国人民代表大会和地方各级人民代表大会都由民主选举产生，对人民负责，受人民监督"。"国家行政机关、审判机关、检察机关都由人民代表大会产生，对它负责，受它监督"。这种根据民主集中制的原则建立起来的中国国家机构，是议行合一的国家机构。

我国政体遵循的是"议行合一"的原则。这种原则的理论渊源是人民主权学说和民主集中制学说，反映的是集体主义的价值取向。在议行合一的政体原则下，公民直接或间接地选举代表，形成不同层面上的政府机关并代表人民行使国家权力。这就有利于实现党对国家的领导。行政机构和司法机构是立法机构的下属机关，对立法机构的决策不能进行反向干扰，既保证了政策的执行，又保证了执行的高效性。不论是《中华人民共和国宪法》，还是《中华人民共和国民族区域自治法》《中华人民共和国教育法》及《中华人民共和国国家通用语言文字法》，都是由全国人民代表大会通过的。这就保证了基本法和专门法在执行中的高效性。我国立法中关于语言方面的条款反映了我国的语言政策及其基本思想。议行合一的政体原则保证了立法权和行政权的统一，它在一定程度上影响了我国语言政策的选择。

二　影响语言政策选择的国家结构形式因素

国家结构形式是指一个国家的整体与其组成部分之间，中央与地方之间的相互关系。"单一制和联邦制是当今世界两种不同的国家结构形式。"① 单一制国家是由若干普通行政单位或自治单位组成的单一主权的国家。联邦制国家是由两个或两个以上的成员单位（如邦、州、共和国等）联合组成的联盟国家或国家联盟。不同的国家结构形式影响语言政

---

① 张文灿：《民族问题与国家结构形式析》，《首都师范大学学报》2006 年第 2 期，第 43 页。

策的选择。

（一）单一制国家结构形式对语言政策的影响

单一制国家往往根据国家统治的需要划分为不同的地方行政区。国家主权先于地方行政区存在。地方行政区不是政治实体，没有主权特征。各地方行使的权力源于中央授权，地方自主权或自治权由国家通过宪法授予。我国是全世界最大的单一制国家，法国、日本、意大利、韩国、朝鲜等都是单一制国家。单一制的国家结构形式也往往对语言政策产生影响。

我国的国家结构形式既坚持从统一多民族国家的国情出发，又与一般的单一制存在差异，是有中国特色的单一制国家结构形式。"这就是在实行单一制的大前提下，同时实行民族区域自治。概括地讲，民族区域自治制度就是在国家统一领导下，各少数民族聚居的地方实行区域自治，设立自治机关，行使自治权的一种制度。"① 我国这种特色单一制的国家结构形式对语言政策的选择和制定产生了一定的影响。例如，我国既推行全国通用的普通话，也允许自治地区使用本民族语言；既强调普通话是全国的通用语，也强调不同民族语言之间的平等地位。在这样的语言政策选择的基本理念的指导下，我国除汉语外，在少数民族语言方面，尤其是政策的制定和实践方面都做了大量工作。

为了选择和制定语言政策，我国在少数民族语言调查方面倾注了很大的精力。中国社会科学院 2000 年、2002 年分别为《中国新发现语言调查研究》《中国濒危语言方言调查研究》立项，组织专家调查各地濒危语言，建立少数民族语言音库。到 2005 年就已经出版了《中国新发现语言研究丛书》等专著 28 本，《中国少数民族系列词典丛书》等词典 20 部。

在中央和地方的行政公务活动中，蒙古文、藏文、维吾尔文、哈萨克文、朝鲜文、彝文、壮语文普遍使用于中央及相关自治区、自治州、自治县，如我国的全国人民代表大会、中国共产党全国代表大会、中国人民政治协商会议就提供蒙古文、藏文、维吾尔文、哈萨克文、朝鲜文、彝文、壮文等 7 种少数民族文字的文件译本和同声翻译。柯尔克孜、傣、景颇、载瓦、锡伯、拉祜、纳西、土、佤、白、侗、苗、布依、达斡尔、塔吉克等语言使用于相关自治州、自治县级的某些公务活动中。中央人民广播电

---

① 张文灿：《民族问题与国家结构形式析》，《首都师范大学学报》2006 年第 2 期，第 45 页。

台和地方广播电台每天用 21 种少数民族语言进行播音。内蒙古、新疆、西藏、青海、广西的省区级电视台分别播放蒙古语、维吾尔语、藏语、壮语等少数民族语言节目。民族地区州及以下电视台站也用蒙古文、维吾尔文、藏文、壮文、朝鲜文、哈萨克文、柯尔克孜文、傣文等十余种民族语言及方言播放电视节目。少数民族语言文字的信息处理工作从 20 世纪 80 年代开始，至今已初具规模。不仅几乎所有的少数民族文字都能进入电脑，而且大多数都能在 windows 系统上运行。

立法领域也清楚显示了我国国家结构形式对语言政策的影响。在《西藏自治区学习、使用和发展藏语文的规定》《新疆维吾尔自治区语言文字工作条例》颁布之后，2004 年 11 月 26 日内蒙古自治区第十届人民代表大会常务委员会第十二次会议通过了《内蒙古自治区蒙古语言文字工作条例》。该条例规定："蒙古语言文字是自治区的通用语言文字，是行使自治权的重要工具。自治区各级国家机关执行职务时，同时使用蒙汉两种语言文字的，可以以蒙古语言文字为主"；"各级人民政府应当保障蒙古族公民学习、使用、研究和发展蒙古语言文字的权利，鼓励各族公民学习、使用、研究蒙古语言文字"。同时，该条例还从学习与教育，使用与管理，科学研究和规范化、标准化，法律责任等方面对蒙古语言文字进行了详细的规定。这充分说明，具有中国特色的这种单一制国家结构形式对我国语言文字政策的制定和执行有一定的影响。

当然，同是单一制国家结构，不同的国家因为其他因素的影响，其对语言政策制定产生的影响也不尽相同。其中，单一制国家结构形势下"法国对语言的行政干预由来已久，在世界上堪称典范"。① 法国大革命前期的 1539 年，法国国王弗朗索瓦一世签署了法国历史上第一部涉及语言的法律——"维莱哥特雷法令"，规定拉丁语不再作为行政语言使用，国家的所有文件必须用法语撰写。这部法令确立了法语的国语地位，但是不反对使用方言，只反对教会使用拉丁语。法国大革命期间，国家对语言进行直接干预。在行政、教育、文化、宗教等领域出台了十几部有关语言的法律。其中最典型的事件就是消灭方言的运动。受"统一不可分割的共和国"的理想影响，消灭方言的理论和实践都轰轰烈烈地开展起来。贝尔特朗·巴莱尔发表了著名的"扬国语灭方言"的演说，亨利－巴底斯

---

① 李克勇：《法国保护法语的政策与立法》，《法国研究》2006 年第 3 期，第 22 页。

特·格里瓜尔发表了《消灭方言的必要性及手段与普及和使用法语的报告》，法国全国上下发起了一场轰轰烈烈的消灭方言运动。到法国大革命后期，反方言的势头逐渐有所缓和，到 20 世纪 80 年代，因为时任法国总统密特朗发表了一系列推翻反方言理论的讲话，法国反方言的势头得到遏制。1992 年法国通过宪法修正案，补充了"共和国的语言是法语"的文字，用立宪手段确立了法语的地位。1994 年 8 月 4 日，法国通过著名的《法语使用法》，对法语在不同领域的使用作出了明确的规定。

单一制国家结构形式影响了一个国家对语言政策的选择，但是同是单一制国家，因不同国家之间存在的各种不同的差异，也会影响它们对语言政策具体选择的差异。

（二）联邦制国家结构形式对语言政策的影响

联邦制相对于单一制国家而言，是由两个或两个以上的政治实体，如共和国、州、邦等结合而成的一种国家结构形式。联邦制国家实行中央政府和地方政府分权的方式，双方在宪法规定的权限内，独立行使权力，不受对方干预。联邦宪法及法律高于地方宪法及法律。美国是第一个现代联邦制国家，俄罗斯、印度、德国、墨西哥、巴西等国家也实行联邦制。

加拿大是联邦制国家。加拿大早期的语言问题突出表现在法语和英语的地位冲突。1969 年议会通过的《官方语言法》宣布，英语和法语均为加拿大的官方语言。在加拿大议会政府中，英语和法语"共同享有同等的地位和平等的权利"。这一规定后来写入 1982 年《加拿大宪法》的《权力与自由宪章》。1987 年，加拿大多元文化主义政策提出了多元文化在双语范围内的作用，保护加拿大所有的"遗产"语言，提高世界各地移民带到加拿大的非英、非法语言和加拿大土著语言的地位。此后，加拿大多元文化局起草的新多元文化主义政策还规定，在确保加拿大官方语言地位和使用的同时，保护和提高英语、法语以外其他语言的使用。这些规定和政策在 1988 年加拿大政府通过的《多元文化法》中得到充分的反映。

联邦制国家结构形式对语言政策的影响突出体现在魁北克省单独语言立法方面。加拿大魁北克省在 1974 年通过了确定该省法语文本的地位在英语文本之上的《魁北克官方语言法》。该法案规定，法语是魁北克省唯一的官方语言，并提出了实现魁北克的工作语言法语化的措施，设立该法的监察、实施机构。1976 年 11 月，魁北克党在选举中获胜，1977 年，省议会通过了《法语宪章》。该宪章规定，只有法语文的法律、法令和法规才是官方的。该宪章颁布之后，法语在魁北克的地位得以上升，而英语（原为该省的官方语言）的地位逐渐下降。

联邦制国家中，语言自然样态呈现突出特点的是印度。印度有 28 个邦、6 个中央直辖区和首都区。这些行政区域的划分主要以语言的界限为标准，每一个邦或直辖区有一种语言占优势，使用人口通常超过 50%。在印度独立以前，语言划分为英语和当地语两种。印度独立后，语言划分为规划语言和未规划语言、主要语言和次要语言、地区语言和部落语言等不同类型。印度宪法中使用"官方语言"代表国语，还把一些主要民族的语言写进宪法，称为规划语言。印度各邦和直辖区也都有自己的官方语言。其中写入宪法的规划语言供各邦和直辖区作为官方语言使用。印度第一部宪法包括 15 种规划语言，目前规划语言已达到 22 种。事实上，大多数邦使用的官方语言不止一种，用以鼓励少数民族语言的发展。

联邦制的国家结构形式对语言政策的影响可见一斑，而且同样是联邦制的国家政体，由于受到其他影响语言政策选择的要素的影响，其具体表现也呈现出一定程度的差异性。

三　影响语言政策选择的政党制度因素

政党制度指的是一个国家的统治阶级通过政党进行治理活动以维护其政治和经济利益的形式或手段。任何国家的政党制度都决定于该国特定的社会历史条件和现实条件。从国家性质的角度着眼，可以将政党制度区分为资本主义国家的政党制度和社会主义国家的政党制度。从一国国内主要政党的数量以及执掌政权的方式的角度，可以将政党制度区分为一党制、两党制、多党制和多党合作制等不同的类型。不同国家的政党制度在一定程度上影响该国语言政策的选择和制定。

（一）资本主义国家政党制度对语言政策的影响

现代资本主义的政党制度是和代议民主制、普选制度相契合的。资本主义的政党（两党或多党）在政治制度的运作中发挥着重要的作用。首先，政党可以操纵选举。"在代议民主体制下，控制了选举，也就为控制整个政治制度的运转奠定了最重要的基础。"① 这样不论是在议会内阁制

---

① 曹沛霖等：《比较政治制度》，高等教育出版社 2005 年版，第 196 页。

国家还是在总统制国家，政党都可以通过选举获得实际的国家控制权力。其次，政党可以控制立法机关。在议会内阁制国家，虽然内阁政府和立法机关人员分离，但权力上却是结合的关系。因为议会拥有对政府的倒阁权，所以议会与内阁在决策方面必须保持基本一致和协调的关系。政党往往通过本党在议会中夺取议会领导人的职位，实际控制和操纵立法过程。在总统制国家，立法与行政虽然分离但相互制衡，总统有参与立法权，可以否决国会的法案，因而政党可以通过争取在总统选举中获胜来控制国家行政权。最后，政党可以实际地控制行政部门。政党控制选举或控制议会，其最终目的是要控制国家的行政权。在议会内阁制和总统制国家，行政首脑、政府各部部长以及主要官员均由执政党的主要领导成员担任，政党通过控制行政权，将本党意志转换为国家意志，对全社会实行政治治理。

这样的政党制度就决定执政党的语言政策要为统治阶级的利益服务，而不是为广大人民服务。因为存在轮流执政的情形，语言政策的连续性就不会很明显。执政党往往为了达到其统治目的，要依据本党的政治、经济利益制定相应的语言政策。这不仅影响了语言政策的选择，而且也会影响到语言政策的执行、评价及其变更。我们前面分析的法国大革命前期、大革命期间以及大革命之后的不同历史时期的语言政策及其发展变化反映的正是这样的问题。

（二）社会主义国家政党制度对语言政策的影响

社会主义国家的政党制度是一种新的类型，是无产阶级处于领导地位，对国家政治生活进行思想领导、政治领导和组织领导。社会主义国家的政党制度一般分为两种类型，即无产阶级领导的多党合作制和无产阶级政党领导制。

我国属于无产阶级领导的多党合作制。1948 年中国共产党公布"五一"口号后得到了各民主党派的热烈响应，为新政协的召开奠定了各方面的条件。新政协的顺利召开标志着中国共产党领导的多党合作和政治协商制度的形成。起临时宪法作用的《中国人民政治协商会议共同纲领》成为多党合作制的宪法保障。1989 年底颁布《中共中央关于坚持和完善中国共产党领导的多党合作和政治协商制度的意见》，使共产党领导的多党合作制走上了"制度化、规范化和程序化"建设的轨道。江泽民曾在第 19 次全国统战工作会议上的讲话中指出："我国政党制度的显著特征在于：共产党领导、多党派合作，共产党执政、多党派参政，各民主党派不是在野党和反对党，而是同共产党亲密合作的友党和参政党；共产党和各民主党派在国家重大问题上进行民主协商、科学决策，集中力量办大事；共产党与各民主党派互相监督，促进共产党领导的改善和参政党建设的加强。"这科学地总结了共产党领导的多党合作制的优势。共产党与民主党派之间的领导与接受领导、执政与参政、合作协商、互相监督的关系，有利于广泛民主与高度集中的统一，有利于充分反映、代表和整合利益的统一，有利于社会和政治的稳定。这也为语言政策的选择、制定、实施、评价、更新提供了政党制度的坚强保障。

中华人民共和国成立之后，第一届、第四届和第五届全国人民代表大会分别于 1954 年 9 月、1975 年 1 月和 1978 年 3 月、1982 年 12 月先后制定、颁布了四部《中华人民共和国宪法》。全国人大分别于 1988 年 4 月、1993 年 3 月、1999 年 3 月、2004 年 3 月对这部宪法逐步进行了修订。在 1954 年宪法中就确定了"各民族都有使用和发展自己的语言文字的自由，都有保持或者改革自己的风俗习惯的自由"，"国家推广全国通用的普通话"，"民族自治地方的自治机关在执行职务的时候，依照本民族自治地方自治条例的规定，使用当地通用的一种或者几种语言文字"，"各民族公民都有用本民族语言文字进行诉讼的权利。人民法院和人民检察院对于不通晓当地通用的语言文字的诉讼参与人，应当为他们翻译。在少数民族聚居或者多民族共同居住的地区，应当用当地通用的语言进行审理；起诉书、判决书、布告和其他文书应当根据实际需要使用当地通用的一种或者几种文字"等语言文字政策的基本原则。在历次修订中，这些基本的原则都没有质的改变。即使是涉及语言文字政策表述最少的 1975 年宪法中，仍然保留了"各民族都有使用自己的语言文字的自由"这样的条款。作为临时宪法的《共同纲领》以及后来的历次修改的宪法中关于语言方面的政策就是在社会主义国家政党制度下制定出来的。历史证明，这种政策是科学的、可行的，也得到了国内各民族的认可和支持。

第四节　语言观念

语言观念可以简称为语言观，是指人们从不同的角度对语言形成的认识。我们最熟悉的语言观还是从语言的角度对语言形成的认识。如索绪尔提出的语言是一套音义结合的符号系统，就是我们常说的系统观，或称结构主义的语言观。语言是人类最重要的交际工具，就是所谓的工具观。语言是文化的载体，语言本身是文化的构成部分，就是常讲的文化观。把语言看作一种资源，就是新近形成的语言资源观。任何一种语言观都是从不同的角度审视语言形成的一种认识。比如结构观显然是一种向内审视语言得出的结论，工具观和资源观是一种向外审视语言得出的结论。所以站在不同的视点，就可能得出不同的语言观，如唯理主义语言观、经验主义语言观、法律语言观、交互语言观、马克思主义语言观、二元对立语言观、系统功能语言观、认知功能语言观、文化语言观、文学语言观、整体语言观、进化—发育语言观、生态语言观、实践唯物主义语言观、工具主义语言观，等等。

我们这里还是以语言功能观念为主导，分析与语言政策关系密切的几种语言观对语言政策选择等问题的影响，主要分析语言工具观、语言文化观、语言资源观对语言政策选择、制定产生的影响。

一　语言工具观与语言政策

语言是人类最重要的交际工具。在这种基本的工具观的基础上，还会出现对工具观的延伸性认识。这里的语言主要指的是有声语言。这种观点是人类在漫长的发展历程中逐渐认识到并成为共识的一种观点。语言作为一种工具，其本身是没有阶级性的，因为语言是一视同仁为所有人服务的。但是当一种语言或方言本身的发展与人类的交际需求之间产生矛盾，当语言或方言的使用引发相应的语言问题进而引起社会问题时，就可能进入公众和政府关注的视野，就可能成为政策的对象。所以在语言工具观的认知观念下，统治者会从本阶级的利益出发，解决语言本身的问题以及语言引发的公共问题。这时，语言的工具观就与语言政策紧密联系起来。

语言工具观是语言政策制定的语言学基础，这种观念在任何时期、任何政治形态下都会发生持续的影响。只是由于不同国家的语言自然样态、社会环境、政治环境不同，语言政策才会存在这样那样的差异。

我们这里先以澳大利亚不同时期语言政策来分析语言工具观与语言政策之间的关系。刘晓波、战菊（2013）认为："澳大利亚是一个多民族、多语种的国家。澳大利亚在其并不漫长的国家历史中，出于不同的动机和目的对其多种语言采取过不同的管理形式，其语言规划和语言政策的发展变迁经历了四个阶段。"①

1901 年澳大利亚建国前，澳大利亚是英国的殖民地。这一时期的语言政策是一种殖民性的政策。1788 年之前，澳洲大陆上生活的主要是土著人，每个土著部落都有自己的语言。这个时期还无所谓语言政策，显现为一种自然的工具观。每个部落的土著语言都自然地为本部落服务。1788 年英国政府在澳洲建立犯人流放殖民地，他们对土著赶尽杀绝，导致土著语言逐渐减少。这主要还是民族政策的问题。19 世纪后半叶，大批来自亚洲、欧洲、美洲的淘金者涌入澳洲，使澳大利亚的语言自然样态出现了明显的变化。英语、德语、法语、汉语以及当地保留下来的土著语言成为当时多种语言共同交织的语言景观。因为不同的移民语言都还自然地主要为原属地人口使用，并没有因为语言交际问题引起语言问题和社会问题，所以当时英国政府对不同语言采取了"放任"的政策。如果把这个问题逆序思考的话，很显然，当时的英国政府关注的只是语言作为工具还没有影响到作为统治阶级的利益，既然"工具"还能正常发挥作用，不致引发社会问题，政府就采取了不干预的做法。

但是这种状况到了 1901 年之后就发生了很大的变化。1901 年澳大利亚建国后，采取了所谓的"白澳政策"。"白澳政策"在语言方面的限制就是要求土著居民和其他移民放弃自己的语言。澳大利亚联邦国会通过《限制移民法案》，始创并采取了"语言听写测验"；澳大利亚政府开展AMEP（成人移民英语培训项目），要求所有非英裔的成年移民进行英语培训；大量取消双语学校；在新闻媒体领域大力推行语言同化。这种语言政策出台的背景最终还是源于对语言工具观的一种认识。"19 世纪 70 年代澳大利亚形成了一批具有民族意识的知识分子，提出了在澳大利亚建立独立统一的民主共和国的政治纲领。"② 在这批知识分子中，他们形成了一种认识，就是"语言是民族认同的象征，是民族认同的基础，而某种语言的通行与使用又可以增强民族认同感"。③ 语言在交际工具的基础上，

---

① 刘晓波、战菊：《澳大利亚语言政策的发展变迁及其动机分析》，《东北师大学报》2013年第 6 期，第 161 页。

② 同上书，第 163 页。

③ 同上。

成为民族同化的工具。通过同化语言进而同化民族，这是当时语言政策形成的目的和动机。在这种动机下生成的语言政策是对语言工具观的一种不科学的理解。

澳大利亚语言政策的第三个阶段是 20 世纪 70 年代初到 90 年代初，称为多元语言政策时期。这一时期，澳大利亚制定了历史上第一部官方语言政策——《国家语言政策》，进行了语言地位规划：确认英语为澳大利亚的国语，承认土著语言是澳大利亚的本土语言，承认移民语言为澳大利亚的社区语言。这一时期典型的事件就是澳大利亚大力开展第二语言学习。刘晓波、战菊（2013）深刻分析了澳大利亚第二语言学习的动机。"《政策》在第二语言学习上提出了四个社会目标：丰富（enrichment）、经济（economics）、平等（equality）、对外（external），即丰富文化知识，增进族群包容，开发语言经济价值、服务对外贸易、促进社会公平公正，加强国际关系、提升国家安全。"[①] 这其中也反映了政策制定者对语言工具观的认识，从而反映了工具观对语言政策的影响。任何语言政策都是服务于制定语言政策的统治阶级的利益的。当澳大利亚政府意识到语言对文化发展、对族群融合、对经济发展、对社会公平、对国际影响、对国家安全都发生作用的时候，他们必然会采取有利于国家上述方面的措施，把这些措施和认识纳入语言政策。澳大利亚《国家语言政策》的出台正是反映了统治阶级对语言工具观认识的深入。他们意识到语言是丰富文化知识、增进族群包容、开发语言经济价值、服务对外贸易、促进社会公平公正、加强国际关系、提升国家安全的工具，从而在这些方面形成了相应的政策。

20 世纪 90 年代以后是澳大利亚语言政策的第四个阶段。这一时期除强化英语的地位外，澳大利亚于 1992 年颁布《澳大利亚国家学校亚洲语言与研究战略》，"将学习亚洲语言提到国家经济发展的战略高度，并根据澳大利亚与亚洲各个国家贸易额的统计数据选择了汉语、日语、印尼语和韩语这四门亚洲语言，于 1994 年实施为期 10 年的语言和文化项目。1997 年《国家读写能力规划》出台，2009 年陆克文政府启动《国家学校

---

① 刘晓波、战菊：《澳大利亚语言政策的发展变迁及其动机分析》，《东北师大学报》2013年第 6 期，第 163 页。

亚洲语言与研究计划》，同样是为了支持四种亚洲语言的学习"。① 澳大利亚政府为什么会在这个时期启动这样的语言项目，显然还是与统治阶级的利益密切相关的。澳大利亚"将国家当时有限的资源用到亚洲语言学习项目上，以促进澳大利亚与亚洲国家的国际贸易，提高澳大利亚的经济实力。语言政策成为一种可以用来获得经济竞争优势，促进经济发展的工具"。② 很显然，政策的目的是为了经济的发展，而这种政策的形成与当时对语言的工具性认识有关。当语言成为一种经济工具时，为了发展经济、发展对外贸易，那么对外的语言项目当然就会成为语言政策的一部分。

语言是交际的工具，同时也是文化的载体、民族认同的纽带。在语言是交际工具的基础性认识上，还会衍生出延伸性的工具性特征，如经济开发的工具、对外交往的工具、国家安全的工具等。这些不同的工具性会在不同的历史时期、不同的社会环境下对一个国家的语言政策产生或大或小的影响。

二　语言文化观与语言政策

语言与文化之间本来就具有非常密切的关系。在语言工具观之外，还有一种得到普遍认可的观点就是语言文化观。语言文化观的基本观点就是语言是文化的一部分，是文化的载体。

文化是一个非常宽泛的概念，因此即使出现了上百种的定义，似乎还没有一个定义能够得到普遍的认同。从语言的角度讲，一般认为语言是狭义的文化。语言是一种符号，具有表意性，在人类的交往活动中起着沟通的作用。人类在更多的时间和空间里都是借助语言进行沟通，并在人类的沟通和互动中创造文化。不同的语言本身就是不同的语言文化，不同的方言本身也代表了不同的方言文化。这种语言文化反映着一个民族或种族的思维方式、历史积淀等丰富多彩的内容，是一个民族的标志之一。语言的多样性乃至方言的多样性在很大程度上就代表着文化的多样性。正是基于这样的认识，杜茜认为："从人类现在已知的几千种语言来看，每种语言

---

① 刘晓波、战菊：《澳大利亚语言政策的发展变迁及其动机分析》，《东北师大学报》2013年第6期，第162页。

② 同上书，第163页。

都有非常悠久、非常丰富的传统和历史。每种语言都记载了自己民族的发展历史，记录了它的民族生活在这个世界上的智慧，记录了物质和非物质文化产品。这些智慧实际上是非常丰富的。当一种语言消失的时候，并不是语言作为一种交流工具消失了，而是这种语言所承载的文化的信息、知识的信息和各种智慧随之消失了。"①

　　语言不仅本身是文化的构成部分，同时语言也承载着文化。很多的文化要素都是通过语言得以记录和保存下来。例如，《释名·释衣服》中收"裲裆"一词："裲裆，其一当胸，其一当背也。"裲裆是古代的一种背心，多为布帛所制。《释名》是我国古代一部训解词义的书，从语言声音的角度来推求字义的由来。作者刘熙约生于160年，是东汉时期著名的经学家、训诂学家。这说明，从服饰文化的角度来讲，至少到东汉时期，我国人民已经开始着近似于现代的背心了。再如，"炮"原作"砲"。这反映的是军事文化。在火药发明以前的冷兵器时代，作为炮弹发射的不是现代意义上的炮弹，而可能是不具有爆炸特征的抛射物。随着火药的发明，进入热兵器时代，炮弹才成了现在意义上的可爆炸的抛射物。由此可见，也正是因为有了语言，各种不同的文化要素才得以记录和保留下来。

　　语言和文化之间的这种密不可分的关系，以及人类对这种关系的认知形成了所谓的语言文化观。语言文化观对语言政策的制定也产生了深远的影响。语言文化观对语言政策产生影响的一个基本视角就是语言文化的多样性及其保护问题。王远新（2002）认为："每一种民族语言都是为了表达语言使用者的愿望、适应语言使用者的要求而逐渐发展起来的，因此，每一种民族语言都是一种独特的文化现象。每一种民族文化，不管它多么'原始'，与其相适应的语言就其复杂性和完善程度而言，足可以与所谓'文明国家'和'发达民族'的语言相媲美。因此，每一种存在着并被使用着的语言，都能满足其使用者的社会和心理的要求，都为人类社会和文化的发展做出了自己的贡献。也就是说，与所有生物存在一样，多姿多彩的民族语言都有其存在的理由和价值。"② 正是这种多维的价值，促使语言政策主体在制定语言政策时几乎都关注到了这一点。《中华人民共和国

---

① 杜茜：《从生物多样性到语言多样性》，载《北方语言论丛》，黄河出版传媒集团阳光出版社2011年版，第259页。

② 王远新：《论语言文化的多样性及其价值》，《世界民族》2002年第6期，第1页。

宪法》有"各民族都有使用和发展自己的语言文字的自由，都有保持或者改革自己的风俗习惯的自由"的条款。我国在制定推广普通话的政策时明确指出，推广普通话不是消灭方言，显然是兼顾到了不同方言中保留的文化现象。这些不同层面上的法律、政策中都体现了语言文化观的作用。

　　语言文化观是一种世界范围内的普遍的认识，因此这种观点在世界各地的语言政策中几乎都有体现。1998 年 3 月 1 日欧洲委员会的部长理事会公布并开始实施《欧洲区域或少数民族语言宪章》，这是旨在保护和促进区域及少数民族语言的唯一具备国际约束力的协定。"《宪章》采用的是'文化'和'功能性'的方法，而不是严格针对某个所谓区域或少数民族语言'类别'的'认同'（比如在判别'领域性语言'时所用的语言使用者的数量、该语言在不同范围内的使用历史、使用该语言的领域等特征）。《宪章》中规定了具体的保护主体，至于对某种区域或少数民族语言的'地位'进行评估，同样由缔约国负责，对其国内的语言现状进行最真实的评价，以便对区域或少数民族语言进行最切实有效的保护。"①这种从文化和功能入手的方法在很大程度上起到了积极的作用。在具体的措施方面，更是体现了语言文化观对语言政策的直接的影响。如《宪章》第二部分的总则中就有如下的思想："认可区域或少数民族语言是具有丰富文化内涵的表达方式；尊重每种区域或少数民族语言的地理范围；必须采取坚决行动促进此类语言的发展；支持、鼓励人们在私人及公共场合以口头或书面方式使用此类语言；在所有合适阶段为此类语言的教学与研究提供适当的形式与方法；促进相关的跨民族交流；禁止与区域或少数民族语言的使用相关、旨在打击或破坏其存在或发展的一切无理区分、排斥、限制或偏袒；各缔约国应促进各国语言群体之间的相互理解等等。"②

三　语言资源观与语言政策

　　语言资源观是较晚出现的一种关于语言的认识。我国较早专门讨论语言资源问题的学者是邱质朴。进入 21 世纪以来，语言资源问题受到更多

---

　　① ［俄］阿列克谢·科热米亚科夫：《〈欧洲区域或少数民族语言宪章〉：保护与促进语言与文化多样性十年记》，《国际博物馆》2008 年第 3 期，第 32 页。

　　② 同上书，第 33 页。

关注，政府、学界和民间都从不同视角研究和开发语言资源。2004 年，由教育部语言文字信息管理司牵头，成立了"国家语言资源监测与研究中心"，到目前为止，相继建设了平面媒体语言分中心、网络媒体分中心、海外华语研究中心、教育教材语言分中心、有声媒体语言分中心和少数民族语言等六个分中心。

2005 年 7 月 26 日，袁贵仁在"文字标准规范建设及信息化工作会议"上指出："语言资源是重要的信息资源和文化资源"，并对语言资源的范围和性质间接地作出了解释。2006 年 5 月 22 日，李宇明在教育部 2006 年第 11 次新闻发布会上使用了"语言资源"这个概念。王铁琨指出：语言是载体、是工具、语言也是一种资源。这实际上触及了语言的本质，指出了语言的资源属性问题。2007 年 8 月 16 日，"中国语言生活状况报告"新闻发布会上，李宇明指出：应把语言看作国家重要的文化资源，看作国家软实力的重要组成部分。2011 年 6 月在渤海大学（辽宁锦州）召开的第六届全国社会语言学学术研讨会上，李宇明又一次提出语言资源是"硬实力"的说法。这一时期，黄行（2000）、张政飚（2000）、俞士文（2001）、李宇明（2003，2005，2007，2008，2010）、徐大明（2007，2008）、周洪波（2007）、陈章太（2008，2009）、王铁琨（2007，2008，2010，2011）等学者从不同角度审视了语言资源问题。陈章太认为："我国学界讨论的'语言资源'有广义和狭义之分，广义的'语言资源'是指语言本体及其社会、文化等价值；狭义的'语言资源'是指语言信息处理用的各种语料库和数据库等。"[①] 学界也逐渐对语言资源取得了较多的共识。例如，大家对语言资源的归属，意见还是比较一致的，认为语言是一种特殊的社会资源（陈章太语），是一种文化资源（王铁琨语），是负载非物质形态社会资源的资源，是信息社会最重要的信息资源，是构成物质的和非物质的文化资源（张普语）。语言资源观念基本形成。语言资源观的建立对语言政策产生了相应的影响。

资源通常有广义和狭义之分。"广义的资源一般指人类生存、发展、享用所需要的一切物质的和非物质的要素。"[②] 资源的基本条件就是社会可利用性，表现在资源的管理和开发等方面。语言作为一种特殊的社会资

---

① 陈章太：《论语言资源》，《语言文字应用》2008 年第 1 期。

② 刘成武、黄利民：《资源科学概论》，科学出版社 2004 年版，第 41 页。

源、文化资源，作为人类最重要的交际工具，当然也需要管理和开发，使
之更好地为人类交际服务。从政策的角度讲，语言资源管理的主体是政
府。"原因有三，其一，政府具有至上的权威性。'就其作为秩序化统治
的一种条件而言，政府是国家的权威性表现形式。其正式的功能包括制定
法律，执行和贯彻法律，以及解释和应用法律。'公共资源的配置和调整
涉及社会各个阶层和利益集团的利益，必须有一个公认的权威机构来执
行。其二，政府具有管理社会的职能。'在有阶级的社会里，政府是国家
进行阶级统治、政治调控、权力执行和社会管理的机关。'姚亚平的《语
言规划研究》一书明确指出：语言规划是国家所履行的一项公共职能，
其研究对象主要是国家语言和国家语言问题，其行为主体是政府，其运作
方式是语言政策与法律。其三，语言资源管理的议题属于宏观的国家层
面，政府管理也具有宏观性和战略性。"①

　　语言政策是"政府对语言文字的地位、发展和使用所作的行政规
划"②，即人类社会群体在言语交际过程中根据对某种或某些语言所采取
的立场、观点而制定的相关法律、条例、规定、措施等。语言政策从资源
的角度入手，主要包括两个方面："一、就语言文字本身的地位、发展、
规范和改革所制定的标准与法规；二、对语言文字使用的要求与规定。"③
简单地讲，就是语言资源的地位界定及其保护与开发。第一方面是国家从
宏观上制定相应的语言文字政策，第二方面是国家从微观上对语言文字做
出具体的要求和规定。语言政策可以通过显性和隐性两种形式发挥作用。
显性政策往往是国家宪法或法律规定的官方政策、制度及相关规定。隐性
政策多是通过一些基层的或非官方的公共机构的惯例、措施或者是民众的
主流意识而发挥作用。

　　为了适应改革开放和现代化建设的需要，我国现阶段的语言政策形成
了包括法律、国务院行政法规、国务院部门规章、相关文件、相关工作计
划、相关领导讲话、地方性法规和地方规章等在内的政策体系。法律如
2000 年颁布的《中华人民共和国国家通用语言文字法》，国务院行政法规
如 1986 年颁布的《地名管理条例》，国务院部门规章如 1998 年颁布的

---

① 韩晓莉：《论语言资源管理与语言政策》，《中国校外教育》2009 年第 10 期，第 22 页。

② 陈章太：《语言规划研究》，商务印书馆 2005 年版，第 148 页。

③ 同上。

《广告语言文字管理暂行规定》，相关文件如 2000 年 11 月 14 日中宣部、全国人大教科文卫委员会、教育部、司法部、国家语委联合发布的《关于学习宣传和贯彻实施〈中华人民共和国国家通用语言文字法〉的通知》，相关工作计划如 1992 年 10 月 20 日国家语委办公室发布的《关于印发〈国家语言文字工作十年规划和"八五"计划纲要〉的通知》，领导讲话如 1997 年 12 月 23 日时任国家语委主任许嘉璐在全国语言文字工作会议上的讲话，地方性法规和地方规章如 1987 年通过、2002 年修正的《西藏自治区学习、使用和发展藏语文的规定》。这些语言政策中已经渗透了语言资源观的影响，体现了语言资源观对语言政策制定的作用。

第五章

语言政策规划与制定

　　语言政策的规划与制定是一项整体性、系统化的工程，它不仅是语言及其使用的问题，还与社会生活、政治经济、文化教育、科学技术、民族宗教，以及观念心理等关系密切。制定、实施语言政策，应当依据一定的原则，才能获得成功。语言政策制定的机制和状况如何，关系到语言政策本身的科学性，而且直接影响到国家语言管理的成败，关系到国家语言意志和语言利益的实现程度，影响到国家语言统治的权威，关乎国家语言生活的和谐程度。因此，语言政策制定过程的科学化以及语言政策制定的系统化和现代化问题，在语言研究及语言政策研究中都具有重要的意义。

第一节　语言政策制定的过程

　　语言政策制定是确立了语言政策议程之后进入问题解决阶段的首要环节，它本身又是一个多要素彼此制约的动态过程。过程是任何一种有机生命的运动系统，它不仅一般地记录了事物发展的时间流程，而且还反映了其发展的阶段性序列，以及造成和导致这种阶段性序列的动因和依据，因而是事物发展的一种规律性的存在。研究语言政策制定的系统和这个过程的运动规律，是科学决策语言政策制定程序的重要内容。

一　语言政策问题的确立和政策议程的建立

　　任何政策的制定，都是为了解决它在某个领域内所遇到并需要解决的问题。但是并非一切领域内的所有问题都是政策问题。因此，要解决问题，首先必须确认问题的性质，即要确认政策问题。政策问题涉及一系列的方面，其关键点在于主体问题：一是政策制定的主体，二是政策执行的主体，三是政策最终受益的主体。而厘清这些问题的前提则是区分不同矛盾的性质的问题。我们以语言问题为切入点，讨论并区分语言问题和语言政策问题。

（一）语言问题与语言政策问题

语言领域，包括语言的本体领域和语言的使用领域，存在着许多问题，但并非所有的问题都是语言政策问题。哪些属于语言政策要解决和面对的问题，哪些不是或暂时还不是语言政策需要解决和面对的问题，这是语言政策主体必须首先要解决的事情。这不仅是因为对某一语言问题的认定会直接影响到语言政策的本质和构成，而且如果混淆问题或者问题确认超前、扩大化，都会导致错误语言政策的出台，以致影响语言问题的解决，甚至使原来的语言问题更加恶化。这在中国社会主义语言建设中是有教训的。所以，在语言政策的制定过程中，对语言问题和语言政策问题的理论区分具有特别重要的意义。

语言问题是社会中各种语言现象的矛盾运动所产生和形成的语言状况与语言的社会期望值之间的差距。它是一种客观存在的社会现象，也是学术研究的对象。

语言政策问题是由语言问题的矛盾运动而引起、产生，并需要政府中枢系统通过国家语言干预，即制定语言政策才能解决和处理的语言问题。语言政策问题是社会语言矛盾运动的紧张状况，以及由此引起的各种语言利益、语言价值和各种语言规范冲突的集中表现，并且已经发展到不解决就势必会影响国家和社会的进步和发展，妨碍社会公众正常的语言生活和国家正常的语言秩序和语言稳定。这类语言问题，往往是由于语言结构本身运动和社会转型、变革等过程中语言结构内部出现的功能障碍、关系失调和语言整合错位、失范等原因造成的。这种问题不通过政府力量就难以消除和解决。

从语言政策问题所应有之义来看，应该包括：第一，语言政策问题是已经出现并客观存在的语言问题，表明语言本体或语言使用出了偏差或存在不足；第二，语言政策问题与公众流行的价值观有冲突，作为语言政策问题的语言问题被认为是不公正的或不合理的；第三，语言政策问题已被多数人所察觉，有了明确的"问题"意识；第四，语言政策问题已通过个人或团体的行动予以表达，并产生了一定的社会压力；第五，语言政策问题属于政府管辖的范围，并且被列入政府议程。

　　语言问题与语言政策问题是两个既相互联系又相互区别的概念。所有的语言政策问题都是语言问题，但并非所有的语言问题都是语言政策问题。语言问题在社会领域内无所不在，不以人们的意志为转移；而语言政策问题则是语言政策主体价值选择和价值判断的结果，它以对象的存在为基础，以主体的价值判断为转移。一般来说，只有那些可能引起或导致语言利益的再分配、语言价值的转移，造成主体对语言行为的失控，主体的需要和社会价值目标的实现受到语言威胁的语言问题，才可能成为政策主体关注的对象，才可能纳入政策议程予以政策解决。而一般意义上的语言问题，则要宽泛得多，处理起来也就容易得多。语言问题出现不一定就意味着语言政策出台；只有语言政策问题出现了，才会有相应的语言政策出台。

（二）语言政策问题的确立

　　语言政策问题的确立是语言政策主体以一定的价值尺度为标准，以一定的语言理想为目标，从质和量两个方面对语言政策问题的存在进行分析、评估和判定的过程，包括问题的发现、问题的确定两个阶段。

　　1. 发现语言政策问题

　　语言问题和语言政策问题是相互关联但却不同的概念，不是所有的语言问题都是语言政策问题。因此，某些语言问题可以经由协商或者通过非政府组织的活动而得以解决，也可能随着时间的流逝而自然消失，无须诉诸政府上升到政策的层面。正是基于这样的原因，语言政策问题的外延与语言问题的外延并不重合。语言政策问题是因语言引发而成为公共政策问题的部分。发现语言政策问题也就是发现这样的问题。

　　发现语言政策问题并不是件容易的事，这在一定程度上源于语言问题和社会问题的复杂性，同时也会对语言政策问题的确定产生影响。首先，现代社会中由于各种语言矛盾、冲突而引发的语言问题众多而繁杂，涉及的领域很广，不易认清。尤其是对于多语言、多方言的国家来讲，这样的问题就更加突出。另外，随着现代科学技术的大发展，不同领域内的语言矛盾和语言冲突也逐渐凸显出来，成为社会关注的对象。其次，语言领域中的许多问题常常具有一定程度的隐蔽性，矛盾的演变和转化往往要经历一个比较复杂的确立过程，很难一下子把语言问题和语言政策问题区分开。最后，由于语言的发展过程不同，不同的语言问题在不同的语言背景下会产生截然不同的结果。这些因素都影响对语言问题和语言政策问题的区分，从而导致语言政策问题的确立显现出一定的复杂性。在我国，语言政策问题是关系到社会交际、国家稳定的重大问题，因而科学地界定和准确地确立语言政策问题是非常重要的。

发现语言政策问题可以通过不同的渠道来实现，一般来讲包括民间、学界和官界三个路径。民间和学界发现具有公共政策性质的语言问题，这些语言问题被认定为语言政策问题，属于自下而上的渠道。这种渠道发现语言政策问题多是民间人士或学界专家、学者发现带有公共特性的语言问题后，通过相应的渠道反映给政府部门。对于政府部门来讲，这是一种间接发现语言政策问题的渠道。还有一种就是政府（官界）发现的语言政策问题，一般地说有两种方式：一种是与自下而上的渠道相近，但不同的是，政府通过调研等方式直接从民间或学界获取问题信息；另一种是政府直接发现并认定的方式。政府不通过民间和官界，而是对某些语言问题进行直接筛选，从而确定为语言政策问题。

2. 确认语言政策问题

语言政策问题的确认是语言政策制定过程中的关键环节，是语言政策动态运行过程中的关键点，也是语言政策制定的前提和基础。语言政策问题是一个与社会、政治、经济有着广泛联系并不断发展变化的"多媒体"。语言政策问题所处的环境是否确定，涉及政策关系的人与物的范围大小，以及政策后果可以预测的程度等多方面的因素决定了语言政策问题的复杂性。因此，在各种语言问题被发现之后，关键是要确定哪些是语言政策问题，那些不是或暂时不是语言政策问题。正如查尔斯·林德布洛姆（Charles E. Lindblom）所言："决策者面对的并不是一个既定的问题，相反，决策者必须首先认定他们真正面对的问题及产生的原因。"① 这就需要对各种语言问题进行分析、比较、研究，然后才能确定，并提上政策议事日程。

影响语言政策问题确认的因素可以从不同的角度分析，其类型也多种多样，如语言问题的影响有多大、语言问题的本质是否清晰、语言问题的严重程度如何、影响语言问题的因素有哪些、语言问题是否具有导向性、语言问题是否可以评估等都会不同程度地影响语言政策问题的确认。这些影响因素主要可以从主体、客体两个角度进行综合分析。

---

① ［美］查尔斯·林德布洛姆：《决策过程》，上海译文出版社 1988 年版。

（1）语言政策主体的能力、权限和意愿影响语言政策问题的确认

语言政策主体在这里主要是指政府及相关的行政部门，也包括政府的政治领袖。他们作为语言政策制定的主体，在一定程度上直接决定着哪些语言问题会成为语言政策问题。

语言政策主体的能力、权限和意愿是指语言政策主体"主观能做什么""客观能做到什么"和"愿意做什么"。"政府的执政理念是影响政府制定政策的一个关键因素；它直接关系到哪些问题能进入决策者的视野，并最终被确认为政策问题。"[①] 进入 21 世纪以来，建构和谐社会成为我国政府反复不断强调的一个话题，成为政府的最强声音和主导意愿。同时，汉语的海外教育也成为政府更加关注的问题。与之相配合的是，我国语言学研究领域和政府相关部门同时提出了建设和谐语文生活的概念，提出了汉语走向世界的更加宏大的设想。随之一些语言问题开始进入语言政策问题范畴。新世纪，我国成立了国家语言资源监测与研究中心。研究中心由教育部语言文字信息管理司创建，目的在于让更多学者对我们的语言国情有更多的定量了解，对国家语言资源进行动态的分析与管理，并运用现代化手段加以处理和利用，提高汉语在世界上的影响力。同时国家语委启动了中国语言资源有声数据库的建设工作，"旨在用现代信息技术、遵循统一的工作规范和技术规范、将中国各县域的语言实态（也包括方言和地方普通话）记录下来，归档建库，永久保存。通过对该库的学术开发和行政开发，可以起到全面了解语言国情、科学制定国家语言规划、科学保存和开发国家语言资源、促进普通话的推广、促进语言文字的信息化、促进语言科学的发展等作用"。[②] 2014 年 3 月 10 日，国家语言文字工作委员会发布《国家语言文字工作委员会关于进一步做好语言文字信息化工作的若干意见》，将"大力推进语言资源建设"列为重点任务，要求"增强语言资源意识，加强语言资源的保护、开发和使用，以满足语言文字事业发展和社会需要为目标，强化语言资源基础建设，重点建设好国家语言资源动态流通语料库、古今汉字全息数据库、中华经典诵写讲资源库。加快中国语言资源有声数据库建设进程。加强语言资源建设的统筹协

---

① 孙翠香：《教育政策问题确认的过程及条件》，《教育发展研究》2009 年第 11 期，第 32 页。

② 李宇明：《论中国语言资源有声数据库的建设》，《中国语文》2010 年第 4 期，第356 页。

调，支持相关语言产业、企业的发展，努力形成'有序开发、多元投入、社会共享'的语言资源建设与管理机制。整合已有分散资源，构建国家级语言资源服务平台，促进语言资源的开放与共享"。① 这些举措所面对的语言问题是政府有能力、有责任面对的问题。也正是如此，这些语言问题成为语言政策问题。

（2）语言政策问题的类型与性质影响语言政策问题的确认

从根本上来讲，只有那些具有关乎全局和根本，影响范围广、时间长，与国家发展计划密切相关的语言问题才能成为语言政策问题。

首先，从语言问题的性质方面看，那些具有全局性和根本性的语言问题往往会成为语言政策问题。因为这些如果得不到妥善解决，将会影响社会的安定和国家的发展。也就是说，语言问题的性质直接决定了语言政策的针对性。我国是一个统一的多民族国家，民族多、语言多、文字多。除汉族外，已确定民族成分的 55 个少数民族，除回族、满族已全部转用汉语文外，其他 53 个民族都有自己的语言。有些民族内部不同支系还使用不同的语言。在我国，汉字不但是汉族使用的文字，也是全国各个少数民族通用的文字。现在中国 55 个少数民族中，除回族、满族已不使用自己民族的文字而直接使用汉字外，有 29 个民族有与自己的语言相一致的文字。由于有的民族使用一种以上的文字，如傣族使用 4 种文字，景颇族使用两种文字，所以 29 个民族共使用 54 种文字。民族语言文字信息化水平不仅影响了我国语言文字的整体信息化能力，也对国家安全产生了一定的影响。因此，国家语委将"提升少数民族语言文字信息化水平"作为重点工作，要求"针对少数民族语言文字信息化现状，加强调研，明确目标，科学规划。加快制定信息化急需的少数民族语言文字基础规范标准。建设少数民族语言文化资源库和传统通用少数民族语言的大规模语料库。充分利用信息化手段科学保护各民族语言文字，抓紧做好濒危语言文字的数字化整理和记录保存工作。重视跨境少数民族语言文字信息化建设，积极构筑民族语言文化高地，服务国家周边外交，切实维护国家安全"。② 因此，国家从 1995 到 2005 年间，编制了大量关于民族语文的国家标准，

---

① 国家语委：《国家语言文字工作委员会关于进一步做好语言文字信息化工作的若干意见》，2014 年 3 月 10 日。

② 同上。

如少数民族语地名汉语拼音字母音译转写法，信息交换用蒙古文七位编码和八位编码字符集，信息交换用朝鲜文字编码字符集，信息交换用彝文编码字符集，信息技术——维吾尔文、哈萨克文、柯尔克孜文编码字符集等。

其次，那些影响范围广、时间长的语言问题更容易成为语言政策问题。语言文字的信息化是当今世界面临的共同课题。就我国语言文字信息化来讲，它的影响不仅仅是在国内及港澳台地区，随着移民数量的增加，显然已经成为一个世界范围内的事情。这种影响不仅仅是一段时间的事情，而将是长期的、世界范围的影响。语言文字信息化不仅影响语言本身，也影响文化传承、教育发展、言语交际、国际交往等各个方面。如何实现和提高语言文字信息化水平和能力成为政府面临的重大课题和语言问题。也正因为如此，国家语委于 2014 年将"强化语言文字信息化的应用与服务"列为重点任务。要求语言文字信息化要服务于语言文字的社会应用，及时将语言文字信息化成果转化为便民、利民、惠民的实际应用，满足大众的不同需求。语言文字信息化要服务教育现代化，满足不同阶段、不同群体的语言学习需求。语言文字信息化要服务于文化强国建设，充分发挥语言文字信息化在传承和弘扬中华优秀传统文化中的作用。

最后，那些与国家发展计划密切相关的语言问题更容易成为语言政策问题。在不同时期国家会有不同的战略重点和发展计划。一般地说，那些与国家发展计划密切相关的语言问题更容易成为语言政策问题。社会和谐、文化传承、国家安全是我国政府当前重点强调和关注的问题。从语言问题层面上看，这样的问题更容易成为国家的语言政策问题。2014 年国家语委发布的重点任务主要包括"依法规范重点领域信息技术产品中的语言文字应用""制定语言文字信息处理急需的规范标准""大力推进语言资源建设""构建语言文字工作信息化平台""提升少数民族语言文字信息化水平""强化语言文字信息化的应用与服务"等六大任务。这些重点任务的核心就是语言文字信息化建设，而建设目标最终就是指向当前我国政府的战略规划。也正是因为如此，这些语言问题最终成为语言政策问题。

（三）语言政策议程的建立

语言政策问题的发现与确定，只是提出了需要采取政策性措施和需要制定语言政策的可能性，还没有成为语言政策决策主体的行为，还没有使语言政策问题成为政策现实。语言政策主体是否该针对某些政策问题制定相应的语言政策，关键在于是否把该政策问题列入政府中枢决策系统的政策议程。

语言政策议程（Language policy agenda）又称语言政策日程，通常指某一引起语言政策决策者深切关注并确认必须解决的语言问题被正式提起政策讨论，决定政府是否需要对其采取行动、何时采取行动、采取什么行动的政策过程。在这一过程中，价值判断标准、政策目标、政策方式、政策界限等都是需要讨论的重要问题。将语言问题纳入政府机构的行动过程中，要求政策主体作出反应，并最终决定政府对某一特定的语言问题作为或不作为。

在现代民主社会中，存在两个相互制约的系统：一种是政府代表的公共权力系统，一种是由不同层次的公众代表的社会权利系统。在对价值的权威性分配中，这两种系统都要维护社会的公平和公正。在一般条件下，政府的政策行为主要是为了对全社会的价值进行权威性分配，而公众的政策行为则是为了追求群体价值观和群体利益。政府的公共权力系统总的来说是为了追求和维护公共利益。但有时，政府也会追求和维护政府的特殊利益。公众的社会权利系统有时追求特殊的群体利益，有时则追求公共利益。因此，两个系统有时会发生利益追求上的矛盾。这两个系统对语言政策议程的建立都有一定的影响。我们把政府代表公共权力系统进行语言政策建设的议程称为政府议程，把社会权利系统进行语言政策建设的议程称为公众议程。

1. 语言政策的政府议程

语言政策的政府议程（govermental agenda）又称正式议程（formal agenda），是指语言政策主体把已引起社会公众广泛关注和普遍议论，或涉及国家语言秩序稳定以及公众语言利益，而确需加以解决的语言政策问题列入议事日程，认真进行研究并采取有效措施加以解决的过程。这个过程本质上是一种行动议程，是语言政策主体依照特定的行政或立法程序对语言政策问题进行研究和处理的实际活动，是语言政策问题解决的政策主体行为。政府议程是在政府语言权力系统范围内对语言政策问题的议论，程序上往往比较正式、固定，方式方法上往往比较严谨、精确，内容上较为具体、集中。

语言政策的政府议程中所讨论的语言政策问题具有多样性和动态性的

特征，既要面对多种多样的语言政策问题，同时还要面对特定问题的变化和转化。政府议程所要回答的不是怎么做的问题，而是值不值得做的问题。也就是说，语言政策的政府议程需要对语言政策问题作出判断和评估，要确定某项政策的价值坐标、价值准则、价值意义，然后才去确定实现价值的手段和方式。

政府议程的基本程序由法律及传统规定，大体上是固定的。这种固定性表现为政府议程的法定主体必须直接参加议程，并且能不受限制地提出政策意见。但政府议程的过程是不固定的。在许多情况下，政府议程可能出现倒转、循环、重复、停滞等现象。一般来说，政府议程包括界定议程、规划议程、议价议程、循环议程等不同的阶段。语言政策的政府议程一般也要遵循这样的设计和过程。语言政策政府议程中的界定议程一般是通过讨论，积极而慎重地研究被认定的语言政策问题；规划议程是从总体上讨论需要优先解决的语言政策项目；议价议程是依据政策规划的构想和规定性，政策关系人就价值标准与利益进行讨价还价的争论；循环议程是指正式进入政府议程的语言政策，要不断地接受科学评估和利益修正。

2. 语言政策的公众议程

语言政策的公众议程（public agenda）又称系统议程（system agenda），主要是指社会政治系统的成员把普遍认为值得公众注意，同时又与现存政府的法定职权内的事务直接相关的一切语言政策问题列入议事日程并提供相应解决方案的过程。公众在自身权利系统的范围内，对某一现象、某一事件、某一问题议论其好坏，进而讨论社会应该有的态度，以及政府应当采取的对策。

语言政策公众议程中的语言政策问题大多是社会公众普遍关心的语言问题，并认为应由语言政策主体采取措施予以解决。在不同时期，公众关心的语言问题会发生变化，有些语言问题也会反复出现。当然也会出现这样的现象：有些语言问题出现了一阵子，过了一段时间就会消失。一个问题要想成为或达到公众议程的程度，应该具备以下一些条件：

第一，该问题必须在社会上广泛流传并得到普遍关注，或者至少必须为公众所察觉；语言问题的产生和显现并不都是显性的，有些语言问题可能以隐性的形式出现。当某种语言问题已经与公众语言利益关联，就具有成为语言政策问题的资格。但是这种语言政策问题可能并不为多数人知道和关注，这时语言政策问题是不能进入公众议程的。只有这种问题已经得到了普遍的关注或者至少被公众觉察，才有可能进入公众议程。第二，大多数人都认为有采取行动的必要。不是所有的语言问题都需要制定相应的语言政策去协调和解决，只有某种语言问题到了需要政策介入的时候，也就是具有政策价值的时候，才需要从政策的层面采取相应的措施。也就是说，只有一种语言政策问题到了大多数人认为有采取政策行动必要的时候，它才具备了进入公众议程的可能。第三，该问题被公认为是政府权限范围内的事务，应该给予适当的关注。因为不是所有的语言问题都需要从政府的层面去解决，有些语言问题可能随着时间的推移而自动化解，有些语言问题没有必要直接诉诸政策层面，因此不是所有的语言问题都需要制定相应的语言政策。只有那些被公众认为是政府权限范围内的语言问题才可能进入公众议程。

"公众指的是任何因面临某个共同问题而形成的社会群体。"[1] 当一个社会群体面临共同的语言问题时，因其自身的某些因素，就会显现出特定的层次性、地域性。因此，公众议程可能是某一层次上的公众对语言问题的议论，也可能是某一地域中的公众对语言问题的讨论。这时他们所针对的语言问题往往具有一定程度的领域性或地域性。有时，公众议程也具有跨层次、跨地域的特点。当语言问题呈现出跨领域和跨地域特征时，这样的公众议程就随之显现出跨层次、跨地域的特点。当然，公众是由众多个体构成的，而个体之间往往会存在较大的差异。因此，同一个语言问题可能与这一部分公众的利益密切相关，而与另一部分公众的利益关系不大，对某个相同的语言问题，公众内部也会存在分歧、发生争论。

3. 政府议程与公众议程的关系

政府议程与公众议程是具有不同规定性的"语言议政"过程。政府议程是语言"政府议政"的过程，反映的是政策主体对国家语言权力的行使，对国家语言利益、语言目的的保护，以及对社会语言秩序的维护。因此，它由一些具体的、比较明确的项目组成，目的是要认定与语言政策问题有关事实的存在，以及提出解决这些问题的办法、措施和方针、政策。而公众议程表现出对某一语言问题的强烈的"议政"意识和对自己语言利益、语言权利的普遍关注，这往往是由某些具体的社会语言现象而引发。语言政策的公众议程往往由一些比较抽象的项目组成，所涉对象的

---

[1] 张卫：《公共关系在图书馆的运用》，《西南民族学院学报》1998 年第 3 期，第 45 页。

概念、范围往往也比较模糊，通常仅仅是发现问题和提出问题，有时甚至也可以是某种较为强烈的语言呼吁，可以不提出解决问题的办法或方案。这种议程的"议政"的成熟性和普遍性，要视一定社会条件下的民主政治的宽紧度而定。

就两种不同议程对语言问题的关注度来看，已经成为公众议程的语言问题，并不一定是政府议程的语言问题；反之，成为政府议程的语言政策问题，也并不一定就是公众议程所关注的语言问题。这在一定程度上反映了公众和政府对语言问题的关注是存在一定差异的。有时一个语言政策问题已在公众的语言生活中成为普遍的"议政"话题，甚至也已经引起有关专家、学者的研究兴趣，成为研究课题，但语言政策主体并没有把它列入政府议程；而有时一个语言政策问题已经列入政府议程，却可能恰恰是尚未引起社会公众普遍关注的语言问题。

一定时期出现的语言政策问题是这个时期的语言问题的集中反映。因此，为解决一定时期的语言问题而制定的语言政策，一方面反映了语言发展的实际要求；另一方面也反映了语言政策主体分析、判断和解决语言政策问题，进行语言决策所达到的水平。这就决定了无论是语言政策问题的存在还是语言政策主体制定的语言决策，都只具有相对的真理性。一旦产生这种问题和形成相应决策的历史条件已经改变，或者历史进程中已经显现已有决策的不足，那么就说明相对应的语言政策问题的性质可能已经发生了转变，这往往使人们对传统的语言政策规范、政策习惯、政策原则以及许多与此相适应的语言政策提出质疑，成为语言发展和政策进步的阻力。政策内在动力的曲折演化、语言政策问题的本质特征发生变化、前所未有的新语言问题的出现，以及原有语言矛盾的日积月累而引起的变化等，都会导致新的语言政策问题的出现。如果新的语言政策问题出现并引起社会的普遍关注和语言政策主体的高度重视，这个语言问题就可能很快进入主体的正式议程而寻求解决的措施。

二　语言政策文本的建构

语言政策文本的建构，是语言政策问题获得确认并进入正式议程后，政府中枢决策系统为解决该问题而形成政策方案的主体决策行为。它是语言决策制定过程的核心环节。语言政策问题只有经由这个核心环节的工作，才能获得解决的希望。否则，即使进入正式议程，也仅仅具有提案资格的意义，还不是本体意义的实现。

语言政策文本的建构是一项创造性的主体决策活动。它要求政府中枢决策系统的各个方面，结合语言政策问题的实际需要，充分运用各种政策资源和丰富的语言管理经验，在科学的理论和既定的政策原则指导下，寻求解决语言政策问题的最优化方案。作为一个综合性的研究、设计、规范和决策的过程，建构语言政策文本的一般程序和主要内容包括以下几个方面。

（一）明确语言政策原则

语言及语言问题作为特定的语言政策的对象，是一种客观的社会存在。而作为语言政策问题的语言问题，则是在一定社会历史条件下，语言政策主体遵循一定的思想意识和价值观念，对语言现象进行主观价值判断的结果。在不同的社会历史条件下，不同的政策主体所遵循的思想基础和价值观念是不一样的。因此，对语言政策问题的性质的界定也是不一样的。语言政策主体确定语言政策问题的核心标准是语言政策对象的存在和发展与语言政策主体的语言利益、语言目标和语言价值是否一致。因此，解决语言政策问题的前提是要明确以什么样的要求和标准去解决，即必须首先明确解决语言政策问题的原则。只有在一定语言政策原则的观照下，解决语言政策问题的语言政策的制定和语言政策方案的出台，才是合目的和可操作的。语言政策的制定作为主体追求的一种语言目标，要给予实现语言目标以实在的价值导向。因此，明确语言政策原则，在语言政策制定的系统过程中具有决定性的意义。任何缺乏明确政策原则指导的语言政策，都是没有意义的，也是不能发挥任何积极作用的。

卡普兰（Arabam Kaplan）提出的一系列政策制定原则在语言政策制定中也同样具有借鉴作用。卡普兰提出的政策制定原则主要包括公正无偏原则、个人收益原则、劣势者利益最大化原则、分配普遍原则、持续进行原则、人民自主原则、紧急处理原则等内容。其中，公正无偏原则要求在制定语言政策时，应该秉持无私无偏的态度，对当事人、利害关系人、社会大众等均应予以通盘谨慎的考虑。个人收益原则是指在制定语言政策时，无论采取何种行动方案解决问题，最终的受益者都必须落实到一般人民的身上。劣势者利益最大化原则是指在制定语言政策时，应考虑使社会上居于劣势的弱势群体及个人，能够得到最大的照顾，享受最大的利益。分配普遍原则是指在制定语言政策时，应尽可能使受益者扩大，即尽量使利益惠及一般人，而非仅仅局限于少数人。持续进行原则是指在制定语言政策时，应考虑事物的延续性，对事物及解决问题的方案，从过去、现在及未来的角度研究方案的可行性，不能使三者相互脱节，否则就不切合实际。人民自主原则是指在制定语言政策时，应考虑语言政策问题是否可交由民间处理，如果民间愿意且有能力处理该问题，就由他们来处理。紧急处理原则是指在从事政策制定时，应考虑各项语言问题的轻重缓急，对于较紧急的问题，应即刻加以处理解决。

语言政策问题具有相当的复杂性，涉及政治、经济、文化、宗教、法律、民族、社会等各个领域，常常需要许多种不同的专门知识。因此，在确定语言政策的原则时，也应该兼顾语言政策问题的这种特征，在不损害统治阶级的语言利益、不危及社会的基本价值观念的前提下，应该通过百家争鸣的方式，畅通各种渠道，使来自不同方面的各种意见相互补充、完善，以最大限度地克服语言决策中的盲目性，减少政策失误，提高政策的科学性。

（二）确立语言政策目标

明确了语言政策制定的原则，接下来非常重要的一项工作就是确立政策的目标。这是政策制定的根本出发点和落脚点，它决定着政策制定的方向和终点。政策目标是政策制定主体期望政策实施所能达到的特定的积极的社会效果，以及期望避免的消极的社会影响。语言政策目标是语言政策方案的灵魂，也是实施、评估政策方案的出发点。政策目标在整个政策制定过程中具有重要的作用。

语言政策目标与语言政策问题密切相关。特定的语言政策问题在很大程度上决定了某个语言政策目标的走向。因此，确立语言政策目标需要首先确定政策目标的方针。语言政策目标的方针是对语言政策目标的高度概括，它规定了在一定的历史时期内语言政策主体关于语言政策发展的总体方向，贯穿于全部语言政策活动的始终，对语言政策运动的全局具有战略性的意义。语言政策目标的方针是否正确，决定着语言政策活动的成败。由于一定的语言政策目标是为解决一定的语言政策问题而确定的，这就规定了语言政策目标的确定必须是具体的、可操作的。

为确保语言政策目标的科学性，语言政策主体所确定的语言政策目标应该具有具体明晰性、现实可能性、前瞻性、协调性和规范性。

1. 语言政策目标的具体明晰性

语言政策目标首先应该是明晰、具体的，不能模糊不清或模棱两可。

首先，在语言政策目标的表述上，其内涵和外延都应该科学、严谨，定性、定量都必须准确，不能产生理解方面的歧义。其次，语言政策目标还应该包括时间和空间的明确界定，需要明确在多长的时间内和多大的空间内适用，否则将影响问题的解决及社会效果。语言政策目标是一定时期内政策活动预期达到的效果。语言政策目标规定的严格性程度，可以根据语言政策问题的性质和要求而定，具有一定程度的弹性。即使需要相当长的时间才能完成，也要提出分阶段实现的政策意见和指标要求。这样，总目标才有可能实现。

1956年2月22日，国务院发布《关于推广普通话的指示》（以下简称《指示》）。其中在教学语言方面，提出了这样的要求：从1956年秋季起，除少数民族地区外，在全国小学和中等学校的语文课内一律开始教学普通话。到1960年，小学三年级以上的学生、中学和师范学校的学生都应该基本上会说普通话，小学和师范学校的各科教师都应该用普通话教学，中学和中等事业学校的教师也都应该基本上用普通话教学。《指示》从普通话推广拟定分布的地域范围（少数民族地区以外的地区），拟定的时间段限（1956—1960）都作出了明确的说明。同时《指示》也体现了目标设定的弹性特点，如表述中出现的"应该基本上会说普通话""应该用普通话教学""应该基本上用普通话教学"就是如此。

2. 语言政策目标的现实可能性

语言政策目标的确立应根据客观条件量力而行，应该具备可行性。具体现实条件包括人力、物力、财力、信息、技术、时间等方面的资源和国际、国内的社会环境以及社会公众的要求等社会情况。语言政策目标既要源于现实又要高于现实，应该是经过主观努力能够达到的目标。也就是说，在确立语言政策目标的时候，力戒偏高或偏低。目标要求过高，实现概率就小，甚至是可望而不可即，就没有可行性；目标要求太低，政策对象就可能失去达成目的的积极性，政策制定也就失去了意义。

我国20世纪50年代确立了推广普通话的政策，当时提出了"大力提倡，重点推行，逐步普及"的方针。这是对应当时的实际语言生活状况提出的政策目标。到20世纪80年代，社会发展形势有了新的变化，1986年国家把推广普通话列为新时期语言文字工作的首要任务。1992年确定推广普通话工作方针为"大力推行、积极普及、逐步提高"，在强化政府行为，扩大普及范围，提高全民普通话应用水平方面提出了更高的要求。

新世纪以来，国家又根据新形势确定了新的目标，即到 2010 年以前，普通话在全国范围内初步普及，交际中的方言隔阂基本消除，受过中等或中等以上教育的公民具备普通话的应用能力，并在必要的场合自觉地使用普通话；21 世纪中叶以前，普通话在全国范围内普及，交际中没有方言隔阂。经过未来四五十年的不懈努力，我国国民语文素质将大幅度提高，普通话的社会应用更加适应社会的经济、政治、文化发展需要，形成与中等发达国家水平相适应的良好语言环境。从我国推广普通话政策的调整来看，一个新的政策目标的出现往往就意味着前一时期的政策目标已经达成。同时也就证明，在这个新的政策目标出现之前确定的政策目标是具有现实可能性的。

3. 语言政策目标的前瞻性

事物都是在不断发展变化的，语言政策问题当然也不是一成不变的。在确定语言政策目标之前，也要以发展的眼光看问题，科学地预测问题发展的方向，掌握问题发展的各种趋势，使语言政策目标具有一定的前瞻性，从而使目标定位更加合理。

从政策本身角度讲，任何政策都有一定的适用期限。一种政策要在其作用期限内持续发挥作用，就要求这种政策能够应对政策对象的变化。语言具有稳定的特征，同时这种客观存在也具有变化性。如何使语言政策的制定能够不断适应变化着的语言和社会，就要求在确定语言政策目标时，能够科学地预测语言的发展变化，从而使语言政策面对的语言政策问题得以解决。

4. 语言政策目标的协调性

由于语言政策需要解决的语言问题涉及许多方面，所以语言政策所要达到的政策目标也不是单一的，这就需要不同的政策目标之间要保持协调一致，而且也不能与语言发展的总体目标相矛盾。语言政策所面临的语言问题呈现出多样性的特征，而且对于一个政体来讲，不同时期、不同地域、不同领域的语言问题也不相同。但是作为语言政策应该有相同的政策目标。这就需要在制定语言政策的时候，首先在语言政策内部保持目标的协调性。当然，语言政策目标的协调性还表现在不同层面上的政策是互相协调的。不论是语言立法，还是有关语言政策的规章、制度，需要在宏观上保持一致。

语言政策目标的协调性还表现在语言政策目标和与之密切相关的其他

政策目标之间的协调。语言政策本身是一个完整的系统，但是这个系统不是封闭的，而是和与之相关的其他政策紧密相连，共同作用。如语言政策和教育政策、民族政策等就是密切相关的。在制定语言政策时，要充分考虑不同政策之间的关系，使不同政策的政策目标保持应有的协调。

5. 语言政策目标的规范性

语言政策目标的规范性是指政策目标的确定要体现社会公众的利益，符合社会主导价值观以及社会普遍认同的道德规范和行为准则。同时，语言政策目标也不得与国家的宪法、法律相抵触，否则就会遭到抵制而导致政策的失败。

语言作为人类最重要的交际工具，其发挥作用的一个特征就是呈现出全民性。因此，语言政策的制定就必须考虑语言作为交际工具的全民性特征。正是因为语言与人类的生产和生活息息相关，从而使得语言政策也与人的生产和生活密切关联。语言政策目标能否体现社会公众的利益在很大程度上决定了政策的成功与失败，只有体现社会公众利益的政策目标定位才是科学和可行的。同时，任何政策都不能凌驾于社会普遍认同的道德规范和行为准则之上，因此，任何政策的目标定位都应该以这个社会普遍认同的道德规范为重要参考指标。

语言政策既可以是独立的政策系统，也可以以其他形式体现出来。但是不论是以哪种形式体现，都不能与国家的根本大法相抵触。

（三）设计语言政策方案

依据确定的政策目标设计政策方案是解决好语言政策问题的关键性步骤，是为了实现语言政策目标而进行的设计、谋划以及拟订解决语言问题的计划、方法、路线、步骤、手段、措施等的活动过程。从实质上讲，政策方案的设计就是在寻求解决政策问题的途径和方法。语言政策方案的设计可以分为文本内容的总体框架构想和具体方案设计两个步骤。

1. 语言政策总体框架构想

语言政策方案的总体框架构想是方案设计的第一步，也是政策规划中关键性的一步。政策方案的总体框架构想主要解决两个问题：一是为实现既定政策目标，大致可提出多少个可能的政策方案；二是将各方案的框架梳理出来，并进行初步的设计。设计内容主要包括政策目标、决策依据、基本原则、政策对象范围、具体措施以及政策适用时限等方面。在总体框架构想过程中要注意这样一些问题。

第一，语言政策方案整体上要求具有全面性与多样性。由于语言政策所面对的对象领域具有相当程度的复杂性，为了确保政策方案的选择具有科学性，总体框架构想应当坚持备选方案的全面性和多样性原则。即在针对某个语言政策问题设计语言政策方案的时候，要充分考虑语言政策问题的复杂性，全盘考虑，多角度切入，设计出具有针对性的语言政策方案。宁骚认为："所设计的方案的数量一般至少不低于两个，可以让人们利用自己的理性能力去尽可能充分地考虑一切可能的解决方案，从而在尽可能多的备选方案中进行优中选优；同时多重方案的设计也能为此后修正、调整和更新政策方案提供便利条件。"① 也就是说，只有通过对一定数量和质量的备选方案的分析、比对，才能做到既坚持决策的科学性，又坚持决策的民主性，才能对所选定方案的优化程度做出科学的评估。这就要求在总体框架构想时要尽可能地把能考虑到的备选方案都设计出来，以确保备选方案的完备性。

第二，语言政策方案彼此间要具有互斥性。所谓语言政策之间的互斥性就是指设计出来的不同方案之间在内容上是互相排斥的，而不可有雷同。如果一个方案的行动或措施全部包括于另一个方案中，则被包含的方案不能成为独立的语言政策方案。

第三，语言政策方案设计要有创新性。语言政策总要面对不断出现的新情况、新问题，需要依照语言发展的规律和政策发挥作用的规律而采取相应的措施。这些新情况和新问题可能是语言政策主体以往未曾遇到，甚至有些可能是主体已有的经验无法解决的。这就要求语言政策主体在设计文本内容的总体框架时，实事求是、一切从实际出发，并能够大胆地面对已经出现的新情况和新问题，提出新思路，拿出新设想，设计新方案。语言政策方案创新是语言问题不断出新的需要，也是社会发展变化的客观需求。语言和社会之间关系密切。一个社会发展速度越快，就越可能推动某种语言也以更快的速度发展。在语言和社会互动和共变的过程中，出现的新问题和新情况也就越多，因此出现的新的语言政策问题就可能随之增多。这种客观现实就要求语言政策方案的设计要具有创新性。

2. 语言政策方案的具体设计

语言政策方案的具体设计是对已经初步设计的方案进行具体加工，使

---

① 宁骚：《公共政策学》，高等教育出版社2003年版，第312页。

之成为决策时讨论的对象。在进行语言政策具体方案设计时，应该做好两个方面的工作：一是对在总体框架构想阶段提出的初步方案加以择优筛选；二是对初步选出的方案加工细化，主要包括政策界限的规定、主体的责权范围、享受有关政策的条件和义务等。语言政策具体方案设计应当遵循以下几条原则：

第一，语言政策具体方案设计的实用性原则。任何政策都需要在对待政策问题时发挥应有的作用，即设计出来的具体方案对现实政策问题的解决有实际的价值，能够确保政策目标的实现。具体语言政策方案的设计，必须从不同的政策层次出发，掌握好具体尺度，既不能过于抽象和概括，使政策实施者在执行过程中无所适从，以致偏离政策目标；也不能过于详细，限制了政策执行人员的主动性、积极性和创造性。通俗地讲，就是不同层面上的语言政策方案设计到最后必须是"有用"的，而不能是无效设计。

第二，语言政策具体方案设计的可操作性原则。方案设计阶段要对保留下来的方案进一步具体化，要对政策方案的目标体系、实施措施、机构设置、实施人员的素质要求、政策执行的资源保障等方面作详细考虑。具体方案所规定的政策手段、方法和步骤，不是抽象的理想原则，而是具体的、可行的、具有可操作性的方法或程序。从语言政策的客体角度讲，语言政策具体方案的设计一方面要充分考虑到一种政策的实施是否能够促进一种语言或方言的发展和进步，是否有利于建构更加和谐的语言生活；另一方面还要考虑方案的设计是否会在目标人群中产生积极的影响，并带来良好的反映。因为"目标人群是否遵守和服从政策规定，对于政策成败影响很大"。[①] 从机构设置的角度看，要保证语言政策方案设计的可操作性，需要考虑的因素也很多。"首先要考虑政策执行的方式，即应该由公共部门、私营部门还是公私合作的方式来进行；其次要确定由中央还是地方负责。对于具体执行机构的选择，需要考虑下列因素：第一，执行机构的政策资源和能力；第二，执行机构的组织健全能力；第三，执行机构人员的意愿；第四，执行机构的沟通能力等。"[②]

第三，语言政策具体方案设计的细致性原则。所谓语言政策具体方案

---

① 宁骚：《公共政策学》，高等教育出版社2003年版，第308页。

② 同上。

设计的细致性，不是说政策文本中面面俱到，无所不包，因为任何政策都不可能做到这一点。所谓的细致是指方案设计能够针对语言政策问题进行条分缕析的分析，方案设计能够兼顾到一种语言政策问题的不同方面。"如果说大胆寻找手段特别需要勇于创新的精神和丰富的想象力，那么精心设计阶段就需要冷静的头脑和坚毅的精神。因为这里需要反复的计算，严格的论证和细致的推敲，还需要经得起怀疑者和反对者的挑剔。"①

语言政策的初步形成，并不等于决策的形成，还必须对方案本身进行系统的分析、评估、择优选择和可行性论证，然后才能形成最后的决策。所谓"分析、评估"就是围绕语言政策目标，对已经提交讨论的各种政策方案从成本、效益及可能遇到的问题等角度进行全面的分析、评价；就方案的有利因素和不利因素，有利条件和不利条件，可能性和不可能性进行全面、系统的分析和深入、科学的论证，比较利弊得失，在充分发扬民主，广泛征求和听取各种意见的基础上，本着实事求是和一切从实际出发的原则，综合筛选出一个最佳政策方案。

在政策分析和政策论证的基础上，对择优选择的政策方案进行最后一步工作，即可行性论证。可行性论证工作主要解决语言政策方案的政治可行性、经济可行性和技术可行性问题，要对政策方案的可接受程度，获得政策资源的可能性程度，以及政策目标在操作层面上的可实现程度，有全面和深入的了解和把握，明确陈述方案设计主体的倾向性意见以及需要决策的备选意见。然后，由相关职能部门把制订的政策方案提交决策机关，由最高中枢决策系统作出决策，正式出台语言政策。

第二节 语言政策制定的原则与方法

语言政策的制定要讲求一定的原则和方法，是一项庞大复杂的系统工程。语言政策的制定一方面要以语言及语言生活的实际情况为基础，另一方面还要考虑与语言政策密切相关的其他因素。从政策的功能角度讲，一种语言政策如果要想科学地发挥作用，应该兼顾到一国的语言国情，要有动态变化性，要契合语言的人文性，要兼顾语言的传承与政策的扬弃。总

---

① 黄孟藩：《管理决策论》，中国人民大学出版社 1987 年版，第 47 页。

的来讲，语言政策的制定也"必须遵循语言及语言生活发展变化的客观规律，体现国家的意志，符合社会发展的需要，符合人民群众的意愿，符合各相关因素的实际，使语言具有完善的交际功能，能够承载所有必要信息，充分发挥传播媒介的作用，并引导语言生活健康有序地发展"。① 因此，语言政策的制定，只有遵循一定的原则，才能取得成功，才能充分发挥政策的作用。

一　语言政策制定的原则

语言政策制定的原则是一个具有丰富内容的整体，是有相对独立性的体系。在这个体系中，既有属于语言政策自身的内在原则，也有属于政策制定环境的外在原则，包括语言政策制定的理论指导原则、政治原则、党性原则和政策制定的民主科学原则，等等。从整体角度讲，作为社会主义国家，中国坚持马克思列宁主义、毛泽东思想和邓小平理论的指导原则，这是建设具有中国特色社会主义语言政策体系的根本。然而，作为一个具有特定内容和特殊规律的政策领域，语言政策的制定不仅要遵循这些在中国具有普遍指导意义的原则，而且还应该遵循在现代政策科学理论和方法的基础上形成和建立的一些原则。

关于语言政策制定的原则，前期讨论语言规划或语言规范的一些论著中有所涉及。周四川（1987）曾经译介国外关于语言计划的文章，其中涉及了语言计划与语言政策的关系问题。"语言计划是审慎的语言文字改革，也可以说是语言符号系统、活的口头语言或两者兼有的改革。因此，语言计划的关键在于解决问题，通过估计、制定解决语言问题的办法，来显示自身的存在价值，寻求最佳的决策方案。在任何情况下，决策都是面向未来的，即政策与策略在贯彻执行之前，对预测的结果，必须详加说明。由于这种预测往往兼有未知变数或者带有主观片面性，因此，当情况出现新的变化时，应允许重新修订计划。"② 在讨论语言计划修订时，他们提出了这样的看法："语言计划必须在比较全面的社会环境变数的范围内，考虑各种语言事实。经济变数与经济效益，社会变数与社会效益，政

---

① 陈章太：《论语言规划的基本原则》，《语言科学》2005 年第 2 期，第 51 页。

② 周四川：《语言计划》，《语文建设》1987 年第 6 期，第 24 页。

治变数与人口统计上、心理上的变数等等都应联系起来考虑。"① 事实上，这里已经包含了语言政策制定原则的思想。于根元（1992）提出制订语言计划要遵循科学、适用、稳妥、动态的原则。许嘉璐（1999）指出语言规划应遵循科学性、前瞻性、可行性原则。施春宏（2000）提出语言规划的原则是多层次的，第一层是总原则，第二层是一般原则，第三层是具体原则，具体原则之下还可以有更具体的原则，以及下位具体原则。张占山（2005）直接论述了语言规划与语言政策问题。他认为："语言规划的提出、语言政策的制定是政府部门的工作职能，但二者必须根植于本国的社会政治、经济、文化背景，综合考虑民族构成、历史文化背景以及该语言共同体所处的国际政治背景等各方面的情况，考虑到社会的发展和进步，才能制定出合理的语言规划、语言政策，更好地为社会服务，维护社会的安定团结和国家的长治久安。"② 当然还有一些学者在讨论语言规范或语言规划问题时，提出了刚性原则、柔性原则和得体原则等。这些讨论或直接涉及了语言政策制定的原则问题，或为语言政策制定原则的研究提供了借鉴，都具有一定的理论价值和实践指导意义。从公共政策的视角出发，我们认为语言政策的制定需要遵循以下原则：

（一）语言政策制定的国情性原则

国情是指一个国家在特定历史时期中的政治、经济、文化、社会等方面的基本情况，同时也包括这个国家的政治制度与政治现状、经济发展水平、科学技术的发展水平、社会语言状况以及自然资源状况，有时还包括社情民意等。从一国的现实情况出发，根据实际情况作出解决现实问题的政策，是政策规划与制定的基本内容和原则。这也是政策针对性的主要表现。中国是一个统一的多民族的社会主义国家。民族多、语言多、文字多，这是中国语言国情的一个基本特点。中国的语言政策、语言规划也需要从这样的国情出发来制定。

语言是一个民族、一个国家区别于另一个民族、另一个国家的标志之一。语言表现为一种客观的社会存在，同时它也表现为特定的语言群体在一定的地域组成的实体性的社会以及建立起来的一定的社会制度，具有一

---

① 周四川：《语言计划》，《语文建设》1987 年第 6 期，第 24 页。

② 张占山：《语言规划、语言政策与社会背景的关系》，《烟台教育学院学报》2005 年第 2 期，第 23 页。

定的意识形态特征。特定的语言群体遵循一定的行为模式，约定俗成地服从一定的价值规范，是他们在长期的历史运动过程中，在与其他文明形态交往的过程中，不断地运动、变化、冲突、整合和分裂、交融的结果。语言国情需要从两个角度去理解：一是一国国内的语言国情，二是与之相关的世界范围内的语言情况。从世界范围看，全世界有7000多种（一说是6000多种）不同的语言。不同的语言具有不同的活力，有些语言已经处于濒危的状态，而有些语言的活力较强，甚至被称为"语言杀手"。这从"国情"的角度讲，是一国语言国情的外部情况。从一国国内来看，基本的语言国情就是这个国家范围内有多少种语言或方言，不同的语言及方言承载的文化如何；不同的语言和方言的地位如何、功能如何、活力如何；不同语言或方言的历史发展状况如何，等等。这些因素构成一国语言的基本国情。

我们讲语言政策制定的国情性，就是指一个国家和一个民族借以同其他民族和国家相区别的这种最基本的根据，体现为独特的语言文化传统，独特的语言背景，独特的政治、经济、人口条件，独特的社会性质和外部环境，以及由此决定的独特的语言发展机制、发展速度、发展方向等各种语言状况的现实存在。语言政策制定的国情性原则，就是要从这个语言状况的现实出发，准确地把握语言国情，并从中找到适合于国家和民族语言发展需要的方针、政策和办法。对于像中国这样一个经济、文化大国来说尤其重要。中共十五大政治报告论述党在社会主义初级阶段的基本路线和纲领的决策依据时，就曾深刻分析道：我们讲一切从实际出发，最大的实际就是中国现在处于并将长期处于社会主义初级阶段。中共十一届三中全会前我们在建设社会主义中出现失误的根本原因之一，就在于提出的一些任务和政策超越了社会主义初级阶段。近20年改革开放和现代化建设取得成功的根本原因之一，就是克服和改变了那些超越阶段的错误观念和政策，又抵制了抛弃社会主义制度的错误主张。当代中国各项方针、政策的制定，一定要以改革开放和现代化的实际问题、以我们正在做的事情为中心，着眼于马克思主义理论的运用，着眼于对实际问题的理论思考，着眼于新的实践和新的发展。这也是我国社会主义初级阶段语言政策制定的一个基本原则。张占山（2005）讨论语言政策与社会背景的关系时，具体论及了这样几个问题："语言政策的制定必须从该国的民族构成情况出发，考虑到国内复杂的语言人口使用情况……语言政策的制定要考虑到一个国家的历史文化传统，注意语言变革和发展的相对稳定性、渐进性……语言政策的制定还必须考虑该语言共同体所处的国际环境……语言政策的制定必须考虑社会变更、科技进步以及语言自身发展的因素。"① 这在语言政策制定的国情性原则研究中是具有借鉴意义的。

正确认识国情和把握现实，从来都是制定正确的战略和策略的前提。中国如何制定语言政策，最大的国情实际和客观存在就是目前我们所处的历史阶段以及我们国家语言发展的状态。没有正确的主体定位，或者主体自我定位不准确，那么据此而提出和制定的政策，必然会产生偏差。因此，语言政策的国情性原则应当是语言政策制定必须遵循的重要原则。

（二）语言政策制定的科学性原则

语言政策制定的科学性原则，是指制定语言政策要符合语言的发展规律和语言生活的特点，符合政策发展的规律，以及与之相关因素的实际。制定的语言政策要契合社会和群众的需要，使语言具有更加完善的交际功能，能够正确有效地引导语言生活健康发展，从而建构和谐的语言生活。陈章太（2005）认为："语言规划的科学性原则，具体包括求实性、动态性、人文性、系统性和可行性。"② 语言政策的制定在很大程度上也适用这样的原则。我们主要讨论其中的求实性、动态性、人文性和可行性原则。

1. 语言政策制定的求实性原则

语言政策制定的求实性原则是指制定语言政策，要从语言及语言使用的实际出发，以社会语言生活的实际为依据，不同层面上的语言政策要符合一个国家、一个民族，甚至是一个语言社区的实际。例如，我国是一个多民族的国家，有多种不同的语言和文字。在不同的地域还有不同的方言存在。结合这样的语言国情，我国在制定语言政策时非常注重求实性，关注到了语言实际的统一性与多样性，语言政策制定也做到了指令性与指导性相结合。为了保证我国各个民族之间能够有共通的交际工具，新中国成立伊始就对语言进行了地位规划，即"国家推广全国通用的普通话"。普通话作为汉民族内部的通用语，作为国内不同民族之间的族际交际语，符

---

① 张占山：《语言规划、语言政策与社会背景的关系》，《烟台教育学院学报》2005 年第 2 期，第 23—25 页。

② 陈章太：《论语言规划的基本原则》，《语言科学》2005 年第 2 期，第 52 页。

合我国的语言国情，符合民族交际的实际，这种政策也一直得到了延续，并发挥了重要的作用。《中华人民共和国国家通用语言文字法》这部专门法出现后，同样也是强调了普通话的作用，并明确"国家推广普通话，推行规范汉字"。多语多言的实际语言使用情形一方面要求有共同的交际语，同时也要求语言政策要兼顾"多语"和"多言"的情形。语言是一个民族的标志之一，多语在我国也是客观存在的语言实际。因此《中华人民共和国宪法》也规定："各民族都有使用和发展自己的语言文字的自由，都有保持或者改革自己的风俗习惯的自由。"民族自治地方的自治机关在执行职务的时候，依照本民族自治地方自治条例的规定，使用当地通用的一种或者几种语言文字。各民族公民都有用本民族语言文字进行诉讼的权利。人民法院和人民检察院对于不通晓当地通用的语言文字的诉讼参与人，应当为他们翻译。在少数民族聚居或者多民族共同居住的地区，应当用当地通用的语言进行审理；起诉书、判决书、布告和其他文书应当根据实际需要使用当地通用的一种或者几种文字。例如，在我国的内蒙古自治区，蒙古语言文字与普通话、规范汉字一样，都是当地的法定语言文字。此外，"多言"现象也是我国语言国情中一个客观存在的实际情况。基于这样的语言国情，我国在确定推广普通话政策的同时，也申明推广普通话不是消灭方言。尤其是在语言资源观的影响下，方言保护不仅得到了民间的重视，也受到了政府的关注。

2. 语言政策制定的动态性原则

语言政策制定的动态性原则是指制定语言政策，要有一定的灵活性，要依据客观实际的变化而有所变化，不能是僵化不动的。语言政策制定的动态性源于语言与社会的发展和变化，也受政策时限性的影响。语言存在于社会之中，并随社会的发展变化而发展变化。语言是人类社会最重要的交际工具，从历时的角度观察，使用语言的人是变化的。从共时的平面观察，交际形式与内容也是多种多样的，交际中的语言也呈现不同的时空分布。也就是说，语言不是一成不变的，它永远处于缓慢的变化过程中。社会都是向前发展的，社会的变化不仅在语言上体现出来，更在与语言相关的要素上体现出来。同时，与语言政策相关的人口因素、政治因素、经济因素等也都在发生变化。语言本身的发展变化以及与之相关的社会要素的变化，必然会带来新的语言问题，必然促使语言本身的价值以及人对语言价值认识的变化。这些变化中的重要因素，决定语言政策必须具有动态性，在不同时期需要适应变化了的形势制定不同的政策，以应对变化了的环境和不同群体的要求。同时，任何政策都具有一定的时限性。任何政策都不是一经制定就永远有效的，需要适应变化了的形势而发生相应的变化。因此，语言政策制定的动态性原则要求语言政策要有一定的灵活性和一定程度的预见性。

一般国家的语言政策都具有一定的动态性和变化性，我国也是如此。20 世纪 50 年代制定语言政策时，我国政府确定"推广普通话"为当时语言文字工作几项任务之一。到 1986 年，我国制定新时期语言文字工作方针任务时，根据国家在全国范围内普及普通话的总目标，以及当时实行改革开放和加速现代化建设等的需要，就把推广和普及普通话作为了首要任务。

3. 语言政策制定的人文性

语言政策制定的人文性原则是指制定语言政策，要充分考虑与语言、文字关系密切的社会、文化、心理、观念、伦理、习俗等人文因素，以及语言使用者——人的因素，充分体现人文精神。语言是文化的载体，在社会中运用与社会、文化、心理、观念、伦理、习俗等因素密不可分。这就决定：语言政策面对的语言问题，"往往不是单纯的语言问题，而是语言的社会应用问题，是语言关系问题，语言文明问题，语用文化、心理问题，需要结合人文因素加以解决，才能取得良好的效果"。① 例如，在语言规范方面，人们一直强调的就是柔性原则，对新的语言现象不要一棍子打死，要给予它们一定的生存时间，实现语言的新陈代谢。这体现的就是语言政策制定的人文性原则。一段时期内，人们都认为诸如"死缓、打扫卫生、消除疲劳"是不合逻辑的说法。但是随着语言生活的发展，人们逐渐认可了这种说法，它们也就在语言中保留下来，并继续发挥着交际的作用。正如詹伯慧（1999）所言："语言规范既然要从应用中来，而语言应用中正是处处可见约定俗成的影子。约定俗成的语言习惯一旦在社会上形成，语言规范也就不能熟视无睹，而只好顺水推舟，把习惯视为规范了。"② 再如，普通话的词汇是以北方方言词汇为基础。但是随着我国经济、社会发展的加速，南方方言词汇北上成为趋势，在不同时期都有一定

---

① 陈章太：《论语言规划的基本原则》，《语言科学》2005 年第 2 期，第 53 页。

② 詹伯慧：《再论语言规范与语言应用》，《语言教学与研究》1999 年第 3 期，第 43 页。

数量的成分进入普通话，并为普通话所吸收。如何看待这种现象，人们观点不一。"我们如何看待这些进入共同语的方言词语，是视作汉语规范化的大敌，非拒之于门外不可呢？还是平心静气，仔细分析，看看这些方言词语在丰富共同语词汇、增添共同语活力方面能否发挥积极的作用，然后择善而从，决定取舍？我们有必要在头脑中首先树立起对方言的正确认识。方言是历史形成的。方言中蕴藏着大量生动活泼的词语，这些词语是方言地区人民大众在长期使用本地方言中逐渐积累下来的。它反映本地区社会生活、民情风俗、文化历史，本质上并非语言的糟粕，而是跟民族共同语一样，具有充沛生命力的语言精华，同时也是中华优秀文化的载体。"① 我们觉得，詹伯慧的观点是非常中肯的。语言的接触和方言的接触都会对对方产生一定的影响。如果方言词汇没有影响普通话规范的大局，允许一些带有方言文化特征，有较强生命力的成分进入普通话，对普通话的交际功能能够产生积极影响，这是符合语言发展实际的，也是有利于语言交际功能的完善的，应该得到认可。

4. 语言政策制定的可行性

语言政策制定的可行性是指制定的语言政策具有可操作性，尤其是语言政策的实施，需要有各种切实可行的具体规章、制度、规定和办法，便于语言政策主体和客体的运作与操作。《中华人民共和国国家通用语言文字法》规定：国家推广普通话，推行规范汉字；广播电台、电视台以普通话为基本的播音用语。这是从国家立法的角度确定的语言政策。与之配套的《中国广播电视播音员主持人职业道德准则》对播音员主持人的语言使用作出了规定：广播电视播音员主持人要积极推广、普及普通话，规范使用通用语言文字，维护祖国语言和文字的纯洁，发挥示范作用（第二十一条）。除特殊需要，一律使用普通话。不模仿有地域特点的发音和表达方式，不使用对规范语言有损害的口音、语调、粗俗语言、俚语、行话，不在普通话中夹杂不必要的外文（第二十二条）。《中华人民共和国国家通用语言文字法》对部分领域的用语用字提出了要求，如广播、电影、电视用语用字应当以国家通用语言文字为基本的用语用字（第二章第十四条）。2013 年 12 月 31 日，国家新闻出版广电总局发出《关于规范广播电视节目用语推广普及普通话的通知》（广发〔2013〕96 号），要求

---

① 詹伯慧：《再论语言规范与语言应用》，《语言教学与研究》1999 年第 3 期，第 42 页。

广播电视节目规范使用通用语言文字，在推广普及普通话方面起到带头示范作用。这在清理整改广播电视用语不规范现象方面取得了明显成效，刻意模仿有地域特点的发音、乱用外来词语和网络用语等现象得到遏制。2014 年 11 月国家新闻出版广电总局再发布《关于广播电视节目和广告中规范使用国家通用语言文字的通知》，针对一些广播电视节目和广告中还存在的把"尽善尽美"改为"晋善晋美"，把"刻不容缓"改为"咳不容缓"等随意篡改、乱用成语的语言文字不规范的现象，明确指出：这些做法不符合《国家通用语言文字法》《广播电视管理条例》等法律、法规的基本要求，与传承和弘扬中华优秀传统文化的精神相违背，对社会公众尤其是未成年人会产生误导，必须坚决予以纠正。国家立法和相应的规章、制度等相辅相成，保证了语言政策的可行性和可操作性。

（三）语言政策制定的稳定性原则

语言政策制定的稳定性原则是指制定语言政策要充分考虑语言发展演变、社会发展演变的特征，同时要兼顾政策本身的稳定性。语言政策制定的动态性原则要求制定语言政策要适应变化了的形势，要有发展性和创新性。邢国华（1992）认为："政策的稳定与发展本是一对矛盾，是辩证统一的关系。"那么也就是说，语言政策制定的创新性和稳定性实质上不是矛盾的，而是矛盾的统一体。语言发展的渐变性，社会发展的稳定性和政策本身的稳定性都要求政策在有创新的同时，也要适应历史的延续性、政策的传承性，保持稳定和可持续发展。语言政策制定的稳定性原则可以从继承性、柔和性和渐进性方面去考虑。

1. 语言政策制定的继承性

语言政策制定的继承性表现在不同的方面：一是语言政策的制定要承继原有政策的合理成分，一是语言政策的制定要具有连续性。一般地说，如果一个国家的性质没有发生实质性的改变，政策的客体没有发生全局性的变化，一个新的政策的诞生都要含有对原有政策的继承。我国推广普通话的政策就已经充分地说明了这一点。不同时期的政策目标有变化，但政策的核心是没有变化的，就是要使普通话成为全国的通用语。语言政策制定要有连续性是指政府或专家需要对语言文字及其使用进行持续干预，即政策工作是连续的，不间断的。任何一个语言政策都是在一定的时期内具有有效性，过了这个特定的时期，可能就会失去作用或者效力降低。这时就需要政府或专家对政策进行修订，以应对新出现的语言政策问题。新的语言政策的出现和旧有的语言政策联系起来，就构成了政府工作的连续统，表现在政策上是政策的创新与继承，表现在政府工作上就是工作的不间断。任何一个国家和民族在一定的历史时期都需要共同语，尤其是国家建立之后，这种要求就更加明显。我国现在推行全国通用的普通话，把普通话作为通用语。事实上这就是先秦时期的雅言、汉代的通语、明代的官话、辛亥革命时期的国语的延续。

2. 语言政策制定的柔和性

语言政策制定的柔和性是指制定的语言政策既要坚持政策发挥作用的强制性特点，同时又要考虑语言发展变化的特征，要有一定的弹性和柔性。这一点在关于语言规范的政策制定方面尤其明显。这主要表现在两个方面：

一方面是对语言现象的规范不能一刀切，对还处于变化过程中或主体暂时看不准的语言现象不要急于进行规范。针对这种语言问题的政策最好是指导性的，体现语言政策制定的柔性原则。李建国（2006）在讨论《现代汉语词典》收词时就持这样的观点。他在讨论"词汇规范的弹性原则"时讲到："从本质上说，词汇规范的系统性是词汇相对稳定性的表现，为维护语言稳定服务；词汇规范的开放性是词汇绝对变异性的反映，为适应语言发展的需要。词汇从稳定到变异，又从新的变异到新的稳定，循环往复，永无止境，推动着词汇的长河向前发展。在词汇的长河中，有顺流，也有回流，并不总是线性单向度发展的。新词新义固然层出不穷，但旧词旧义的重新启用和旧瓶装新酒往往而有，所以呈现出新旧杂陈、泥沙俱下的状态。这就使得词汇的稳定与变异、变异与稳定之间，并没有截然划一的界域，其间存在一个规范与非规范同存共用的过渡带，为社会的约定俗成提供可资评品抉择的空间。对于这种交叉过渡状态的词语，就需要词汇规范的弹性（或曰'柔性'）原则。"[1]

另一方面，语言规范政策制定的柔性表现在对不同的政策客体不能一刀切，要分层次、分步骤、分区域对待。我国确定普通话为国家通用语言，并在全国范围内推广。但是对不同的人群要求是不同的。"教师、播音员、节目主持人、公务员的普通话水平，要达到一定等级标准，而对其他行业、部门的人员及社会一般人只是提倡说普通话；对学校教学、电台

---

[1]　李建国：《再论〈现代汉语词典〉与词汇规范》，《辞书研究》2006年第4期，第44页。

电视台播音、国家机关公务活动就要求使用普通话，其他场合提倡使用普通话。"① 而且推广普通话是从教学语言、媒体语言和公务语言向通用语言分步进行，不是一蹴而就的。对于地域和领域来讲，也应该作出区分，不是任何领域的人都要达到同样的等级标准。

3. 语言政策制定的渐进性

语言政策制定的渐进性是指在制定语言政策时要充分考虑语言政策问题本身的特殊性，依据问题的特征，并结合政策发挥作用的特点，制定相应的语言政策。陈章太在讨论语言规划问题时指出："纵观国内外语言规划的历史，无论是选择、推行标准语、官方语言，或是创制、改革文字，还是处理语言关系，解决社会语言问题，规范语言文字等，一般都是遵循这条规律办事，工作都比较谨慎，所以大都收到预期的效果。即使有些国家和民族的标准语、官方语言的改变，或是文字形式的变化，表面上看来是在短期内发生的，实际上也是经过较长时间的酝酿和充分准备的，在条件成熟或比较成熟的时候才实施的，而不是贸然行事、突然改变的。"② 也就是说，语言政策的制定必须尊重语言文字本身的发展规律以及语言文字使用的特点，需要逐渐推进。我国的文字规范中也有鲜活的例子。第一批简化字的发布因为根植于民间，符合汉字发展的规律和文字使用的规律，推行起来收到了良好的效果。二简字因为未能经过充分和及时的论证就匆忙公布，结果很快就废止。此前一段时期，教育部也曾就《通用规范汉字表》（征求看法稿）公开征求看法，对"琴""亲""魅"等44个汉字的字形拟进行调整，此外，还恢复了51个异体字。这是政府制定语言政策之前的调查阶段，也是民主决策的新形式。但此后的争论和争议也表明，这次"前政策"的决断似乎存在问题，可能兼顾信息化和管理居多，而未能充分考虑汉字发展的渐变性和汉字使用的稳定性。

（四）语言政策制定的合用性原则

语言政策制定的合用性原则是指制定的语言政策要具有适用性和好用性，即语言政策制定出来后能够充分发挥政策应该起到的作用。合用性原则可以从语言政策的适用性和好用性方面来考虑。

1. 语言政策制定的适用性原则

语言政策制定的适用性是指制定的语言政策要合乎一国的语言国情，

---

① 陈章太：《论语言规划的基本原则》，《语言科学》2005年第2期，第57页。

② 同上书，第58页。

适应当时的政治和社会环境，顺应时间和空间的要求。

首先，语言政策的制定要与一国的语言国情相适应。不同国家的语言国情往往存在差异。如从一国内部语种数量看，有单一语言国家和多语国家。除日本、朝鲜等少数国家是单一语言国家外，世界上大多数国家都属于多语国家。多语国家和单一语言国家在制定语言政策的时候就会有所不同。尤其对于多语国家，语言的地位规划就需要更多地考虑如何适应语言国情的问题。例如，新加坡是一个多语国家。新加坡把马来语、华语、英语和泰米尔语确定为官方语言，这是与新加坡的语言国情密切相关的。《新加坡宪法》规定马来语为新加坡的国语，是因为马来语是当地原住民使用的语言。新加坡把英语作为主要的通用语和教学用语，是因为新加坡种族较多、语言复杂，不同族群的人进行交际需要选择一种语言作为主要交际用语。新加坡华裔数量很大，都操汉语的不同方言，包括闽南语、潮州话、广府话、客家语、福州话、莆田话和海南话等。新加坡政府于1979 年推广"讲华语运动"，30 多年后很多华人能说普通话。华语也确定为官方语言。在文字政策方面，新加坡官方使用与中国大陆一致的简体汉字。因为新加坡的官方文字为英文，因此公函等通常以英文为主。俄罗斯有 193 个民族，其中俄罗斯族占主体，主要少数民族有鞑靼、乌克兰、巴什基尔、楚瓦什、车臣、亚美尼亚、阿瓦尔、摩尔多瓦、哈萨克、阿塞拜疆、白俄罗斯等族。俄语是俄罗斯联邦全境内的官方语言，各共和国有权规定自己的国语，并在该共和国境内与俄语一起使用。1991 年《关于俄罗斯联邦各民族的语言法》中规定："俄罗斯联邦各民族的语言是俄罗斯国家的民族财产。它们是历史文化遗产并受国家保护。"①

其次，语言政策的制定还要适应一国的政治和社会环境。一个国家的语言政策归根到底是这个国家的国家政策的一部分。因此它必须与这个国家的政治体制、国家根本大法等相适应。《中华人民共和国国家通用语言文字法》是我国第一部专门的语言立法，是为推动国家通用语言文字的规范化、标准化及其健康发展，使国家通用语言文字在社会生活中更好地发挥作用，促进各民族、各地区经济文化交流，根据宪法制定的法规。也就是说，《中华人民共和国国家通用语言文字法》的立法依据是国家的根

---

① ［俄］M. B. 季亚奇科夫：《当代俄罗斯的语言政策》，《民族译丛》1994 年第 2 期，第34 页。

本大法，即宪法。2013 和 2014 年，国家新闻出版广电总局先后发出《关于规范广播电视节目用语推广普及普通话的通知》和《关于广播电视节目和广告中规范使用国家通用语言文字的通知》。其中，后者指出："一些广播电视节目和广告中还存在语言文字不规范的问题，如随意篡改、乱用成语，把'尽善尽美'改为'晋善晋美'，把'刻不容缓'改为'咳不容缓'，等等。这些做法不符合《国家通用语言文字法》、《广播电视管理条例》等法律、法规的基本要求，与传承和弘扬中华优秀传统文化的精神相违背，对社会公众尤其是未成年人会产生误导，必须坚决予以纠正。"可见，通知的制定是有依据的，一是《国家通用语言文字法》，二是《广播电视管理条例》。从中我们也可以看出，语言政策的制定一定要适应一国的政策环境和政治环境，这也是一国社会环境的重要构成部分，对于语言政策的制定来讲，尤其如此。

最后，语言政策的制定要顺应时间和空间的要求。语言政策的制定要顺应时间变化的要求，就是在不同的历史时期要求有不同的语言政策与之相适应；语言政策制定的空间适应性要求语言政策在不同的地区要根据具体的情形制定合宜的语言政策。我们以马来西亚不同时期的语言政策为例。"马来西亚国家语言政策经历了五个历史发展阶段，不同历史阶段语言政策的变化与培养国家意识、增强民族凝聚力、提升国际政治经济地位及推进国家一体化进程密切相关。"① 殖民时期英国殖民政府为取得与马来贵族的合作以进一步巩固统治权，采取了马来语与英语并重的政策。早期独立时期，政府确立了马来语的国语地位，并把英语作为考试用语。1970 年，马来西亚开始推行"新经济政策"，马来西亚的语言政策进一步发生变化：马来语成为各学校的主要教学用语，同时将英语作为第二语言。1990 年开始，马来西亚推行新的发展政策，同时在语言政策方面也强调学生英语能力的培养与各族群语言的融合。从 2002 年开始，进入所谓的信息科技时期，马来西亚政府将英语作为数理科目的教学用语重回课堂。李洁麟分析认为：马来西亚不同历史时期语言政策的变化主要基于这样的原因，即"选择马来语作为国家语言是培养国家和民族意识、增强民族凝聚力的需要……选择马来语作为国家语言是巩固马来民族的政治和

---

① 李洁麟：《马来西亚语言政策的变化及其历史原因》，《暨南学报》2009 年第 5 期，第110 页。

经济地位，以此获得良好就业机会和生存环境的需要……选择英语教授数理科目是国家现代化进程的需要"。① 归根结底，马来西亚不同时期的语言政策是与不同历史时期的社会发展现状相适应的。

当然，语言政策的制定也需要顺应不同空间的客观要求，尤其在多民族国家就更是如此。在多民族的国家中，不同民族往往形成聚居区。这样的聚居区往往也会形成特定的语言社区。对于我国来讲，不同的地区常常以多语区或多言区的形式出现。我国在制定语言政策时就充分考虑了这种情形。我国的宪法、民族区域自治法以及教育类法律、法规中都有不同情形的体现。根据中华人民共和国宪法制定的《中华人民共和国民族区域自治法》第十条规定："民族自治地方的自治机关保障本地方各民族都有使用和发展自己的语言文字的自由，都有保持或者改革自己的风俗习惯的自由。"第三十七条规定："招收少数民族学生为主的学校（班级）和其他教育机构，有条件的应当采用少数民族文字的课本，并用少数民族语言讲课；根据情况从小学低年级或者高年级起开设汉语文课程，推广全国通用的普通话和规范汉字。"第四十七条规定："民族自治地方的人民法院和人民检察院应当用当地通用的语言审理和检察案件，并合理配备通晓当地通用的少数民族语言文字的人员。对于不通晓当地通用的语言文字的诉讼参与人，应当为他们提供翻译。法律文书应当根据实际需要，使用当地通用的一种或者几种文字。保障各民族公民都有使用本民族语言文字进行诉讼的权利。"

2. 语言政策制定的管用性原则

语言政策制定的管用性是指语言政策制定后能够对语言的健康、纯洁和发展起到积极的作用，能够对民族和谐、社会稳定、国家发展起到积极的作用，能够对建设和谐的语言生活、促进语言经济的发展起到积极的作用。

语言规范的主要作用体现在语言本身的发展上，进而影响社会的发展与进步。语言规范就是要依据语言发展的规律和语言发展的现状，从语音、词汇、语法等角度确定一定的标准，并把这种标准推广开来。语言规范是语言政策的重要内容之一。1951 年，《人民日报》发表《正确地使用

---

① 李洁麟：《马来西亚语言政策的变化及其历史原因》，《暨南学报》2009 年第 5 期，第113—114 页。

祖国的语言，为语言的纯洁和健康而斗争》的社论，并连载吕叔湘、朱德熙两位先生关于语法修辞的长篇讲话。1955 年，"全国文字改革会议"和"现代汉语规范问题学术会议"在北京召开。会议确定了现代汉民族共同语的名称、定义和标准。现代汉民族共同语正式定名"普通话"，即"普通""共通"的语言，其规范标准为："以北京语音为标准音，以北方话为基础方言，以典范的现代白话文著作为语法规范。"普通话规范标准的制定在后来的语言生活中起到了积极的作用，这是有目共睹的。

　　语言规划在民族和谐、社会稳定、国家发展中起到了积极的作用。这是语言政策中不可或缺的部分。陈章太认为：语言政策是基础、核心，是行政行为；语言立法是语言政策和语言规划的升华与保障，是法律行为；语言规划是语言政策的延伸与体现，又是语言法规的具体执行，语言规划的理论又可以为语言政策、语言法规的制定提供理论依据，语言规划既是政府行为，又是社会行为。语言规划尤其是在多民族、多语言的国家就显得更加重要。我国是一个多民族的国家，在语言规划方面取得了显著的成绩。例如，在我国的新疆地区，依据我国的国情和区情以及语言状况实际，制定了相应的规划政策。"新疆少数民族语言政策与语言规划以国家《宪法》、《民族区域自治法》、《中华人民共和国国家通用语言文字法》、《新疆维吾尔自治区语言文字工作条例》（新条例）等为法律依据和指导思想，为保护、发展少数民族语言文字，保障少数民族语言权利，推行国家通用语言文字，根据新疆的具体区情制定了一系列民族语言政策，其核心是实行语言平等，禁止语言歧视，保障少数民族语言权利，鼓励各民族互相学习语言文字。"这在保障少数民族语言权利，维护民族团结、社会稳定，促进国家发展方面起到了积极的作用。也就是说，制定语言政策，要遵循管用性原则。

二　语言政策制定的方法

　　政策制定的方法，在政策科学中所使用的术语并不统一，有的称为"政策分析模型或方法"，有的称为"决策模型或方法"。陈刚认为："政府政策的制定是非常复杂的，建立一定的理论模型来提取其中的某些构成要素，有助于人们更加细致和深入地认识政策过程的本质。因此，政策模型具有重要的价值，它是公共政策分析的基础，而公共政策学的发展也常常体现为更有说服力的政策模型取代既有政策模型的过程。"① 无论是哪一种术语，基本含义都是指政策主体通过一定的途径、方式和手段去解决政策问题，因而在语义方面具有同等的意义。"在公共政策研究中，经常使用的理论模型主要包括精英决策模型、集团决策模型、政治系统决策模型、完全理性决策模型、有限理性决策模型、非理性主义决策模型、渐进决策模型、混合扫描决策模型，等等。"② 所谓"语言政策制定的方法"，就是指语言政策主体在语言政策制定中，在政策文本建构中，用以解决语言政策问题、规划语言发展目标所采取的途径、方式、手段和程序。采用什么方法制定语言政策，不仅标志着语言政策主体在决策和制定政策过程中的政策水平，而且标志着语言政策主体驾驭和处理语言问题的政策能力。

在政策科学中，有两个基本方法系统，即理性决策方法和非理性决策方法。"理性方法"和"非理性方法"是当代政策学中的术语，仅具有方法论和分类学的意义，不具有性质上的意义。"理性决策方法"根据数字和事实，通过精确计算，分析解决问题的可行性方案的优劣，从而求得最佳的政策或最佳的解决政策问题的办法。"理性决策……要求决策者从客观实际出发，运用现代科学知识和手段，通过严格的科学化、民主化决策程序，实现决策方案与效果的最优化。"③ "非理性决策方法"就是除理性决策方法以外的其他决策方法，以定性分析为主要特征。在不同类型的决策中，非理性决策的作用会有所不同。汪永全、马瑞平认为："非理性决策由于思维方式和价值观念上存在的唯上、唯书、唯洋倾向和片面化、绝对化弊端，在宏观经济决策中常常出现偏差，导致决策失误。"④ 但在大多数决策中，理性决策方法与非理性决策方法在政策制定过程中是相辅相成的。

语言领域内政策问题的解决，由于其意识形态的特殊性，主要还是通过行为科学的决策方法、政治协商方法、意识形态方法，有时甚至不得不通过最高决策首脑的个人判断力去实现，甚至是多种方法的综合应用。语言政策多通过系统分析方法、科学预测方法、渐进决策方法和综合决策方

---

① 陈刚：《公共政策学》，武汉大学出版社 2011 年版，第 34 页。

② 同上。

③ 汪永全、马瑞平：《决策的理性与科学思维方式》，《决策探索》1991 年第 4 期，第 3 页。

④ 同上。

法等实现政策制定。

（一）语言政策制定的系统分析方法

语言政策制定的系统分析方法基于戴维·伊斯顿（D. Easton）等人提出的系统决策模型。"系统决策模型注重环境与政治系统的相互作用和政治反映，其关键概念是环境、输入、政治系统和输出。（1）环境：由政治系统以外的各种状况和条件所构成，包括社会、经济和文化等因素，是系统存在和活动的条件和依据。（2）输入：包括需求和支持，前者是指个人或团体为了满足自己的要求和利益而向政治系统提出的采取行动的主张；后者是指个人或团队接受选举的结果、遵守法规、纳税并赞同政府采取的干预行动。需求和支持都是在环境作用下社会政治集团对公共政策的反映，它们构成对政治系统的输入。（3）政治系统：是指具有相互关联的结构和过程，不能够进行社会财富分配的组织。（4）输出：指政治系统根据社会的需求与支持作出价值财富再分配的方案。"[1] 语言政策由于属于柔性社会领域范畴，在系统决策模型方面既会符合其核心的模型，同时也会有自身的特色。语言政策制定从系统分析方法的角度讲，主要包含两方面的内容：一是根据语言自身的系统性把对语言政策问题的解决放在语言这个整体范围内加以分析、研究，并给出备选方案；二是从政治、经济、语言等要素构成的社会系统出发，把对语言政策问题的解决和政策的制定，放到整个社会和国家的政治系统中考察、研究，在系统观的基础上，通过分析、对比，探索可能采取的备选方案，并选出最优方案。语言政策制定中的系统分析方法主要包括系统的目标分析、结构分析和环境分析三个方面。

1. 目标分析

语言政策制定的目标分析是对语言政策解决政策问题所要达到的目标的具体化分析，主要包括对目标的合理性、可行性和科学性的分析，最终是要建立明确的实现语言政策目标的指标体系。在语言政策制定的目标分析中需要处理好当前与未来、局部与整体、积极和消极之间的关系。语言政策的制定是针对语言问题的，语言问题又是在语言生活中产生和体现出来的。同时语言和语言生活的发展都是有规律可循的。因此在语言政策制定的目标分析中，就需要处理好当前和未来的关系。当然，语言政策的制

---

① 陈潭：《公共政策学原理》，武汉大学出版社 2008 年版，第 138 页。

定也是一个扬弃的过程，也需要兼顾语言、语言生活及语言政策的历史。语言本身有自己的发展规律，这就需要在制定语言政策目标的时候充分尊重语言的发展规律，不能无视发展规律盲目确定政策目标。这在语言规范的政策制定方面就有很大的作用。语言政策也是不断发展变化的，要针对、面对当前出现的语言政策问题，所以语言和语言生活的现实和现状是制定语言政策目标的重要依据。如我国在制定新时期普通话推广的目标时，就充分考虑了这一点。2000 年《中华人民共和国国家通用语言文字法》发布，明确规定普通话是国家机关的公务用语，是学校及其他教育机构的教育教学用语，是广播电台、电视台基本的播音用语，汉语文出版物应当符合国家通用语言文字的规范和标准，提倡公共服务行业以普通话为服务用语。推广普通话从此走上法治道路，为普通话的推广工作提供了坚实的法律保证。依照普通话推广工作的前期基础以及普通话推广的措施和保障，新世纪我国又提出了新的普通话推广目标：2010 年以前，普通话在全国范围内初步普及，交际中的方言隔阂基本消除，受过中等或中等以上教育的公民具备普通话的应用能力，并在必要的场合自觉地使用普通话；21 世纪中叶以前，普通话在全国范围内普及，交际中没有方言隔阂。经过未来四五十年的不懈努力，我国国民语文素质将大幅度提高，普通话的社会应用更加适应社会主义经济、政治、文化建设需要，形成与中等发达国家水平相适应的良好语言环境。事实上，普通话推广政策在不同时期的目标很全面地反映了语言政策目标制定的目标分析原则，既兼顾了语言文字发展的历史，又基于语言文字的现状，同时还带有预测性，这是面对历史、基于现实、关注未来的表现。同时在目标制定中，政策也强调了不同地域之间的差异，强调了整体的效果，即坚持了兼顾局部和整体的原则。

当然，任何政策的目标制定都需要考虑积极和消极的关系的问题。推广普通话是民族交际、社会和谐、国家稳定的需要，因此普通话的推广在我国的政治、经济、文化等各种工作中都发挥了积极的作用。当然，由于工作方式以及认识上的问题，我们在实际工作中也不得不看到有些弱小方言的濒危和消失问题。但这是我国在制定推广普通话目标时就已经关注到的一个问题，也是可以解决的问题。

2. 结构分析

语言政策制定的结构分析对象包括语言政策问题以及和政策问题相关

要素两个方面，分析的主要内容也对应两个方面：一是对语言政策问题本身的结构性分析；一是对该问题所涉及的要素，如语言政策环境、语言政策目标等的结构性分析。

语言政策制定的结构分析首先要分析语言政策问题的结构性、层次性和差异性。例如，一个多民族、多语言的国家在进行语言规划时首先需要考虑的就是语言的地位规划。而对一个多语言、多民族的国家来讲，面临的语言政策问题就是国语、官方语言的定位问题。对于官方语言及国语的地位规划，就需要充分考虑一国内不同语言的地域分布、领域分布、使用人口、语言历史等一系列的问题。澳大利亚在不同的历史时期曾经制定了不同的语言政策。例如，在第二次世界大战后，由于澳大利亚的经济、文化、社会方面的变化，其语言格局也发生了相应的变化。"二战后，澳大利亚由于经济重建引入大量非英裔移民，新移民带来了他们自己的传统文化、语言和生活方式，而且新移民为澳大利亚的经济建设作出了重要贡献，他们的社会地位逐渐获得认可，这自然延伸到语言和文化意识的群体认同。澳大利亚又开始了长期的关于自己文化和身份的讨论。为了实现不同族群间的平等和多元文化认同，在澳大利亚政府、少数族群社区和语言专业团体的共同努力下，接受了澳大利亚多语种、多文化的现实，并制定了历史上第一部明确的官方语言政策——《国家语言政策》，对语言地位进行了规划：确认英语为澳大利亚的国语，承认土著语言是澳大利亚的本土语言，承认移民语言为澳大利亚的社区语言。"①

语言政策制定的结构分析其次要分析语言政策问题所涉及的要素，如语言政策环境、语言政策目标等。"公共政策环境是指影响公共政策的所有外部因素的总和。这个定义包含了三层意思：第一，公共政策环境是一个包含大量因素的庞大而复杂的系统，几乎涵盖了公共政策面临的一切外部条件；第二，公共政策环境对于公共政策的制定具有十分重大的影响，它决定了公共政策的必要性以及公共政策执行的效果；第三，公共政策环境与公共政策之间不断进行各种资源和信息的交流，构成一个循环的系统。"② 可见，政策环境的分析对公共政策的制定、执行和评估等都具有

① 刘晓波、战菊：《澳大利亚语言政策的发展变迁及其动机分析》，《东北师大学报》2013年第6期，第162页。

② 陶学荣：《公共政策学》，东北财经大学出版社2009年版，第87页。

非常重要的作用。政策环境的构成要素是多方面的。一般可以从国内政策环境和国际政策环境两个方面来分析。"国内政策环境是指一个国家的社会状况和自然状况，包括国家的基本政治制度、历史、行政区划、国土与资源、人口与社会、国民经济、人权状况、军事国防、科教文体等。"①"国际政策环境是指超出一国范围之外的所有可能的对政策系统的生存、发展和运行产生直接或间接影响的各种因素总和"②，主要包括全球化、信息化和知识化等方面的内容。语言政策制定的结构分析就是要把政策的制定放到这个结构系统中去分析和研究，使政策的制定在一个环境的网络中进行。

3. 环境分析

语言政策制定的环境分析是对一定时期出现的语言政策问题所处的语言状况进行分析，主要是对发生语言政策问题的原因进行分析，同时为政策问题的解决提供决策依据。语言政策制定的环境分析，其对象主要包括语言系统自身的发展状况和深刻影响语言系统运动和语言政策问题产生的各种人文和社会因素。任何语言政策问题的产生，都是这两个方面作用的结果。

语言系统自身的发展状况是制定语言政策的重要参考指标。对语言系统自身的发展状况的理解应该有大系统观，即需要从国家政策制定的角度着眼。这样看来，语言系统自身的发展状况应该包括一国在特定历史时期内语言和方言的种类和数量、讲不同语言的人的人口数量及结构、不同语言的活跃程度、不同语言内部要素的发展现状等要素。从这个角度来讲，进行语言调查或普查是制定语言政策的重要前提。"语言生活是社会生活的重要内容，语言生活状况是一种基本国情。语言是人类用于交际和思维的最为重要的符号系统，同时也是国家的重要资源，是影响社会安定和国家安全的重要因素。促进国家通用语言文字的国内推广和国际传播，自觉保护和充分开发利用国家的语言资源，妥善处理中国境内各语言（方言）之间错综复杂的关系，维护公民的语言权利，向社会提供高质量高效率的语言服务，构建和谐的语言生活，这些都是 21 世纪中国语言规划必须考虑的内容。而要制定符合国情的语言规划，必须对语言国情有全面而深入

---

① 汪大海：《现代公共政策学》，清华大学出版社 2010 年版，第 73 页。
② 同上书，第 80 页。

的了解。"① 也正是基于这样的认识，李宇明认为："半个多世纪以来，我国开展过数次规模不等的语言和方言调查，为国家语言政策的科学制定与有效实施，发挥了重要作用。"②

影响语言系统运动和语言政策问题产生的各种人文和社会因素是复杂多样的，也具有一定程度的不可预测性。因此，语言政策制定的环境分析必须关注影响语言系统运动和语言政策问题产生的各种人文和社会因素。例如，我们在制定语言政策时需要考虑方言区内部普通话和方言的关系问题，需要考虑不同民族的语言情感和语言态度问题，需要考虑社会变动对语言产生的影响等问题。只有将这样不同层面上的问题综合考虑，才能为语言政策的制定提供环境基础。

（二）语言政策制定的科学预测方法

《礼记·中庸》："凡事预则立，不预则废。言前定则不跲，事前定则不困，行前定则不疚，道前定则不穷。"也就是说：不论做什么事，事先都要有所准备，这样就能得到成功，否则就容易失败。这说明，科学的预测是十分重要的。语言政策的制定更加需要科学的预测，因此科学预测法是制定语言政策的一种非常重要的方法。易炼红（1988）在讨论我国经济政策制定的问题时，就强调了预测的重要性。"经济政策的抉择正确与否是一个至关紧要的重大问题。也正因为如此，现代社会的经济政策抉择不是也不能是决策者个人的事情，而必须将预测引入经济政策的形成过程。"③ 语言政策的科学预测涉及不同的方面，其中主体的预测能力是十分重要的一个环节。对于语言政策主体制定的任何一个具体政策来讲，都难免带有主观理想主义色彩，因为任何政策都是主体的政策成果。即使有再充分的前期调查和广泛的历史借鉴，都不能让一个政策脱离政策主体的主观性而产生。因此，要使一个政策能够发挥其应有的作用，任何一个具体的语言政策都要面对未来可能出现的排斥、抑制，政策主体都要有充分的预估和超前的分析。

任何一种事物都是不断发展变化的，语言和语言生活当然也不例外。基于这种发展性和变化性，在特定语言政策付诸实施前，对政策动机与效

---

① 李宇明：《论中国语言资源有声数据库的建设》，《中国语文》2010 年第 4 期，第 359—340 页。

② 同上书，第 340 页。

③ 易炼红：《关于经济政策预测的几个问题》，《预测》1988 年第 4 期，第 1 页。

果的一致性的预测就成为语言政策制定的重要内容和基本方法。所谓预测方法，就是对未来可能发生的问题或变化进行分析、判断以及防范、规避和应对的方法。语言政策制定的科学预测法包括两方面的内容：一是语言政策制定需要科学预测的内容是什么？二是语言政策制定科学预测的具体方法是什么？

语言政策制定过程中需要对社会环境、政策关系、实施效果作出科学预测。任何语言政策都是在特定社会环境中制定的，也是在特定社会环境中发挥作用的。想让政策充分发挥其应有的作用，就应该对社会环境的现状有充分的了解，对社会环境的未来发展走向有一定程度上的预测。因为任何政策，包括语言政策都是有特定的适用周期的。这就要求具体的语言政策在制定的过程中，既要从历史中借鉴经验，又要以现实的社会环境为依据，同时应该预测社会环境的变化，以使语言政策在其政策期限内能够科学地发挥作用。另外，语言政策制定中也需要对未来政策群中的政策关系作出提前分析。一个国家不同的政策形成一个庞大的政策群。在这个政策群中，不同的政策不是互补相充的，在很大程度上是相互制约的。例如，语言政策就与民族政策、教育政策，甚至婚姻政策等密切相关。语言政策的制定需要对这些相互关联的政策之间的关系作出科学的分析，以使它们能够从不同的政策的角度，为一个共同的政策目标服务。此外，语言政策制定中还需要对政策的实施效果作出预测。任何政策的形成都是为了达到一定的政策目的，显现特定的政策效果。对政策效果作出科学预测，也是预估政策价值的重要指标。制定一个具体的语言政策，并对其政策效果作出科学分析和判断，在一定程度上决定了这个政策是否实施，甚至是是否发布，这也就决定了一个政策的成败。因此，任何不经预测而匆忙上马的政策，都有可能被证明是错误的，因而被淘汰。这在我国语言政策史上是有先例的。

语言政策制定的科学预测方法常见的有以史为鉴的经验预测和以数据为凭的计量预测两种。以史为鉴的经验预测是指在充分掌握历史发展资料的基础上，根据历史发展的规律预测未来的发展方向。以史为鉴的经验预测事实上不仅包括在借鉴历史上成功政策的经验基础上对当下政策的制定作出预测，也包括在吸取历史上失败政策教训的基础上作出的预测。我国历史悠久，政策史同样悠久。历史上成功的先例很多，这里的经验值得我们在制定语言政策时多多借鉴。当然，在我国语言政策史上也有失败的先例，这样的事例也不是没有价值，其中的教训同样需要吸取。

　　以数据为凭的计量预测是根据统计资料和政策运行连续性原理，把过去和现在的情况投射到将来，以推测发展趋势的方法。由于过去和现在的资料所揭示的各种语言政策因素及相互关系，只是体现过去与现在的关系，根据过去的趋势用投射的方法去预设未来，也就成为常用的预测方法。在大数据时代，计量预测在政策制定中也发挥着越来越重要的作用。如果能够充分利用大数据，就可以对过去和现在的情形进行充分比对分析，就可能对政策制定产生更加积极的影响。

（三）语言政策制定的渐进决策方法

　　渐进决策模式，或曰渐进决策方法，是美国经济与政治学家林德布洛姆（C. E. Lindblom）提出来的。渐进决策方法是针对理性决策方法的弊端提出来的。它的提出标志着现代西方决策理论的发展进入了新的阶段。"所谓渐进决策模式，是指决策者在决策时在既有的合法政策的基础上，采用渐进方式对现行政策加以修改，通过一连串小小的改变，在社会稳定的前提下，逐渐实现决策目标。"① 渐进决策方法产生后，引起了较大的反响，也有很多专家、学者从不同的角度对这个问题进行讨论。渐进决策模式能够保证政策的持续性和继承性，成为政府决策过程中遵循渐进调整的决策思路的重要原因。赵成根认为："全面的政策创新和政策变革是对决策者理性能力的严峻挑战。决策者并没有充足的时间、经费和智慧，用以调整所有的政策方案……在一个稳定有序运转的现代政治系统里，轮流执政的政党和政治领袖对于许多政策尤其是基本国策看法的差异程度是很小的……一种政策一旦付诸实施，就会因为它对利益的调节而形成一定的利益结构，重大的政策调整实际上就是对既得利益的再分配，必然在一定时期对特定阶层的已建构的利益造成某种程度的损害……没有一个决策者是在一种没有任何先决条件的原初状态下工作的，从本质上来看，任何政策包括重大创新政策都是对现行政策的某种形式的延续……现行政策可能已投入巨额的资源，因而排除了任何根本上的变革。"② 这些因素都决定了渐进决策在政府决策中的重要作用。"在决策过程上，渐进决策模式将决策过程看成是一个前后衔接不间断的过程……在决策方法上，渐进决策

---

① 霍海燕：《论渐进决策模式对行政决策的影响》，《领导科学》1993 年第 11 期，第 31 页。

② 赵成根：《论渐进决策模式的有效性》，《社会科学》1998 年第 5 期，第 20—22 页。

模式强调事物变化量的积累，主张通过不间断的修正，由量变而导致质变，最终改变政策，而又不至于引起大的社会动荡，这些观点闪烁着唯物辩证法的思想，有其合理的成分……在决策方案选择上，渐进决策模式注重决策者决策能力的有限性与客观事物发展的无限性之间的矛盾，主张决策者不仅要制定政策，而且要控制政策，把决策方案控制在自己的能力范围之内，使决策者既可以预测，又能够掌握，进而有效地保证决策的正确性……在决策环境上，渐进决策模式强调社会安定对决策的影响，主张决策必须首先保持社会稳定，反对政策的大起大落"①，因此，这种决策方法在行政决策中起到了很大的作用。

对于语言政策的制定来讲，除非发生巨大的社会变革或政治变革，一般地说，语言政策的制定和调整也要遵循渐进的原则。所谓语言政策制定的渐进决策方法，是指语言政策决策者在制定语言政策时，在已有语言政策的基础上，采取渐进的、走小步的方式对现有的语言政策进行一定程度上的、一连串的修改，在保证社会稳定的大前提下，逐步实现语言政策目标。因此，语言政策制定的渐进模式就是针对某一特定语言政策问题形成决策—实施已有决策—根据新的情形再决策—再实施新的决策，并逐渐朝着预定的大致目标迈进的不断演进的过程。"唯物辩证法认为，人们对客观世界的认识过程，从根本上讲是实践—认识—再实践—再认识的循环往复，每一次循环都上升到比较高一级的程度。在这里，实践是认识的源泉、归宿和发展动力，任何正确的认识都产生于实践并且必须经过实践的多次检验。"② 显然，语言政策制定的渐进方法也是符合唯物辩证法的认识的。

语言政策制定的渐进决策方法的运用，需要具备三个条件：

第一，政治局势和社会秩序稳定。渐进决策方法要求决策者通过一系列"走小步"的决策探索，通过"决策—实施—再决策—再实施"的渐进方式不断趋近大目标。这种决策方法要求：首先，一国的政治局势是稳定的，这是实施语言政策制定的渐进决策的前提之一。因为渐进决策是在现行的语言政策的基础上，通过小幅度修改的方式来达到最终的大目标。而当一国的政治局势不稳定或者会发生较大变化时，渐进决策所需要的前期的政策基础（即现行的语言政策）可能完全不适用新的政治局势，从

---

① 霍海燕：《论渐进决策模式对行政决策的影响》，《领导科学》1993 年第 11 期，第31 页。

② 杨兴林：《谈渐进决策的科学依据》，《理论探讨》1994 年第 1 期，第 35 页。

而产生政策失效。这时，渐进决策就基本失去了决策的可能性。其次，一国的社会秩序也影响语言政策制定的渐进决策。任何政策都是为统治阶级服务的，其中一个重要的作用就是保证社会的稳定有序，以维护统治阶级的正常统治。渐进决策的前提需要一个稳定的社会秩序，这是渐进决策得以进行的基础。社会秩序混乱往往可能导致原有的政策失去发挥效力的政治环境和社会环境，这时任何一种政策都失去了作为修改和继承的蓝本。如果没有可修改的政策文本作为基础，渐进决策也就失去了价值。

第二，原有政策能基本满足政策主体和政策客体的需要，具备可修正和可调整的条件。渐进决策模式要求以既有的合法政策为基础，采用渐进方式对现行政策加以修改。既有的合法政策就是既能够满足政策主体的需要，又能满足政策客体需要的政策。从政策主体的角度来讲，这种政策能够维护其统治的需要，能够为其阶级利益服务。从政策客体的角度来讲，就是这种政策能够在一定程度上维护客体的语言利益和语言权利，从而保证国家的稳定、社会的进步和语言的发展。同时，这种政策需要具备可修正和可调整的条件。对于一种语言政策来讲，在一定的历史时期内，它的核心往往是稳定的。例如，我国实行的以普通话为通用语，多语多言并存的语言政策，从政策制定以来就是一直没有变化的。那么对于渐进决策来讲，它往往是对政策的非核心的部分进行修正和调整。例如，我国确定普通话为通用语，规范汉字为通用汉字，但是在推广普通话和规范汉字的政策措施方面，在不同的历史时期是有差异的。尤其是从推广普通话的角度看，我国在不同时期提出的方针政策是采取了渐进式的，是适应了社会的发展变化和语言的发展规律的。

第三，语言政策的客体——语言政策问题在本质上具有稳定的持续性。语言政策问题是多种多样的，而且其表现形式也可能呈现多样化的特征。但是从语言政策问题的本质上来讲，也具有稳定的持续性。从语言政策问题的宏观表现来讲，一种是语言本身的原因导致的语言政策问题，一种是语言使用的原因导致的语言政策问题。从语言本身的原因导致的语言政策问题来看，它一般来讲，具有稳定的持续性。语言都是在发展变化的，但是从整体来看，语言的发展演变都是缓慢进行的，是渐变的。正是因为语言发展变化的这种渐变性特征，决定了语言政策问题的出现应该是有规律的，具有稳定的持续性特征。这就决定语言政策的制定要适应语言发展演变的渐变性。在社会形势和政治体制没有发生突变的情形下，语言政策的制定需要以语言演变的渐变性为前提，以渐进的方式进行。语言的使用在外围上，尤其是在个人使用上，可能会有突变的情形。尤其是在网络时代，个人的语言使用创新可能具有随意性和不规律性。但是从政策角度着眼，语言政策针对的是语言政策问题，而语言政策问题一般不是个别的、具体的使用问题，而是一定时期内、一定范围内有整体性影响的问题。这些问题往往都是逐渐显现，缓慢产生影响的。也就是说，针对这样的语言政策问题制定语言政策，也需要以渐进的方式进行。

正如我们在前面所言，除了在历史巨变或社会巨变时期，一般来说，在国家语言管理中所推行的语言变革都是一个有序的渐变过程。在现实语言发展状况中，许多语言政策问题的解决和政策的制定，很难脱离原来的历史基础。由于历史的承载性，在多数情况下，语言政策主体往往会接受原有政策的合法性和连续性。一方面，这是因为一定语言政策的推行常常是一个国家或一个集团语言意志或语言利益的反映；另一方面，原有的语言政策的制定，新一代政策主体也可能曾经参与决策，或者说，原有的语言政策的某些内容还依然符合新一代政策主体的价值取向和语言统治、语言管理的需要，没有必要完全推倒重来。

历史经验证明，如果是语言政策的重大变动，很容易引发决策主体构成之间的语言矛盾和冲突，甚至会造成严重的语言混乱局面。因此，渐进方法在缓解语言矛盾和语言冲突，维护语言稳定和语言团结，规避政策风险和降低政策成本方面，具有重要的现实意义。

（四）语言政策制定的综合决策方法

"综合决策既是一个探索的过程，又是一个参与的过程。所谓探索是指在制定综合决策之前，决策者应当会同专家对决策的目标和实际状况进行研究和评估，提出发展目标和具体的运作手段，并随着政策的实施进行监督和修正；所谓参与过程是指被实施政策的地区和产业的各利益群体和个人都将要参与政策的讨论和政策的制定，并参与政策的实施，这些参与者或者在实施综合决策的过程中获得一部分利益，或者在政策的实施过程中失去一部分利益。综合决策就是在对各种利益群体冲突目标的协调中达到可持续发展的总目标。"① 就语言政策制定的决策方法来讲，综合决策

---

① 丁元竹：《关于建立我国综合决策制度的若干思考》，《中国软科学》1997 年第 5 期，第 64 页。

主要表现在决策方法的综合、信息的综合、决策者的综合等不同的方面。

首先，所谓决策方法的综合就是面对一个语言政策问题时，应该将不同的方法融合起来使用，为着政策目标的实现而努力。任何语言政策问题的产生，都不是简单和单一的，往往是历史与现实综合作用的结果。因此，解决特定的语言政策问题，纯然地运用单一的方法制定语言政策，是不可行的，事实上在政策史上也是不存在的。根据不同的语言政策问题运用不同的决策方法，显现的是语言政策制定的一种现实主义态度。有时即便是对同一问题采取同一方法时，也常常与其他方法交替使用，或者以一种方法为主，其他方法为辅，或者两种方法或多种方法并用。要合理、科学地解决语言政策问题，需要多角度的分析、考察，使用多种方法去设计方案、制定政策。这种将两种或两种以上的决策方法有机结合用以解决语言政策问题的方法，就是综合决策方法中的方法综合。

其次，所谓信息的综合就是在制定语言政策的过程中，除关注语言及语言生活的信息外，还要兼顾与政策制定相关的其他方面的信息。语言政策当然针对的是语言政策问题，这些问题主要来自语言本身以及一个国家或一个语言集团的语言生活。所以，语言政策的制定首先就需要综合语言本身的发展现状，语言生活的现状。只有把语言的现状放到语言生活的现状中去考虑，才能解释语言以及语言生活中出现的问题，才能为进入政策范畴的语言问题找到解决的办法，从而制定科学的语言政策。同时，语言政策不仅仅是语言和语言生活的问题，也与民族、种族、人口结构、教育等密切相关。在制定语言政策的过程中，也需要综合上述各个方面的信息，从而为制定科学的语言政策提供信息保障。

最后，所谓决策者的综合是指在政策制定的过程中要充分考虑和吸纳不同方面的政策建议，从而作出科学决策。也就是说，在制定语言政策的过程中，要充分考虑不同政策主体的意见和建议，考虑到不同主体之间的复杂关系和实际利益。丁元竹认为："介入综合决策的各个利益集团，不论是管理部门还是地方社区，都要考虑到他们在综合决策过程中的实际关系和实际利益，这是他们作为参与者的激励机制所在，考虑到所有权关系和对于整个综合决策的全面理解在实行计划的初期是十分有意义的。"①

---

① 丁元竹：《关于建立我国综合决策制度的若干思考》，《中国软科学》1997 年第 5 期，第 70 页。

总之，语言政策制定的综合决策方法要求政策主体要立足于宏观分析与微观透视相结合，以分析和解决政策问题。在宏观上，要求政策主体把握政策方案的具体特征，从整体着眼；在微观上，要求政策主体对重点方案进行深入细致的观察和分析，以避免偏离政策目标。

第三节　影响语言政策制定的因素

语言政策的制定是一项复杂的系统工程。制定语言政策要依据一定的原则，遵循相应的规律和规则，要讲究方法。同时在语言政策的制定过程中还会受到来自不同方面因素的影响。这些影响有大小不同、强弱之分、久暂之别，也有正向影响和负向影响、有形影响和无形影响。这些影响因素存在于语言政策制定的始终，对语言政策的最后形成和作用的发挥起着相当重要的作用。分析这些因素对语言政策制定的影响，对于科学地制定完善的语言政策，具有重要的理论意义和实践价值。

一　影响语言政策制定的思想理论基础

不管是语言政策的制定，还是语言政策科学的建设，都需要相应的思想基础和理论基础。这个基础不仅决定着语言政策制定的思维方式和行为方式，而且还会影响语言政策科学可能达到的高度，以及它在实践中可能达到的境界、可能获得的收益。从语言政策制定的角度讲，思想理论基础主要包括两个大的方面：一是影响语言政策以及其他政策制定的思想基础，二是直接影响语言政策制定的法律思想基础。

（一）影响语言政策制定的思想理论基础

不同的国家往往有不同的国家思想基础，这决定了这个国家的政治体制形式，影响这个国家的各种政策的制定。从根本上说，国家思想基础决定国家政策的性质。国家思想基础反映的是一国国民的国家观念。"现代国家观念主要是指一国国民在现代历史进程中形成的关于建立、建设怎样的国家政权的总体观念。"① 一个国家在不同的历史时期可能形成不同的

---

① 石培玲：《抗战时期的现代国家观与新民主主义国家的思想基础》，《贵州民族研究》2011年第3期，第10页。

国家思想基础。费孝通认为："中华民族作为一个自觉的民族实体，是在近百年来中国与西方列强的对抗中出现的。而作为一个自在的民族实体，则是在几千年的历史过程中形成的。"① 中国共产党在不断的斗争中逐渐形成了自己的国家思想。抗战中期，中国共产党领导的政府就形成了这样的思想：要建设"一个以全国绝对大多数人民为基础而在工人阶级领导之下的统一战线的民主同盟的国家制度，我们把这样的国家制度称之为新民主主义的国家制度"。② 此后，中国共产党的建国思想逐渐清晰。"中国共产党人在40年代提出的新民主主义建国理论，如毛泽东在《论联合政府》报告中所阐述的'将中国建设成为一个独立、自由、民主、统一和富强的新国家'，在《论人民民主专政》中所强调的'人民的国家是保护人民的'以及对人民民主专政的创造性论述，认为新民主主义革命的历史经验，集中到一点，'就是工人阶级（经过共产党）领导的以工农联盟为基础的人民民主专政'的崭新国家理念等，实际上是对中国人民的政治要求的集中概括和反映，在中国广大民众的现代民族国家意识已经走向成熟的背景下，这一建国方案无疑拥有了广泛而坚实的认同基础，因而获得了建立新民主主义政治制度的合法性资源。"③ 新中国成立以后，我国的国家思想集中地反映在《中华人民共和国宪法》中。事实上，国家思想也就是一国根本大法的思想基础；当然也是一国语言政策的思想基础。我国的语言政策在宪法中也有体现，这就是依据国家思想制定出来的语言方面的政策。

（二）影响语言政策制定的法律思想基础

汤允凤认为："语言政策属于意识形态范畴，是一种社会政治现象，具体体现国家、政府对社会语言问题的态度，是国家总政策的一个组成部分。"④ 所谓的国家总政策，是指国家的根本政策，通常具有国家大法的意义，是规范和引导其他一切政策制定的准则和指南。国家总政策当然也是语言政策制定的政策学依据。这不仅仅是因为国家总政策集中体现了国家的根本意志和利益，规定了语言政策制定的内容和原则，而且更重要的

---

① 费孝通：《中华民族多元一体格局》，中央民族学院出版社 1989 年版，第 1 页。

② 毛泽东：《毛泽东选集》（第三卷），人民出版社 1991 年版，第 1056 页。

③ 石培玲：《抗战时期的现代国家观与新民主主义国家的思想基础》，《贵州民族研究》2011 年第 3 期，第 14 页。

④ 汤允凤：《语言政策特征刍议》，《新疆社科论坛》2012 年第 4 期，第 73 页。

是由此而形成的语言政策的制定关系到整个语言政策制定系统的运作。

　　在我国，宪法是根本大法，是其他法律、法规等制定的依据，具有最高的法律地位。宪法的最高法律地位首先表现在它所规定的都是国家生活中的根本性问题，如国家制度、社会制度、公民权利和义务、国家机构的设置等。"宪法的最高法律地位还表现在，宪法的法律效力高于一般法律，即具有最高法律效力。……宪法是立法工作的法律基础，是制定一般法律的依据。一般法律必须符合宪法的基本精神和内容，不能和宪法的规定相抵触，否则就没有法律效力，应当废除或修改。"① 我国的语言立法和语言政策、规章等都是建立在宪法基础上的。魏丹在讨论地方制定《国家通用语言文字法》的实施办法时提及了地方制定《实施办法》的原则，即："1. 与《国家通用语言文字法》和其他相关法律保持一致。主要体现在：适用范围、重点调整对象及要求、语言政策、有关管理部门的职责范围与管理权限、处罚的等级设定（《法》的处罚，最高只到"警告"，《实施办法》就不应该超过该处罚等级）等等；2. 坚持新时期语言文字工作的方针、政策，符合和体现语言文字工作的有关要求；3. 结合当地的实际情况，实事求是，同时也要考虑到社会和工作的发展，要有一定前瞻性；4. 符合《立法法》的要求。"② 从魏丹的讨论中我们可以看到，语言政策的制定分为不同的层次，任何下一层次的政策都应该以上位政策为立法、建章的依据，同时要按照立法程序完成，最终要以宪法为最终准绳。这就是语言政策制定的法律思想基础。

二　政策制定者的素质

　　语言政策制定者的素质对语言政策的制定有重大影响，有时甚至有决定性的影响。语言政策制定集体对政策制定的影响通常是由这几方面决定的：首先是政策制定者的知识结构。政策制定集体的科学合理的知识结构影响着政策的质量。其次是政策制定者的能力结构。政策制定集体应该由具有不同能力的人员组成，因为具有不同能力的人员集体，更能在处理政策制定过程中的各种问题时发挥最大的优势。再次是制定者的年龄结构。

---

　　① 　常明：《宪法的地位和作用》，《河北法学》1986 年第 6 期，第 27 页。

　　② 　魏丹：《关于地方制定〈国家通用语言文字法实施办法〉的有关问题》，《语言文字应用》2003 年第 1 期，第 12 页。

处于不同年龄段的人员按适度比例集合在一起更有利于科学的决策，因为不同年龄段的人在知识、经验和能力等方面具备各自的优势。最后是政策制定者的心理结构。不同性格和气质的人在政策制定集体中协调配合才能取长补短，制定出高质量的政策。

刘昌雄（2008）系统分析了改革开放以来我国公共政策制定机制的变化。在政策制定者素质方面，他认为有显著的提高，但离科学决策的素质要求尚有较大差距，主要表现在："一是一些政策制定者缺乏责任意识。有的政策制定者缺乏对党和国家高度负责的精神，制定政策时不讲原则，不顾大局，不负责任。二是一些政策制定者缺乏求真务实的作风。有的政策制定者不作深入的调查研究，不作认真的理论分析，未经专家的详细论证，未作广泛的充分讨论，凭想当然决策的情况时有发生。三是一些政策制定者缺乏现代管理科学的基本知识和基本理论，仍然喜欢依照习惯和传统，用老办法处理新问题，科学决策能力不强，致使一些政策制定者在政策制定中，仍然是凭经验、凭感情办事，以至于出现一系列所谓'好心办坏事'和'交学费'等现象。"[1] 这也正是语言政策制定者应该着力提高的方面。

语言政策制定者所具有的实际政策能力直接决定语言政策制定的质量。语言政策制定者的政治素质和语言素养，与语言政策制定的科学性有至关重要的关系。语言政策制定者的学识素养、政治经验、应变能力以及心理素质的差异，都会影响制定的语言政策存在差异。正是由于语言政策制定者在整个语言政策制定过程中所处的特殊的政策地位，他们的综合素质就直接影响到国家语言政策制定的科学化和民主化。语言政策制定者（不论是个体还是群体）必须以国家和人民的利益为最高利益，任何集团的利益都必须服从和服务于这个根本利益。只有这样，才能使语言政策的制定真正起到规范和推动整个国家和民族语言事业发展的作用。因此，提高语言政策制定者的政治品格、学识素养和综合能力，对改进和完善语言政策制定系统具有特别重要的意义。

三　政策的目标群体

"从公共政策制定过程来看，公共政策制定者与公共政策目标群体之

---

[1]　刘昌雄：《我国公共政策制定机制的价值评析》，《新视野》2008年第3期，第48页。

间存在着博弈。这一博弈有两个过程：首先，公共政策问题产生以前，先在公共政策目标群体内部之间产生博弈。由于政府手中控制着最重要的资源，几乎所有的利益主体都希望获得这些资源以实现自己利益的最大化。因此，各公共政策目标群体会利用各种制度内和制度外的手段表达他们各自的利益愿望，使他们自己的问题成为公共问题而进入政策议程。其次，当一个社会问题成为政府考虑的公共政策问题之后，利益主体之间的博弈就主要在公共政策制定者与公共政策目标群体之间展开……当公共政策制定者与公共政策目标群体之间的利益发生矛盾时，公共政策制定者与公共政策目标群体之间在公共政策制定问题上就存在利益上的博弈关系，博弈的结果是制定的公共政策既照顾公共政策制定者的利益要求，又照顾公共政策目标群体的利益要求，它们是公共政策制定者与公共政策目标群体利益关系妥协的产物。"① 也就是说，在政策制定过程中，目标群体会对政策制定产生这样或那样的影响。从语言政策制定的角度看，目标群体对政策的影响主要表现在以下几个方面。

　　首先，政策目标群体的人口数量、分布情形等会对语言政策的制定产生影响。如果目标群体人口数量过大，政策制定者就需要投入更多的人力资源；如果目标群体的分布区域太广，那么政策制定者就需要花费更多的时间成本；如果目标群体之间的差异度很大，那么政策制定者需要考虑的特殊情况就更多。其次，政策目标群体利益是否受损会对语言政策的制定产生影响。这种利益受损可以表现在不同的方面。一般来说，人们受传统习惯的影响，容易养成某种固定的行为模式而不喜欢作太大的改变。当一种语言政策会导致人们改变当前的行为模式时，人们就倾向于不认可这样的政策。对于语言使用者来讲，当一个语言政策可能不同程度侵犯使用者的语言权利或会导致使用者语言利益受损时，语言使用者对这样的政策认同度也较低。因此，如果政策制定时需要大幅度地改变目标群体的活动或行为方式，或者造成语言使用者利益受损，那么政策制定遭到阻力或抵制的可能性就比较大。

　　语言是人类最重要的交际工具，与人的生产和生活密切相关，语言政策的制定必须充分考虑这样的问题。公众的诉求是影响语言政策

---

① 高建华：《影响公共政策有效执行之政策目标群体因素分析》，《学术论坛》2007年第6期，第55页。

制定的非常重要的因素。不得民心的语言政策，无论多么符合政党、利益集团和政策制定者的愿望，从长远来看，都是不成功的政策。因此，制定语言政策必须充分考虑社会公众的普遍要求、心理、态度等要素。

四　社会媒体舆论监督

随着媒体的逐渐发达和普及，社会舆论监督在政策制定中发挥的作用也越来越大。陈相雨认为："媒体舆论监督是公众政治参与的重要形式，重视公众政治参与权的保护，就必须重视媒体的舆论监督，因为两者之间有着必然的逻辑联系；公众通过媒体的舆论监督实现政治参与，不仅有利于政府合法性的巩固与提升，更利于社会的稳定与和谐，对媒体最终实现社会效益与经济效益的统一也有重要的作用。"① 也就是说，媒体舆论监督对语言政策的制定也会产生影响。

社会媒体舆论对语言政策制定的影响表现在：不仅一定的语言利益集团在维护既得利益或希望进一步扩大"势力范围"的过程中，希望通过报刊、广播、电视等大众传媒形成有力的语言舆论，继而影响主体决策，而且会把社会公众对语言领域里发生或存在的重大问题所持的观点、意见，以及解决这些问题的意见和建议反映出来、传播开来，使某一语言问题成为人们普遍关注的语言焦点问题，形成普遍的舆论热点，起到"舆论监督"的作用。社会舆论一旦形成，对语言政策制定的影响是十分巨大的，在特定的条件下甚至可以产生决定性的影响。由于大众传媒与公众语言生活有密切的关系，社会语言生活中发生和存在的重大问题，往往是通过迅速而有效的现代化舆论工具和传媒手段来反映的。在这个互动过程中，社会舆论比较集中地反映了公众的利益和需求，对语言政策的产生和制定起到了中介的作用。

随着媒体的逐渐发达和迅速普及，社会舆论监督对语言政策所产生的影响也越来越大。自媒体时代的到来，使个人的政策意向表达成为可能。因此，重视社会舆论监督对语言政策制定的影响，成为政策制定过程中不可忽视的问题。

---

① 陈相雨：《媒体舆论监督和公众政治参与》，《西南民族大学学报》2009 年第 7 期，第 150 页。

　　当然，影响语言政策制定的因素是多方面的，我们上面只是列举了其中的几种。诸如社会意识形态、民族特点、宗教信仰、传统习惯、已有的法律和政策、语言环境、国际环境，等等，都是影响语言政策制定的重要因素。

第六章

语言政策评价

第一节 语言政策评价的含义、作用与主体

一 什么是语言政策评价

(一) 什么是政策评价

政策评价也叫政策评估。"公共政策评估是指公共政策评估主体根据一定的政策评估标准和程序，对政策系统、政策过程和政策结果的质量、效益、效果等方面进行评价或判断的一系列活动，其目的是改善公共政策系统，提高公共政策决策质量，保证政策目标实现。"① 政策评价是政策过程中与政策的选择、制定、执行具有相同重要性的必不可少的一个环节。我国在整个政策过程中更多地关注政策制定与政策执行的重要意义，往往容易忽略政策评价的作用。这是需要改变的一种观念。

政策评价可分为事前评价、过程评价和事后评价。事前评价，即在政策执行前通过某种科学手段对政策进行分析并对政策执行结果进行预测。持有这种观点的学者是那格尔（Nagel）。他认为：政策评价"主要关心的是解析和预测，它依靠经验性证据和分析，强调建立和检验中期理论，关心是否对政策有用，而主要关心的是把评价看成一种科学研究活动"② 过程评价，即"对整个公共政策的全过程进行论证评价"③ 过程评价主

---

① 高兴武：《公共政策评估：体系与过程》，《中国行政管理》2008 年第 2 期，第 58 页。
② ［美］S. S. 那格尔：《政策研究百科全书》，科学技术文献出版社 1990 年版，第 634—635 页。
③ 陈潭：《公共政策学原理》，武汉大学出版社 2008 年版，第 216 页。

要是通过事中评价，对政策方案进行分析，对政策执行进行监督，对政策结果进行评价。过程评价可以有效抑制偏差。林水波、张世贤这样定义政策评价：政策评价是"有系统地应用各种社会研究程序，搜集有关咨询，用以论断政策概念与设计是否周全完整，知悉政策实际执行情形、遭遇的困难，有无偏离既定的政策方向；指明社会干预政策的效用"。① 事后评价，即侧重对政策执行的效果的评价，这种评价经常使用的方法是对比设定目标与实施效果的差异，因此又称其为结果评价。侧重于这一观点的学者是威廉·邓恩。威廉·邓恩认为："评价是指提供关于政策结果对于目标完成程度方面信息的过程。"②

（二）什么是语言政策评价

属于公共政策学范畴的语言政策研究中对于语言政策评价至今未有一个明确的定义。参照公共政策的研究成果，我们也可以将语言政策评价从这样的三个角度进行定义，分别为语言政策事前评价、语言政策过程评价、语言政策事后评价。我们较倾向于从第二个角度进行定义，即语言政策评价是依据一定标准和原则，凭借一定手段和方法，对语言政策方案规划、语言政策的执行效果、语言政策的客体对该政策的反响以及该政策在语言发展进程中所起的作用进行评价的活动，以此作为政策执行、调整、终止的科学依据。

二　语言政策评价的作用

语言政策评价是语言政策活动的重要环节之一，在推进政策科学化进程中有十分重要的作用。语言政策评价的作用可以从以下几个方面进行分析。

第一，语言政策评价能够科学地检验语言政策的执行效果。如果只注重语言政策的执行过程而忽略语言政策评价，语言政策制定者将很难准确地了解到语言政策施行的真实效果，从而不利于保证政策的科学性。为了避免这种情况出现，语言政策执行一段时间之后需要通过语言政策评价的途径来检验执行效果与制定语言政策时的预期目标是否发生偏离，并且通

---

① 林水波、张世贤：《公共政策》，五南图书出版公司1988年版，第499页。

② ［美］威廉·N. 邓恩：《公共政策分析导论》，中国人民大学出版社2002年版，第450页。

过分析执行结果对该政策是否科学进行判定。

以我国曾经施行的《第二次汉字简化方案（草案）》为例。很多学者在《第二次汉字简化方案（草案）》废止后分析其短命的原因，对该方案进行客观的评价。傅永和（1982）在讨论二简方案修订工作时提道："广大群众和各方面人士对《二简草案》提出了许多批评和改进意见，主要有以下几点：①有规律地简化做得不够，应该在通盘考虑、统筹安排的基础上合理简化；②有些同音代替字不同程度地引起了意义上的混淆，特别是用贬义字代替了褒义字则更为不妥……③增加了形近易混字……④再次简化了一些1956年《汉字简化方案》中已经简化过的字……⑤简化了一些笔画较少，结构并不复杂的字和比较生僻罕用的字。"① 这是民间对当时的语言政策二简方案的评价。朱玉金认为二简在很多方面存在着问题，因此未能成功。比如，"没有考虑当时的社会心理和人们的审美观念，这是《二简》不为人们所接受的又一个原因"。② 通过对二简的客观评价以及深入分析，可以检验出该方案的制订存在问题，政策的执行也未能取得预期效果。由此可见，语言政策评价能够对政策的执行结果起到检验的作用。

第二，语言政策评价能够为语言政策的继续、调整或者终止提供重要依据。语言政策环境是复杂多样的，不是一成不变的。语言政策应该适应它所处的环境，随着环境的改变而作出相应的调整。世界上没有亘古不变的政策，语言政策颁布之后，经过一段时间的实践检验，政策制定主体应及时对政策的内容以及执行过程和结果进行评价。如果评价结果显示该政策适应当前的语言发展和语言生活，能够充分发挥作用，那么该政策将继续实行；如果语言环境发生改变，语言政策出现与实际情况相脱节的现象，那么政策制定主体应对政策内容及时进行调整；如果语言政策内容已经完全落实、问题完全解决，或者语言政策很大程度上不适应发生变化的实际情况，在这种情况下，语言政策就将终止。语言政策是否顺应语言的发展，不能依靠主观臆断、人为推理，而是应该对执行的效果进行客观评价，从而将其作为决定政策走向的重要依据。胡惠林《文化政策学》在

---

① 傅永和：《〈第二次汉字简化方案（草案）〉的修订工作》，《文字改革》1982年第1期，第22页。

② 朱玉金：《〈第二次汉字简化方案（草案）〉研究》，硕士学位论文，山东师范大学，2005年，第10页。

讨论文化政策的评价时指出："'文化大革命'结束以后，中国不继续提文艺从属于政治这样的口号，终止曾长期主导当代中国文化工作的'文艺为政治服务'的政策，就是因为长期的实践证明它对文艺的发展利少害多，是文化措施主体主动采取措施的结果。这种终止就是建立在对它长期的实践证明的评估基础上的。"① 文化政策如此，在一定程度上可以看作文化政策一部分的语言政策当然也应如此。

　　第三，语言政策评价有利于推动语言政策向科学的方向发展，从而促进语言的健康发展和语言生活的和谐化。语言评价主体由单一化向多元化转变，政策制定者、政策实施对象以及其他与该政策相关的人员均参与评价，从而使政策评价更具民主色彩，而且可以防止政策评价过于片面。经过全面的评价之后，语言政策的制定者将会依据评价所反映的情况对政策进行相应调整，使之顺应语言发展的潮流。再以《第二次汉字简化方案（草案）》为例。国家语言文字工作委员会对二简进行重新审视与科学评价，认为汉字形体在一定时期内保持相对稳定将有利于社会应用和纠正当前社会用字混乱现象，因此最终建议将其废除。这一举措推动了语言政策的科学化，促进了语言的健康发展。

三　语言政策评价的主体

　　"政策评估主体就是参与政策评估的组织或个人。凡是与公共政策发生直接或间接联系的组织或个人都可能成为公共政策的评估主体。"② 语言政策的评价主体在整个评价过程中起主导性的作用，它直接关系到政策评价结果的科学性和民主性。为了使语言政策评价做到科学、民主、全面，政策评价的主体应该涵盖内部评价者和外部评价者，从而进行多角度评价。"从机构上看，内部评估者包括政策决策部门、政策执行部门、政策监督部门、政策咨询部门和绩效考评部门；从人员上看，内部评估者既有各级行政领导也有普通行政人员。外部评估者是由政策主体以外的组织或个人构成，官方的外部评估者有立法机构和司法机构的组织或个人，非官方的外部评估者主要是利益集团（包括政党）、各种民间组织、大众传

---

① 胡惠林：《文化政策学》，书海出版社 2006 年版，第 168 页。
② 高兴武：《公共政策评估：体系与过程》，《中国行政管理》2008 年第 2 期，第 58 页。

媒及社会民众等。"①

高兴武认为：能否成为政策评价者的判定条件是"受政策过程或结果影响的程度"，②并按照政策评价者受政策影响的大小来决定其在政策评价过程中所提供的意见和建议的参考价值。语言政策制定者（多为学术权威部门）需要依据政策执行效果总结政策制定过程中存在的优点和不足，对政策制定过程进行全面评价；语言政策执行者需要依据语言政策在现实生活中的执行情况、执行中遇到的问题以及政策执行效果对政策进行评价；语言政策实施对象需要将语言政策实施以来，自己语言习惯的改变以及自己对该政策的看法加以反馈；语言学家以及学术团体站在语言发展的角度，运用专业知识对语言政策进行评价。在上述工作的基础上，需要有专门部门综合以上政策评价主体的意见，对语言政策进行科学、全面、客观的评价。例如，《中华人民共和国国家通用语言文字法》（以下简称《国家通用语言文字法》）发布后，在社会上产生了很大的影响和反响。语言政策制定者、语言政策执行者、语言政策实施对象、语言学家以及学术团体等不同层面的人士对《通用语言文字法》进行了评价。其中，作为起草参与者与执行人的陈章太教授（2010）结合《国家通用语言文字法》的实施效果对该部法律进行评价，总结出几点成就和存在的问题。他认为：《国家通用语言文字法》的成就主要包括："与国家通用语言文字相关的语言文字法律、法规体系基本形成"③；"宣传贯彻《国家通用语言文字法》及相关法律、法规取得很大成效"④；此外，陈章太还通过参阅中国语言文字使用情况调查领导小组发布的数据，对《国家通用语言文字法》的实施效果进行了评价："普通话在全国及城镇的普及率逐渐提高；简化汉字已成为绝大多数国人主要的书写文字；普通话和规范汉字在当代中国语言文字生活中充分显示其强盛的活力和主导作用，以国家通用语言文字为主体，各民族语言文字共存的主体性与多样性相结合的和谐语言生活已基本建成。"⑤ 同时，陈章太就如何看待《国家通用语言文字

---

① 高兴武：《公共政策评估：体系与过程》，《中国行政管理》2008 年第 2 期，第 58 页。

② 同上。

③ 陈章太：《〈国家通用语言文字法〉的成就与发展》，《语言文字应用》2010 年第 3 期，第 8 页。

④ 同上。

⑤ 同上书，第 9 页。

法》、如何适时调整语言文字工作的思路和做法以及进一步加强语言和谐建设等就《国家通用语言文字法》执行过程中出现的问题进行了客观的评价，并提出了相应的建议。

由此可见，评价主体多元化可以使语言政策评价更加全面、客观。与政策相关的人员都拥有发言权，都可以通过不同的渠道对语言政策进行不同角度的评价，可以使政策评价更具有民主性、科学性。语言政策评价主体由单一化转向多元化是语言政策系统不断自我完善的过程，这对政策的调整与新政策的制定都能起到积极的作用。

第二节　语言政策评价的过程、标准与影响因素

一　语言政策评价的过程

语言政策评价的过程是评价主体对语言政策有步骤、有目的地进行评价的一系列活动。陶学荣认为："科学的公共政策评估过程一般分为三个基本阶段：准备阶段、实施阶段、总结阶段。"[①] 同样，在语言政策领域，语言政策的评价也可以大致分为准备阶段、实施阶段和总结阶段。

（一）语言政策评价的准备阶段

做好准备工作是语言政策评价活动顺利进行的基础和前提。在语言政策评价的准备阶段，我们应该做好以下几方面的工作：

1. 了解语言政策制定的相关背景

评价一项语言政策的制定是否科学、执行是否有效、政策效果是否明显，首先要了解政策施行前的语言使用情况，也就是语言政策出台的背景。在政策实施一段时间之后要将实施前与实施后的语言使用情况进行对比，以此作为语言政策效果评价的依据。

2. 确定语言政策评价主体

语言政策评价主体由单一化向多元化转变，这是科学、全面评价语言政策的基础。根据不同的政策内容，选取具有代表性的与政策相关的人员作为政策评价的主体。例如，对我国某个少数民族的语言政策进行评估，

---

① 陶学荣：《公共政策学》，东北财经大学出版社 2009 年版，第 238—239 页。

就需要选定国家语委、地方语委、相关执行部门，以及不同身份、不同年龄的少数民族群众代表作为评价主体。此外，"与政策利益没有直接或间接利益关系但对该政策表示强烈关注的人"[①] 也需纳入语言政策评价主体行列，从而促进语言政策评价更加科学化、专业化。

3. 制订语言政策评价方案

评价方案是指导语言政策评价有序进行的蓝图，它主要解决的问题就是如何对语言政策进行评价。"在政策评估的准备阶段，制定切实可行的评估方案是很重要的，因为评估方案质量的高低亦即设计是否合理，直接关系到政策评估活动的成败。"[②] 制订语言政策评价方案需要注意以下几个重要环节：

（1）明确评价对象，也就是确定需要进行评价的语言政策有哪些。

（2）分析评价目的。分析语言政策评价的目的是要解决的是为什么进行评价的问题。只有充分分析并合理分解评价目的，才能为确定评价标准奠定基础，使评价标准更加科学、具体。

（3）确定评价标准。评价标准"是衡量政策是否达到政策目标的尺度"。[③] 语言政策评价标准主要有成效性、公平性、合法性、合理性、可行性、政策回应度等。依据这些客观的评价标准，对语言政策的价值大小进行全面评价。语言政策评价标准是否可行、全面、公正，直接影响到政策评价的结果。

（4）选择评价方法。评价方法要依据政策涉及对象的范围、政策效果的大小以及时间地域情况等因素进行选择。不同的语言政策应该根据其特点选择适合评价该政策的方法。

（5）撰写评价方案。语言政策评价方案一般应包括以下几项基本内容：评价对象、评价主体、评价目的、评价标准、评价方法、评价工作的进度计划。

（二）语言政策评价的实施阶段

语言政策评价的实施阶段是将语言政策评价方案付诸实践的过程，也是政策评价最重要的环节。实施阶段的主要任务是利用各种社会调查手段

---

① 高兴武：《公共政策评估：体系与过程》，《中国行政管理》2008 年第 2 期，第 61 页。

② 陈刚：《公共政策学》，武汉大学出版社 2011 年版，第 176 页。

③ 王晓丽：《政策评估的标准、方法、主体》，《福建论坛》2008 年第 9 期，第 137 页。

采集评价信息，并对所收集的信息按一定标准进行分类、统计和分析，最后得出结论。

1. 采集评价信息

信息采集是对语言政策作出科学评价的基础。这一阶段的主要任务是利用各种调查手段，全面收集语言政策制定、执行以及成效的有关信息。由于语言政策的实施范围一般较大，政策对象具有广泛性，因此不宜采用普遍调查的方法，多采用抽样调查的方法。但是，抽样调查并不意味着没有原则地随机抽样，调查者应该在不同的团体中抽取一定数量能够代表该团体典型特点的样本。这样的调查结果才能够具备全面性和真实性。为了增强语言政策评价的科学性，评价政策的过程还应采用查阅资料法。除此之外，政策评价还可以进行个案分析。个案分析的一个基本要求就是案例需要具有典型性。事实上，在信息采集的过程中，以上方法通常是交叉使用的，这有利于保证信息的全面性、科学性。

2. 综合处理评价信息

一般地讲，信息采集过程中收集到的信息往往是杂乱无章的，只有经过系统地分类、统计和分析，才能够被有效利用。这就需要信息处理者对收集到的信息进行综合处理。信息处理者将语言政策评价信息从评价主体类别、评价主体在不同侧重点对于政策的满意度等方面进行分类，应用统计学原理对原始信息数据进行统计，并对各类数据进行具体分析，最后在对各类数据分析的基础上从整体角度进行综合评价。

3. 得出评价结论

对语言政策评价信息进行科学处理后，要运用"前—后"政策对比分析法、"有—无"政策对比分析法等，对政策进行评价，得出结论。"在评估实施过程中，评估者应该坚持评估材料的完整性和具体分析的科学性两个原则，客观公正地反映出政策的实际效果。"[①]

（三）语言政策评价的总结阶段

语言政策评价总结阶段的主要任务是撰写评价报告和总结评价过程。"评估报告是对政策成效如何的最终评定，它需要以书面形式提交给有关领导或决策部门，以作为调整和总结政策的依据，因此它通常还包括评估者的政策建议。评估工作的总结主要涉及的是对评估过程、方法和一些问

---

① 陈潭：《公共政策学原理》，武汉大学出版社 2008 年版，第 226 页。

题如误差等的补充说明，以总结经验，吸取教训，为以后的政策评估活动打下基础。"①

1. 撰写评价报告

评价报告是将语言政策的评价结果，从政策制定、实施中总结出来的经验和教训，以及对政策发展提出的建议形成相应的评价文件。评价报告的具体内容一般应该包括这样几个部分：

（1）语言政策所针对的语言问题解决的程度及原因分析；

（2）语言规划完成的程度；

（3）语言政策客体的政策反应度及分析；

（4）语言政策制定与执行的经验与教训；

（5）语言政策在语言发展进程中所起到的作用；

（6）语言政策延续、调整、终止的建议及依据。

2. 总结评价过程

语言政策评价也是语言政策过程的一个关键环节。对评价标准的制定和评价方法选择的原因加以说明，提出评价过程的优点和不足，可以为以后的语言政策评价工作提供借鉴。

二　语言政策评价的标准

（一）公共政策学领域的政策评价标准

在公共政策学领域，各项政策制定的目的不同，评价主体不同，其评价标准也会存在差异，不存在评价所有政策的统一的标准。因此，国内外学者对政策评价的标准各执己见，意见不一。威廉·N. 邓恩将政策评估标准分为"效果、效率、充足性、公平性、回应性和适宜性"。② 我国学者陈振明认为"一般而言，政策评估有如下五个标准：生产力标准、效益标准、效率标准、公正标准和政策回应度"。③ 张金马提出的标准包括："有效性、效率、公平性、可行性"。④ 对于如此多的政策评价标准，学者

---

① 陈刚：《公共政策学》，武汉大学出版社 2011 年版，第 176—177 页。

② ［美］威廉·N. 邓恩：《公共政策分析导论》，中国人民大学出版社 2002 年版，第 437 页。

③ 陈振明：《公共政策分析》，中国人民大学出版社 2003 年版，第 271 页。

④ 张金马：《公共政策分析：概念·过程·方法》，人民出版社 2004 年版，第 461—462 页。

们将其按照一定规律加以分类。高兴武将公共政策的评价标准化分为三类："政策系统的评估标准、政策过程的评估标准和政策结果的评估标准"。① 政策系统的评估标准包括政策系统内部的各个要素；政策过程的评估标准包括政策过程中的每一个环节，如政策的制定、执行等；政策结果的评估标准包括政策的效益、有效性等。这三类标准较为全面地概括了政策评价应该涵盖的各个方面。

（二）语言政策评价标准

语言政策的制定目的包含两个方面：一是从语言自身角度来讲，语言政策能够保护语言的多样性，从而推动语言健康发展；二是从语言使用者的角度来讲，语言政策能够规范人们对语言的使用，方便人们的生活。依据以上两种语言政策制定目的，我们认为政策评价标准应该包括：合法性、合理性、可行性、成效性、平等性、政策回应度。

1. 语言政策的合法性

法律是一切政策、制度制定的根基，因此对于语言政策首先要对其合法性进行评价。宪法是我国的根本大法，一切法律和制度都要以宪法为依据。我国对少数民族语言和汉语方言一向采取保护的态度，早在 1949 年通过的《中国人民政治协商会议共同纲领》第五十三条就规定："各少数民族均有发展其语言文字、保持或改革其风俗习惯及宗教信仰的自由"；1954 年《中华人民共和国宪法》第三条规定："各民族均有使用和发展自己的语言文字的自由……"；现行 1982 年《中华人民共和国宪法》第四条："各民族都有使用和发展自己的语言文字的自由"……由此可见，对于少数民族语言的保护国家尤为重视。1987 年西藏自治区通过了《西藏自治区学习、使用和发展藏语文的若干规定（试行）》，1993 年新疆维吾尔自治区通过了《新疆维吾尔自治区语言文字工作条例》。这些规定、条例符合宪法规定，符合语言政策评价的合法性标准，是合法的地方语言文字政策。合法性标准是对语言政策进行评价的基础性标准。

2. 语言政策的合理性

语言政策符合合法性评价标准后，还要对其内容的合理性进行评价。语言政策是否具有合理性决定了该政策能否继续执行。随着社会的发展、政策环境的改变，人们可能在一定历史时期对一些语言政策存在的合理性

---

① 　高兴武：《公共政策评估：体系与过程》，《中国行政管理》2008 年第 2 期，第 60 页。

提出质疑。澳大利亚在 1788—1900 年期间实行的是"白澳政策"，实际上是一种种族歧视政策。在语言政策方面，政府采取语言同化政策。"在学校教育中强行要求使用英语教学，公开场合限制使用移民语言，少数民族报纸要部分用英语出版，所有非英语的语言信息都必须译为英语。"①该语言政策忽视了语言多样性的重要意义以及语言的资源性作用。后来，随着移民和土著居民之间的矛盾不断加深，澳大利亚语言政策的不合理性日益凸显。政府通过对语言政策进行综合评价，最终决定实施多元文化和多语政策，以促进社会经济的发展和传统文化的保留，并取得了不错的政策效果。由此可见，合理性标准在语言政策沿用、调整、终止方面，起着重要的作用。

　3. 语言政策的可行性

　　一项语言政策是否可以正式施行，需要对其进行可行性评价。因为即使看似积极的语言政策，一旦不具备现实可行性，这项政策也就无法发挥作用。可行性标准主要用于评价还未实行或已经试行一段时间（一般都是较短的时间）的语言政策。一个政策只有达到可行性标准，才有正式实行的可能。可行性标准是根据政策环境提出的评价标准。当一种语言政策与政策环境相适应，就具备了可行性；当这种语言政策与政策环境不适应，则不具备可行性。

　　我国曾经提出汉外双语教学的教学语言政策，在中小学试行，且试行期间达到了一定的规模。"近年来进行汉外双语教学试验的中小学至少有三四百所。"② 经过一段时间的试行后，李宇明（2010）对双语教学的语言政策的可行性提出了质疑。"我国是发展中国家，有限的教育经费支撑着世界上最大的教育，教育经费不足的问题难以在短期内有较大改观。这种国情允许在多大范围内开展相当于一般教育经费 4 倍的双语教学？而且，推广国家通用的语言文字是政府的职责，公共财政应当支付，可城市的外语教学属于国民教育计划中的内容，公共财政也可以支付，但是，双语教学超出了国民教育计划，这种强化外语教学的费用公共财政应该支付吗？"③ 可见，按照李宇明的判断，双语教育的语言政策还不具备通过可

---

① 周庆生：《国家民族与语言——语言政策国别研究》，语文出版社 2003 年版，第 226 页。

② 李宇明：《中国语言规划论》，商务印书馆 2010 年版，第 49 页。

③ 同上书，第 56—57 页。

行性标准检验的条件，在当时的条件下不能或很难实行。

4. 语言政策的成效性

一项语言政策实施以后一定会在政策覆盖范围内产生相应的效果。政策评价者要根据预期效果制定语言政策的成效性标准，并依据这个标准对语言政策进行评价，从而揭示该政策在执行过程中对执行对象以及语言的发展产生了什么样的影响。《中华人民共和国国家通用语言文字法》的发布是我国语文工作中具有划时代意义的大事。这部法律极大地促进了语言文字的健康发展。对于这部语言立法的成效性，李宇明（2010）认为：该法实行十年以来，"普通话在全国及城镇的普及率逐渐提高；简化汉字已成为绝大多数国人主要的书写文字；普通话和规范汉字在当代中国语言文字生活中充分显示其强盛的活力和主导作用，以国家通用语言文字为主体，各民族语言文字共存的主体性与多样性相结合的和谐语言生活已基本建成，这是近百年来中国语文现代化和新中国成立后 60 年语言文字规范化、标准化、信息化，特别是近十年来认真贯彻执行国家《宪法》和《国家通用语言文字法》及国家各项语言文字政策的丰硕成果和辉煌成就"。从成效性标准来看，《国家通用语言文字法》取得了预期的效果，成为语言政策的典范。

5. 语言政策的平等性

平等性标准用于衡量语言政策对语言使用权分配的公平程度。我国是一个多民族国家，除使用汉语的汉民族外，还有使用少数民族语言的少数民族。语言的使用权问题是多民族国家语言政策的重要组成部分，关系到语言政策的平等性。我国从宪法到专门的语言立法，再到民族语言政策、民族教育政策都对民族语言的使用作出了明确的规定。如宪法中明确规定的："各民族都有使用和发展自己的语言文字的自由"是对民族语言使用权最权威的认定；"民族自治地方的自治机关在执行职务的时候，依照本民族自治地方自治条例的规定，使用当地通用的一种或者几种语言文字"是对民族语言使用权的具体规定。这些都从宪法的角度保护了语言使用权分配的公平性。《中华人民共和国国家通用语言文字法》第八条也规定：各民族都有使用和发展自己的语言文字的自由。这项政策保障了少数民族使用本族语言文字的平等权利，为促进民族团结起到了积极作用。《中华人民共和国教育法》规定："汉语言文字为学校及其他教育机构的基本教学语言文字。少数民族学生为主的学校及其他教育机构，可以使用本民族或者当地民族通用的语言文字进行教学。"这些政策、法律的实施保证了语言政策的平等性，也取得了良好的政策效果。与之相对，澳大利亚在1788年至1900年期间实行的"白澳政策"，实际上是一种种族歧视政策，只强调英语的重要地位而忽视土著居民和移民语言的平等地位。该语言政策不符合平等性这一标准，因而不利于团结各族人民，不利于语言的健康发展，最终也不得不进行调整。

只有将每一种语言都平等相待，赋予每个个体使用本族语言的平等权利，语言政策才能被大众接受，才能得以顺利实施。

6. 语言政策的政策回应度

语言政策的政策回应度就是语言政策实施以后，政策对象对该项政策的满意程度。"只要政策对象认为满足了自己的利益，焕发出较高的热情和积极性来促使社会进步，这就可以说其回应度高；反之，政策的回应度就低。"① 政策回应度高低是衡量大众接受程度的重要标准。语言政策只有被大多数政策对象所接受，才能成为成功的政策。

"二战"期间，日本在中国台湾强制台湾人民说日语，学习日语，推行所谓的"皇民化"运动。日本战败，当时的中华民国接收台湾时，当地已经没有多少人会说国语，大部分人只会说日语和台语。基于这样的语言使用现状，当时的国民政府决定推动国语运动，恢复中华文化。这就是"台湾的国语运动"。台湾的国语运动取得了显著的成效。其中的原因之一是相关语言政策获得了台湾民众较高的政策回应度。"台湾民众在日本殖民者半个世纪的奴化教育之下仍然保持着相当强烈的民族心理。他们对中华民族的认同极为强烈，对日本侵略者强加的语言及其他日本文化符号相当反感，自始至终排斥日本语。因此，一俟光复，台湾同胞就自然地把日语抛弃，开始热心学习国语了。台湾民众认同与接受国语也是国语普及的重要原因。"② 由此可见，政策回应度也是评价语言政策成败的重要标准。

三　影响语言政策评价的因素

语言政策评价过程往往会受到各种不同因素的影响，这里既有主观方

---

① 陈潭：《公共政策学原理》，武汉大学出版社2008年版，第225页。

② 熊南京：《二战后台湾语言政策研究（1945—2006）》，博士学位论文，中央民族大学，2007年，第100页。

面的因素，也包括客观方面的因素，并在一定程度上影响着政策评价的结果。通常情况下，影响语言政策评价的因素主要包括以下方面。

（一）评价人员的素质

专业评价人员作为语言政策评价的实施者，其自身专业水平的高低以及价值观是影响政策评价结果的主观因素。

如果专业评价人员对语言政策的相关背景及政策内容很熟悉，对语言学及政策学的知识有丰富的积累，对评价技术能够熟练运用，那么就可能对语言政策评价结果产生积极的影响；反之，则会对其产生消极的影响。专业评价人员的认知能力、事业态度也是影响政策评价的主观因素。同时，语言政策评价人员的价值观或称价值取向，也是影响语言政策评价的因素之一。"所谓主体的价值取向，是指认识主体在长期的生活、生产实践过程中和具体环境中形成的有关价值的观点、看法和态度，是人们进行价值评价的内在依据。"[①] 在语言政策评价中，评价主体，即评价者难免会对有些政策形成先入为主的看法和态度，从而影响评价的公正。"要确保评估过程的客观和公正，评估者对所评估的政策不能存有偏见，特别是评估人员不应该为支持自己的计划或证明委托者政策选择的合理性而篡改数据，或者扩大、突出正面的效果而缩减、淡化负面的效果。"[②] 这也说明，如何培训出高素质的语言政策评价人员是政策评价过程中不可忽视的工作。

（二）评价主体的范围

评价主体是指参与语言政策评价的评估者。政策评价主体的单一化与多元化会影响语言政策评价结果的客观性、真实性、全面性。我们认为：语言政策评价主体应包括政策制定者、政策执行者、政策实施对象及相关领域的专家和学者。政策制定者参与了政策制定的全部过程，对接受评价的政策有着比其他人更充分和更全面的了解。他们参与政策评价可以为评价过程提供政策选择、制定等方面的背景信息。同时他们也可能是新政策的制定者。因为他们能够直接参与政策评价，就可能对新政策的制定产生积极的影响。政策的执行者是政策执行的见证者，也是执行过程中政策反应的亲历者。因为他们参与政策的执行，可以得到执行过程中真实、全面

---

① 陈绍芳：《主体价值取向在政策评价中的作用》，《理论探讨》2002 年第 2 期，第 68 页。
② 陈刚：《公共政策学》，武汉大学出版社 2011 年版，第 181 页。

的信息，会为政策评价提供信息参考。政策实施对象主要是指政策客体中人的部分。更多和更快的政策反应主要是通过这部分客体反馈出来。他们是政策约束的对象，也是受益者，亦可能是受损者。他们的反应在很大程度上能够体现政策的科学性，而且他们能够为政策评价提供最直接的信息。相关领域的专家、学者主要包括政策研究领域、语言研究领域内的研究人员。他们可以从理论上提供智力支持，为语言政策评价提供智力保障。

总之，语言政策评价不是单一主体可以完成的任务，需要评价主体的多元化。只有对范围广泛的政策参与者对该政策的反馈信息进行认真调查，政策评价结果才能做到全面；如果遗漏某一参与者群体，政策评价结果就将是片面的。

（三）政策评价信息系统的完善程度

"所谓政策评估信息系统，就是收集、整理、加工和使用政策信息，为政策评估服务的系统……政策信息系统的核心任务是系统地记录有关政策问题，政策投入、产出和外部环境变化等方面的信息资料，具体包括：①政策问题和目标；②投入某项政策的资源以及分配情况；③政策执行的情况；④政策实施对政策目标群体所产生的影响；⑤政策的实施所造成的社会与经济变化；⑥社会公众对政策的反应等。"[①] 传统的政策评估信息系统主要是依靠人工的方式收集、整理、汇总各方面的资料，然后进行分析。这种政策评估信息系统在政策评价中曾经发挥了重要的作用。随着计算机技术的发展和发达，尤其是大数据时代的到来，如何充分利用现代计算机技术服务政策评估已然提上了议事日程。"利用大数据进行决策的能力，是提升国家治理能力，实现治理能力现代化的必然要求，而建立与完善数据决策支持系统是推进国家治理体系建设的重要组成部分。"[②] 利用大数据建设决策支持系统，其中的一个重要环节就是建立大数据时代的政策评估信息系统。大数据的优势在于可以将各方面的信息进行系统、综合的分析，从而为政策评估提供更加科学的依据。

语言政策从制定、执行，到最后的评价，会产生大量、复杂的信息。

---

① 陶学荣：《公共政策学》，东北财经大学出版社 2009 年版，第 254 页。

② 孙强、张雪峰：《大数据决策学论纲：大数据时代的决策变革》，《华北电力大学学报》2014 年第 4 期，第 34 页。

因此，政策评价系统健全与否就直接关系到对这些政策信息的收集、分类、统计、分析等一系列工作。另外，语言政策实施对象分布区域广、构成类型多，如果没有一个完善的政策评价信息系统，信息收集首先就成为难题。缺乏政策信息这个基础，政策的评价工作也就无从开展。因此，政策评价信息系统的完善程度也是影响语言政策评价的客观因素之一。

此外，物质条件也是影响语言政策评价的因素之一。语言政策评价需要投入一定的人力、设备、财力，这些因素也是影响政策评价的客观因素。语言政策评价需要有大量专业人员对政策效果进行调查、统计、分析，需要先进的设备帮助统计数据，需要大量的资金用于开展评价活动。如果不具备充足的物质条件，政策评价活动不是敷衍了事就是被迫终止，就会对评价结果产生消极影响。

第七章

语言政策终止

　　"任何政策都是为了解决特定社会问题和实现特定政治目标而制定的，这就决定了，任何政策都有特定的适用期限，都有特定的生命时域，永恒不变的政策是不存在的，一切政策都要走向终止。所谓政策终止，就是已公布实施或正在执行的政策被取消、废除、宣布停止实行，或者在现实生活中自发地停止执行，因而失去其具有法定性强制意义地调节社会关系、规范社会行为的功能和作用的过程。"① 语言政策作为公共政策的一分子，也需要适时地进行调整或者直接终止。语言政策的调整或终止体现的是语言政策的稳定性和变化性之间的矛盾。语言政策的稳定性可以保证其有效地调节社会行为，实现利益和价值的分配，达成既定的政策目标。但是随着客观或主观条件的变化，语言政策也需要相应地发生变化。语言政策的变化体现在两个方面：渐进式的量变，即语言政策的调整；革命式的质变，即语言政策的终止。语言政策就是在这种"稳定—变动—调整—终止"的过程中不断向着更好的方向发展。政策变化的周期性循环形成了语言政策的生命周期，即"政策制定—政策执行—政策评价—政策终止"等不同的阶段。

第一节　语言政策的稳定与变化

一　语言政策的稳定性与变化性

　　稳定性和变化性是语言政策的两个基本属性，也是它的两个基本特

---

① 莫旭麟、韦剑峰：《政策终止论》，《学术论坛》1989 年第 4 期，第 40 页。

征。政府出台的每项语言政策一般都会持续一段时间，直到该语言政策所指向的语言问题得到妥善解决。从公众角度看，大多数人都希望出台的语言政策能保持相对的稳定性，且具有一定的预见性，而不是"朝令夕改"。事实上，语言政策不是教条，而是围绕某些语言问题展开的一个动态调整的过程。语言政策总会随着政策问题的变化而有所调整，且这种变化与调整贯穿于语言政策过程的各个环节。语言政策的稳定性会使该政策得以保持，而语言政策的变化性会使该政策发生量或质的变化。

（一）语言政策稳定及其动因

"政策稳定是指政策运行中的一贯性、连续性和协调性。具体表现为：在特定的时间和范围内，政策目标、政策内容不变；在政策执行中，坚持始终如一，不间断、不动摇；在政策调整完善中，保持政策的连续性和继承性；在政策体系中保持有序性和协调性；在整个政策运行中，保证政策的正效益占主导地位。"① 总的来讲，就是政策处于稳定状态。语言政策的稳定意味着该政策处于一种均衡状态，说明它即使受到外部政策环境和内部系统本身的影响，仍然保持其既定的目标，仍然由原来的语言政策执行机构按照既定的方式方法，沿着既定的方向继续实施。

语言政策的稳定要求该政策系统的各个环节和政策关系保持不变，业已形成的政策安排和政策结构也不作大的调整和变动。当然，任何事物的稳定都是相对而言的，语言政策的稳定性也是如此，这种相对性表现在两个方面。首先，从时间上看，语言政策的稳定是阶段性和连续性的统一。语言政策的阶段性是指每项语言政策都是针对某段时期内的语言政策问题制定的。在这段时间内，语言政策要保持相对的稳定性，不要轻易改变。语言政策的连续性是指在连续的不同阶段内，每项语言政策的目标、执行方式方法以及预期效果应该保持继承性和一致性。其次，从空间上看，语言政策的稳定是局部性和全局性的统一。以我国的语言政策为例，一方面，我国地域辽阔、人口众多，各地方的语言政策和我国总的语言政策不能相违背，要服从国家总的语言政策；另一方面，我国是一个多民族国家，每个民族各自享有制定和执行本民族语言政策的权利。但是语言政策的民族性也需要围绕总的语言政策运行。总之，各地方、各民族的语言政策在本地区、本民族内部具有一定的稳定性，跟总的语言政策的关系也具

---

① 金小平：《论政策稳定》，《长白学刊》1992 年第 5 期，第 66 页。

有稳定性。

语言政策为什么是稳定的，为什么需要是稳定的，这有特定的原因，可以从三个方面考察。首先，从语言政策的主体看，决策主体的稳定性有助于保持语言政策的稳定性。语言政策要反映执政党的语言利益和语言愿望，代表语言政策决策者的价值观。只要语言政策的决策者相对稳定，那么语言政策就会保持相对的稳定。所以，语言政策决策者的相对稳定性是保持语言政策相对稳定的重要因素。其次，从语言政策的客体看，语言问题的解决需要一个过程。有些语言问题比较复杂，涉及面也较广；有些语言政策设定的目标比较远大，实现目标的时间就会较长。因此，解决这些语言问题或者实现这些政策目标就需要一个长期的过程。这就要求语言政策具有一定的连续性。换句话说，这些客体因素直接或间接地增强了语言政策本身的稳定性。最后，从语言政策本身看，语言政策终止的失败也能使政策保持稳定性。语言政策的终止是废除或终止某个政策的动态过程。很多语言政策由于无效或者过时需要被语言政策决策者予以终止，但是这种终止行为往往会遇到来自不同方面的阻碍。如果语言政策终止的阻力大于推力，则会导致政策终止的努力失败，从而维持了语言政策的稳定。事实上，这种语言政策的稳定是消极的，是一种无奈的选择。

（二）语言政策维持

语言政策在完全解决语言政策问题之前，应该保持稳定。如果说语言政策稳定是一种属性，那么政策维持就是保持这种属性的努力行为和过程。具体而言，通过分析语言政策稳定的积极因素，努力将这些积极因素转化为维持政策稳定的动力，这样的行为和过程就是语言政策维持。语言政策维持是保持语言政策稳定的具体行动，可以从以下几个方面探求维持语言政策稳定的对策。

首先，从语言政策主体的角度看，不同的语言政策主体对语言政策问题的认识不同，目标的设定也会不同。同时，他们对语言政策制定和执行的要求也不一样。所以，在一定时期内，语言政策主体的稳定性在一定程度上保证了良好的政策效果。这里的主体既包括语言政策的制定主体、执行主体，也包括政策的监控主体和评价主体。在这种情况下，就会使语言政策在解决语言问题之前保持相对的稳定性。

其次，从语言政策客体的角度看，语言政策的客体就是语言政策发挥作用的对象，就是政策针对的一系列语言问题和目标群体。具体而言，要保持语言政策的稳定，就必须具体、明确地界定语言政策针对的语言问题，因为如果语言问题不够明确、具体，制定的语言政策方案就容易偏离目标和方向，从而影响语言政策的稳定性。另外，要保持语言政策的稳定，还要获得目标群体对语言政策的支持，即扩大语言政策的受益群体，同时减少语言政策的受损群体和抵触群体，让公众成为语言政策的积极的推动者和践行者。

最后，从语言政策绩效的角度看，保持语言政策的稳定和提高语言政策的绩效是密切相关的。一项语言政策只有有效地解决语言政策问题，符合目标群体的语言意愿，保护目标群体的语言权利，不断地提高政策绩效，才能获得公众的认同和支持，从而保持该语言政策的稳定。提高语言政策的绩效，需要综合考虑政策主体、政策客体、政策环境和语言资源等要素，并从中寻找对策。

二　语言政策的变化与创新

1. 语言政策变化及其原因

语言政策变化是语言政策系统的一种常态表现，是受到外部环境和内部因素变化的影响时作出的一种适应性的调整。语言政策变化是政策适应外部政策环境变化、语言自身变化、语言生活变化等要素的影响而发生的与时俱进的调整。语言政策变化的表现形式主要有三种：一是语言政策的渐进变化，二是特定范围内创立新的条例，三是综合反馈信息后政策本身的大调整。

影响语言政策变化的因素是多方面的，其中主要的因素有以下几个：首先是语言政策决策者的变动。不同的语言政策决策者往往会代表不同的语言利益和语言意愿，他们的思维和风格都会存在各种各样的差异。所以，语言政策决策者的变动是语言政策变化的直接原因。其次是语言政策环境的变动。每项语言政策都是在特定的政策环境背景下制定和实施的，同时也会受到政治、经济等多种因素的影响。语言政策既受这种复杂环境的影响，反过来又对其具有反作用力，这种互相作用关系决定了彼此间的相互适应。所以，一旦大的政策环境发生了重大变化，语言政策也会相应地予以回应，发生变化。最后是语言政策的失效或低效。语言政策之所以能保持稳定，一个重要的原因就在于政策自身的有效性。一旦某项语言政策由于决策失误或者遇到巨大阻力无法再发挥其应有的效力，不能解决它针对的语言问题或者无益于原来的目标群体，这样的语言政策就应该尽快予以调整和更新。

2. 语言政策创新

"政策创新，从全局来讲，是执政党和中央政府对以往施行的政策作出调整或出台新政策。从局部上讲，是指一个地区、一个系统、一个部门在自己所辖区域或范围之内推出新政策。"① 政策创新可以看作政策变化的一种表现。语言政策创新与语言政策变化一样，是受到外部环境和内部因素综合作用而作出的一种适应性调整。其中积极有效的变化就主要体现为语言政策的创新。具体而言，语言政策创新就是语言政策主体为适应新的政策环境的变化和需要，积极主动地改变现有政策要素的组合形态或功能，创造新的语言政策的行为和过程。语言政策创新与语言政策变化、语言政策终止、语言政策维持都有差异。跟语言政策变化不同的是，语言政策创新是一种积极的、正向的演变；跟语言政策终止不同的是，语言政策创新不是消灭原有语言政策的过程；与语言政策维持不同的是，语言政策创新不是对原有语言政策目标等的继承和发展，而是一种全新的开始。

语言政策创新可能发生在语言政策过程的各个环节，这种创新的动力既有内部的，也有外部的。从内部动力看，语言政策主体语言愿望的改变，语言问题的变化等都要求语言政策的目标、决策或执行等环节也要与时俱进地创新和变革。从外部动力看，经济或政治体制变化是语言政策创新的直接动力，公众的语言愿望和对语言问题的诉求是语言政策创新的根本动力。

第二节　语言政策调整

"所谓政策调整，就是根据政策执行的结果，对政策作出某些必要的补充或删减、修订或修改，从而使其更加完善、科学的动态过程。政策调整是政策实施过程的有机组成部分，是完善政策的重要环节。"② 语言政策作为一种公共政策，也必须注重和强调这一点。语言政策的变动和创新

---

① 王瑞娟：《论政策创新》，《理论探讨》2001 年第 5 期，第 74 页。

② 刘雪明：《论陈云的政策调整思想》，《广州大学学报》2007 年第 2 期，第 15 页。

一般都是语言政策的内在要求，有不同程度上的调整行为。

一　语言政策调整的含义

语言政策调整是根据评价和监控结果的反馈信息，对语言政策方案的局部进行修正、调整和完善的动态过程。这种调整行为采取的多是一种渐进的方式，体现政策的稳定性和连续性。

语言政策调整从整体角度来讲，一般都是局部的调整，是渐进的调整，是动态的调整。所谓局部的调整是指语言政策调整一般是对政策系统中的某个部分，如目标、方案、措施等进行局部的修正，一般不涉及大规模或者根本性的变动，仅仅是一种调整行为。所谓渐进的调整是指为了适应国家政治体制的政策需求，保证语言政策的稳定和连续，决策者在具体实施过程中对原有政策采用渐进的方式进行增删或者修正，调整的办法也多是通过协商逐步达成。所谓动态的调整是指整个政策环境的变化是持续不断的，通过语言政策评价和监控两个环节形成对这种政策环境的认知，语言政策作出主动或被动的适应。

二　语言政策调整的内容和形式

1. 语言政策调整的内容

语言政策调整的内容涉及很多环节和要素，主要包括语言政策目标的调整、语言政策方案的调整和语言政策措施的调整几个方面。

语言政策目标的调整就是在语言政策实施一段时间以后，在语言政策的评价和监控过程中，发现政策目标与其原定目标偏离了客观现实，从而对目标进行的调整。一般地说，当政策目标存在以下情况时，政策目标都需要调整：一是目标范围过大，在一定时期内很难解决所有语言问题。二是目标范围过小，与实际要解决的问题或者公众的期望相差甚远。三是目标不够明确，让执行语言政策的人员和组织无所适从、力不从心。四是目标限定过死，缺乏灵活性，执行起来也有很大难度。在发生这种情况时，就需要及时对原有的目标进行校正和调整。

语言政策目标的调整往往连带着对方案的调整。"政策方案是政策实施的根本依据，政策的调整在很大程度上就是因为政策方案不完善引起的。如果原定的政策方案存在不具有可行性、负面影响过大、需要的成本或代价过高等情况，这时往往需要对政策方案进行调整。"① 在语言政策目标明确的情况下，可以结合政策目标，充分了解语言政策方案的缺陷和不足，并对其进行必要的调整。语言政策方案的调整要根据方案本身与实际情况的差距程度进行变更：差距较小的，只需要作出一些局部的校正；差距较大的，则要作大幅度调整甚至制订新的方案。

"措施、方法调整：这是政策的具体细节的调整，也是政策调整中最多、最常见的调整。政策方案最终要落实到具体的方法、措施等细节上，才能具备可操作性，因此政策在实施中出现故障，不一定是目标、方案出了问题，有时可能是其中的措施、程序、手段、方法、对策不科学。如某项步骤欠妥，某个方法不对头，某个对策欠力度，这些都是大量存在的，也是经常调整的。"② 语言政策措施就是实施语言政策方案的具体操作程序、手段以及方式和方法。语言政策的措施或方法调整就是对具体操作程序、手段以及方式和方法进行的调整。这也是语言政策调整中最为常见和最容易实现的内容。语言政策措施的调整一般要本着实事求是的原则，对政策制定和执行过程的步骤安排、方式方法、细节的处理等方面采取相应的调整对策，对方案实施整个过程出现的问题及时补救和修正，使语言政策方案的执行措施更加有效和完善。

2. 语言政策调整的形式

语言政策调整的形式主要包括语言政策的增删、语言政策的修正、语言政策的更新。

语言政策的增删就是对原有的语言政策进行增补、删除或缩减。语言政策的增补是由于原来预见性不足，或者出现了新的语言问题，或者对现有问题有了新的思路、方法等原因，对原有语言政策进行补充。语言政策的删减是由于原来的目标任务过高，目标范围过于宽泛，或者存在与新增情况或语言问题不相适应等原因，对原有政策的相关内容进行删除和缩减。总之，不论哪种情况，这种形式是在保持现行语言政策的基本框架不改变的前提下，对语言政策的具体内容进行增补和删减。

语言政策的修正同样也要保持现行语言政策基本框架不变，在此基础

---

① 苌凤水：《政策调整的内容、障碍及其对策分析》，《成都行政学院学报》2005 年第 2 期，第 3 页。

② 同上。

上对语言政策的具体内容进行修改和订正。修改的是语言政策中那些已被实践证明为错误的内容，修订的是已经过时了的内容，这样一来可以保证和增强语言政策实施的可行性。

语言政策的更新需要突破原有的语言政策框架，或者撤旧换新，或者从无到有，对现行政策的局部内容进行调整，但这种更新也有一个前提，就是必须遵循总的政策目标。

三 语言政策调整的原因和作用

（一）语言政策调整的原因

语言政策为什么要调整，为什么一般都以渐进的方式调整，这是解释政策调整的原因时要回答的问题。苌凤水认为："这牵涉的因素非常多，不过总的说来，一方面是难以制定出真正完美的政策，一方面人们的认识水平和政策环境随时都在不断地发生变化，所以正是为了不断完善政策、平衡各方的利益需求，政策调整往往不可避免。"[①] 刘雪明认为："政策贯彻执行以后，如果对社会经济的发展起促进作用，那么就继续执行；反之，就必须进行调整。"[②] 总的来看，影响语言政策调整的原因可以归结为这样三个方面。

首先，语言自身的发展和语言生活的变化会触发语言政策的调整。语言政策的制定是针对语言本身的问题以及语言生活中出现的问题。而不论是语言自身还是语言生活，都是不断发展变化的。当它们发生的变化与原有政策出现不协调，或者原有政策不再适应新的语言现状和语言生活现状时，就需要对语言政策进行及时的调整。正如刘雪明所言："政策是人类社会发展到一定历史阶段的产物，是适应社会实践需要而出现的一种社会政治现象，它的产生是社会实践的结果。马克思主义唯物辩证法认为，客观事物是不以人的意志为转移的，实践是不断发展变化的。因此要求作为反映客观事物的政策，也要随着实践的发展而不断地适应发展了的实践，不断地作出相应的调整。"[③]

其次，人类认识水平的提高也会导致语言政策作出调整。"任何一项

---

① 苌凤水：《政策调整的内容、障碍及其对策分析》，《成都行政学院学报》2005年第2期，第3页。

② 刘雪明：《论陈云的政策调整思想》，《广州大学学报》2007年第2期，第15页。

③ 同上。

政策，都是人们认识的产物。政策是对一定历史时期的客观情况所进行的科学认识的总结，是一定的客观规律的正确反映。人们对政策问题的认识表现为一种不断深化的过程。随着实践的发展和认识水平的提高，以及对客观事物认识的深化，人们会发现原定政策的一些不足、缺陷和失误，因此，就要对政策作出某些必要的修改和补充，以使政策更加切合实际、更加完善科学。"① 人对语言、语言生活以及语言政策的认识都是不断深化的过程。在这个过程中，不论是对语言及语言生活的认识发生变化，还是对语言政策的认识发生了变化，都可能促成对语言政策的调整。

最后，原有的语言政策不能适应新的政策环境，不能充分发挥政策该有的作用，从而暴露出弊端时，就需要对语言政策进行调整。"陈云指出，从一分为二的观点来看，任何一项政策都不可避免地存在着某种不足或弊端。有些弊端是政策制定和执行过程中，由于人们主观的失误或客观条件的影响导致的；有些弊端是由政策的时空特点决定的。在政策实施前，或在政策执行初期，这些弊端不一定会立即暴露出来，但随着政策实施的深入，某些弊端就会起作用，影响政策的贯彻执行，这时政策调整的任务就提上了议事日程。"② 语言政策也是如此。语言政策中很多问题也是在政策实施的过程中逐渐显现现有政策的弊端，从而出现政策调整的需要。

一般地说，语言政策变动采取的都是渐进式的调整方式，而非剧烈的变革方式。这主要是由于受到以下因素的影响：首先是政策利益的影响。"一项政策一旦付诸实施，就会因为它对利益的调节而形成一定的利益结构。重大的政策调整实际上就是对既得利益的再分配，必然在一定时期对特定阶层的已建构利益造成某种程度的损害。"③ 因此，如果不是语言本身、语言社会生活以及政治体制发生较大的变化，语言政策都不会作出剧烈的变革。因为如果政策变动的形式是剧烈的变革，那么付出的代价也将是较大的，也难以保证与之相关的利益结构不被损害。所以，那些只是部分增减政策的决策往往容易达成协议。其次，语言政策进行渐进式的调整，也受到现行政策的制约。通常情况下，新的语言政策的制定要以现行

---

① 刘雪明：《论陈云的政策调整思想》，《广州大学学报》2007 年第 2 期，第 16 页。

② 同上。

③ 宁骚：《公共政策学》，高等教育出版社 2011 年版，第 429 页。

的语言政策为基础或先决条件，要在现行政策允许的空间内进行选择。另外，很多时候，新的语言政策问题也都常常是由现行语言政策直接或间接衍生的。因此，语言决策者不可能完全抛开现行语言政策这个基础。最后，语言政策进行渐进式调整也受到变革成本的约束。语言政策的剧烈变革难免会引起相关资源的重新配置，这时就会付出较高的代价，造成效益成本和机会成本的流失。所以，一般情况下，语言政策主要是采取渐进调整的方式，以避免不必要的成本损失。

（二）语言政策调整的作用

1. 及时纠偏，预防失误

在语言政策具体的执行过程中，由于主观认识的局限性，或者受到客观条件的限制，会多多少少地出现偏差。如果这种偏差得不到及时纠正，长此以往，该语言政策就会造成一定的损失。所以，执行者应该及时地了解语言政策实施的后果，加强语言政策评价和监控，随时随地分析收集起来的反馈信息，一旦发现语言政策出现偏差和失误就及时予以调整。"陈云强调，我们的政策出台以后，一定要充分注意和及时了解政策执行的结果，随时随地收集各种反馈的信息，一旦发现政策出现失误和偏差，就应立即准确地对该项政策作出局部性甚至根本性的调整。"①

2. 发展完善，保持稳定

一切事物都是发展变化的，语言政策本身也具有变化性。这种变化主要表现在两个方面：一方面，随着客观环境的变化，可能出现新的语言政策问题，这时就会出现语言政策滞后的现象，就需要对原有政策进行调整，以适应新的政策环境，解决新的语言问题。另一方面，人们的认识也是随着实践不断深化的，语言政策决策者和制定者原来认识的预见性不可能特别精准，随着实践的探索，人们的认识会不断深化，进而会不断调整原有的语言政策，使之日趋完善。

3. 完善政策，保证执行

一般地说，经过调整的语言政策如果在制定过程中能够保证是科学的，那么它就能够适应新的政策环境，能够解决新出现的语言政策问题，就是有效的语言政策。对于一个有效的语言政策来讲，它就能够保证得以执行，并发挥政策作用。所以，为了保证语言政策的政策效率，就需要对

---

① 刘雪明：《论陈云的政策调整思想》，《广州大学学报》2007年第2期，第16页。

其进行适时的调整。

第三节　语言政策终止

政策终止也称政策终结、政策废止。陶学荣认为："政策终结是指经过由政府组织或社会自发的政策评估之后，政策决策者或制定者采取一定措施，将过时的、无效的或多余的政策、计划、功能或组织予以终止或结束。"① 汪大海认为："所谓政策终结是指政策制定者对已经实施的政策作出评估后，发现由于有些政策使命已经完成，政策已不适时宜，政策之间存在矛盾，政策本身已经失效，或者政策在执行中引发了诸多不良后果，从而采取必要措施决定政策予以终止的行为。"② 宁骚认为："公共政策因政策目标已经实现或者政策作用已经消失而被废止的过程和行为，就是政策终结。"③ 可见，对于政策终结的认识还是基本存在共识的，只是对终结的内涵的概括还是存在不同的认识。我们尝试在一般政策终止的基础上，讨论语言政策终止的问题。

一　语言政策终止的含义

语言政策终止是指在政府组织或社会自发的语言政策评价之后，语言政策的决策者或制定者采取相应措施，将已经过时的、无效的或者多余的语言政策、计划、功能或组织予以终止或结束的行为。

语言政策终止的定义包括以下几个方面的规定性。首先，语言政策终止的主体应是政府中语言政策的决策者或制定者，其他社会组织或个人无权终止语言政策。其次，语言政策终止的客体一般包括四方面的内容：一是语言政策本身的终止，即终止已经过时的、无效的或者多余的语言政策。这是四种语言政策终止中阻力较小的一类。二是功能的终止，即通过政策终止来终止由语言政策的执行带来的某种或某些服务和效益。这种终止阻力最大，因为需要作大量的组织准备工作和协调工作。三是组织的终

---

① 陶学荣：《公共政策学》，东北财经大学出版社 2009 年版，第 260 页。
② 汪大海：《现代公共政策学》，清华大学出版社 2010 年版，第 226 页。
③ 宁骚：《公共政策学》，高等教育出版社 2011 年版，第 434 页。

止，即撤销某个或某些专门为制定或执行语言政策而设立的组织。组织的终止通常比较难，因为它会影响组织中人员的切身利益。四是项目的终止，即语言政策执行过程中采用的具体措施和使用的具体手段的终止。项目的终止是最常见也是最容易达成的。这四方面的内容构成语言政策终止的四大类型。再次，语言政策终止的依据是语言政策评价。因为语言政策评价之后，决策者或制定者才会根据评价结果作出相应的决定。换句话说，语言政策评价就是语言政策是否终止的依据。所以，在一定程度上讲，没有科学有效的语言政策评价，就没有科学有效的语言政策终止。最后，语言政策终止从性质上看，有完全终止和部分终止。语言政策的完全终止是语言政策之间不存在连续性，是语言问题已经得到解决、目标任务已经完全实现的一种语言政策的终止或废除。语言政策部分终止是指在语言问题没有完全解决、目标任务没有完全实现时，对语言政策本身、政策功能、政策工具或者政策组织等方面的调整。语言政策的部分终止体现了政策间的继承性和联系性，属于语言政策的改革和完善。

二　语言政策终止的方式

政策终止从终止的性质上看，可以分为自然终止和自觉终止两种。"政策的自然终止即是政策不宣而止。这种政策终止的最突出的特点是，虽然人们并未宣布废除或取消某种政策，但是，在实际生活中，这种政策却自然而然地、不知不觉地失去了现实意义，不再具有调整社会关系和控制社会行为的作用。"[1] "所谓政策的自觉终止，就是指制定政策的机关主动宣布停止执行或明令废除某种政策。"[2] 语言政策的终止大多为自觉终止。

语言政策终止的方式是由权力机关通过合法的程序作出决定，并以文件、公告等形式向社会宣布语言政策终止的指令。实际上，语言政策终止的方式也可以看成是语言政策终止程度。一般来讲，语言政策终止的方式有五种。

1. 语言政策废除

语言政策废除是语言政策终止中最直接、最彻底的一种方式。"废止

---

① 莫旭麟、韦剑峰：《政策终止论》，《学术论坛》1989年第4期，第41页。

② 同上书，第42页。

一项政策就是宣告该政策在规定的时间和范围内停止实施，不再对社会产生效力。"① 语言政策废除就是对语言政策评价结果认定的已经完全过时、失效或多余的语言政策的一种终止。这样有利于防止那些已经完全失效的语言政策妨碍语言问题的解决，从而避免给国家、社会或个人带来不必要的麻烦甚至损害。语言政策的废除是带来影响和冲击力最大的方式，因此不宜经常使用。

2. 语言政策替代

所谓语言政策替代，就是在语言政策问题没有变化，语言政策所需要满足的要求也没有变化的前提下，以新的语言政策代替旧的语言政策的方式。语言政策替代与政策废除不同，新旧两种语言政策需要解决的语言问题基本相同，只是在具体的操作方法和程序上变化较大，其目的都是为了更好地解决旧的语言政策无法解决的语言问题，两种语言政策之间具有一定的连续性和继承性。

3. 语言政策合并

语言政策合并是指旧的语言政策被终止，但是其承担的功能被合并到其他的政策中去。这样的语言政策合并一般有两种情况：一种是将被终止的旧语言政策的内容合并到一项已有的语言政策当中，另一种是把两项或者两项以上被终止的旧语言政策合并成一项新的语言政策。

4. 语言政策分离

语言政策分离是指将旧语言政策的内容按照一定的原则分解成多个部分，每个部分各自形成一项新的语言政策。这种方式适用于那些因内容繁杂、针对目标较多而影响政策发挥效果的旧语言政策，运用分解的方式一般能使原有语言政策因重新组合而收到良好的效果。

5. 语言政策渐减

语言政策渐减是指利用一种渐进的方式终止政策，目的是为了缓冲语言政策突然终止所带来的巨大的冲击力，从而更好地协调语言政策过程中涉及的各种关系，减少不必要的损失。

三　语言政策终止的原因

1. 语言政策终止的基本原因

简单地说，语言政策终止的基本原因有两个：一是经过语言政策评

---

① 宁骚：《公共政策学》，高等教育出版社 2011 年版，第 436 页。

价，决策者或制定者认为最初锁定的语言政策问题已经完全解决，政策目标已经完全实现，语言政策已经没有继续存在的必要，所以应该予以终止。二是经过语言政策评价，决策者或制定者发现现存的语言政策存在某些失误或局限，使该语言政策无法解决所面临的语言政策问题，需要制定新的语言政策取而代之，所以应该予以终止。

然而，与其他公共政策终止一样，语言政策的终止也不仅仅是一个技术性问题，更是一个政治性问题，这一点体现在导致语言政策终止的因素上。首先，语言政策决策者或制定者的价值取向会导致语言政策终止。在语言政策形成过程中，政策决策者或制定者的价值取向往往起着关键性的作用，所以，一旦他们的价值取向发生变化，必然会引起语言政策相关内容的变化，甚至导致语言政策或项目的终止。其次，语言政策背景环境变化会导致语言政策终止。语言政策系统处在社会环境这一大的环境背景下，具有繁杂多样的特点，而且处于不断的变化之中。语言政策系统与语言所处的大环境是相互作用和相互适应的。当语言政策背景环境发生很大的变化时，以前制定的那些语言政策可能就不再适应新的社会或者语言环境，此时就要求对其进行调整甚至终止。最后，语言政策资源问题可能导致语言政策终止。与其他政策的实施和运行一样，语言政策的实施和运行同样需要付出一定的成本，即需要一定的政策资源，包括人力、物力和财力。当语言政策决策者或制定者认为可支配给语言政策的资源减少，或者某项语言政策耗费了大量的资源却收不到理想的效果时，就需要对其进行调整甚至终止。

2. 语言政策终止的必要性

语言政策具有时效性，它是有生命周期的。如果一项语言政策针对的目标问题已经完全得到解决，那么这项语言政策就应该及时被终止；如果一项语言政策由于本身问题而无法解决其面临的语言政策问题，这项语言政策也需要被终止，以减少不必要的资源投入，同时推动新的语言政策的出台。由此看来，新的语言政策的开始，各种语言政策资源的节省，语言政策效率的提高等都为语言政策的终止提供了必要性。

首先，语言政策的终止有利于新的、更有效的语言政策的出台。一项旧的语言政策的终止，无论是因为原先的语言问题已经得到解决，目标任务已经完全实现；还是因为该项语言政策由于失败而无法解决面临的语言问题，最终都意味着要被一项新的语言政策取而代之。换句话说，只有旧的语言政策被终止或废除，与之相关的新语言政策才会出现。从这个意义上说，语言政策终止的必要性之一就是新的语言政策的开始。

其次，语言政策的终止有利于节约政策资源。如果一项语言政策由于失效或者无效而失去存在的价值，但是在该项语言政策没有被决策者或者执行者终止之前仍然会被执行，这种执行就不可避免地占用了不应该占用的各种成本，更重要的还会浪费一些机会成本。对于政府而言，这种无存在价值的语言政策的执行实际上就是一种资源的浪费。所以，语言政策终止的必要性之二就是节省政策资源。

最后，语言政策的终止有利于提高政策质量和效率。一项失效或失败的语言政策如果不被终止，非但不能解决面临的语言问题，反而会为语言问题的解决带来负面影响甚至增加新的语言问题。从这一点看，语言政策的终止，包括废除和替代，是提高语言政策效率的一种手段。另外，对内容繁杂且目标过多的语言政策进行分离或者对其承担的功能进行合并，甚至语言政策的渐减，某种程度上都提高了语言政策的质量和效率。

总之，作为语言政策过程的一个环节，语言政策的终止是必要的。建立有效的语言政策终止机制，可以及时发现并纠正问题，推动新的语言政策出台，节省大量的政策资源，还能有效提高语言政策效率，这对整个语言政策过程的各个环节都是有益的。

四　语言政策终止的可行性和障碍

（一）语言政策终止的可行性分析

陶学荣认为："在任何政策终结过程中，其实都存在两种力量，即推动政策终结的推力和阻力政策终结的阻力。通常情况下，当推力大于阻力时，政策终结发生并持续下去，反之政策终结则不能发生，当两种力量相等、相互抵消时，政策和组织则维持现状"。[①] 语言政策终止具有可行性，就需要使语言政策终止的推力大于语言政策终止的阻力，而要做到这一点，就必须采取增加推力和消减阻力并举的措施。因此，语言政策终止主体需要充分挖掘和利用语言政策终止的要素和条件。在这里，语言政策的评价结果、公众舆论的推力起着非常重要的作用。

1. 语言政策的评价结果

经过语言政策评价，语言政策的决策者或制定者就可以综合评价结

---

① 　陶学荣：《公共政策学》，东北财经大学出版社 2009 年版，第 267 页。

果，得出比较客观、公正、合理的结论，并向广大公众公布该项语言政策评价结论，并根据这个结论决定是否应该终止现行的语言政策、计划、功能或组织。所以，从这个意义上讲，语言政策的终止只有建立在这种综合评价结果之上才是真正切实可行的，也才具有说服力。

2. 公众舆论的推力

公众舆论可以看成语言政策终止的催化剂，其作用不可忽视。赞同某项语言政策终止的人借助媒体制造公众舆论，推动该语言政策被终止的速度，这一力量就是公众舆论的推力。公众舆论是媒体"制造"出来的，媒体通过呼吁民众广泛关注某项不应该执行却仍被执行的语言政策，而给语言政策的决策者和制定者施加压力，引导甚至迫使他们采取相应措施回应这种舆论，而这种措施就是终止该项语言政策。因此，公众舆论推力也是语言政策终止的可行性要素之一。

（二）语言政策终止的障碍

语言政策的终止是一个政治问题，是支持政策终止和反对政策终止的两种力量相互较量的结果。所以，语言政策终止通常会遇到不同的障碍。

1. 心理上的障碍

"政策终止往往意味着政策制定或执行的失败，以及既得利益的丧失，从而会引致政策相关的人员的心理抵触和反感。"[①] 同样，语言政策的终止也会有心理上的障碍。这种障碍主要来自以下几个方面：一是语言政策的制定者会产生一种失落感，原因在于，如果该项政策因有效而终止，就意味着政策制定者的劳动成果已经成为过去，而如果该项政策因无效而终止，则意味着政策制定的失败，会影响自己的声誉，所以不管哪种终止对语言政策的制定者来说都是不希望看到的。二是政策执行者会出现不适应，原因在于，语言政策执行者已经习惯该政策的执行，如果突然终止，会导致他们不习惯也不适应；并且，语言政策的执行者的权力和利益与语言政策的实施有着直接的关联，所以政策执行者也不愿意承认政策的终止。

2. 组织上的障碍

要保证语言政策制定和执行全过程的顺利实施，必然会建立一个与之相应的组织或者机构。在语言政策顺利实施的过程中，该组织或机构就会

---

① 陈庆云：《公共政策分析》，北京大学出版社 2006 年版，第 217 页。

不断完善和健全，而一旦该项语言政策突然宣布被终止，相应的组织就成了一个浪费资源的摆设，所以必然被撤销或者与其他新的组织机构合并。倘若是语言政策是被有效终止，相应的组织由于具有适应性，往往会创造出新的目标来证明自己继续存在的必要和价值。总之，只要有必要，语言政策的相关组织就能够也将会改变它们的受保护人、政策以及目标，这就使得语言政策的终止工作更加困难。

3. 法律上的障碍

首先，语言政策制定的前提必须具有合法性，所以，如果宣布某项语言政策终止，往往会使人们对立法活动本身的有效性、科学性和稳定性产生怀疑。其次，语言政策的终止也不是随心所欲的，它的终止同样也需要具备合法性，即必须通过一系列的法律程序。而在具体的法律程序中，总会遇到人员、时间等各方面的问题，使语言政策的终止产生困难。所以，语言政策终止在法律程序上的延迟，会对政策终止的及时性产生影响。

4. 成本上的障碍

语言政策的终止需要付出高昂的成本，这种成本代价体现在两个方面：一是现行语言政策的沉淀成本。在现行语言政策的实施过程中，已经投入了大量的成本且无法收回，可是语言政策评价结果认定该政策是无效的或失败的，继续投入成本只会扩大损失，而如果终止该政策，只能成为沉淀成本，所以决策者就会进退两难。二是语言政策终止的实施需要付出的成本，即终止本身的成本。实际上，短时期内用于终止语言政策的花费甚至比延续现行政策的花费还多，并且还需要权衡语言政策终止过程中的各种利益关系。所以，这两种成本是影响语言政策终止实施的一个关键因素。

总之，语言政策终止过程会遇到许多困难和障碍，只有了解了这些问题和障碍的本质，才能帮助我们采取合适的终止策略。

五 语言政策终止的策略

语言政策终止的策略是针对语言终止过程中面临的问题和障碍，运用高超的智慧和技巧，妥善处理一系列人员、组织机构、可利用资源等复杂因素，最终实现语言政策终止的一种政治行为。这种政治行为与其说是一种科学，不如说是一种艺术，因为语言政策的终止必须采取灵活的策略，具体如下：

（一）语言政策终止策略的法制化

语言政策终止的法律程序是一个不仅费时费力，而且非常繁杂的过程，在具体操作过程中，难免发生拖拉或者滞后的现象，甚至发生法律程序的延迟现象。但尽管如此，语言政策的终止也必须严格依照法律的相关规定进行，坚决不能主观臆断。语言政策的决策者和制定者不能破坏政策本身的严肃性，更不能自行处决，必须尊重最高立法机构对语言政策的最终决定权。另外，为了缓冲语言政策终止的压力，决策者往往采用旧政策终止和新政策出台并举的方式，此时，两个过程都必须严格执行法律程序，保证语言政策终止的合法性。

（二）语言政策终止策略的科学化

语言政策终止的科学化体现在以下几个方面：第一，语言政策是否应该终止，终止的对象应该是谁等，都需要建立在客观公正的语言政策评价结果的基础上，必须经过精心评价和严密论证。第二，根据语言政策的评价结果，决策者应该尽可能地减少终止代价，即只终止必要的部分，有意识地减少语言终止的范围，这样也能相应地减少不必要的障碍和阻力。第三，一旦决策者作出了语言政策终止的决定，那么在终止过程的具体程序和实行上，都必须坚持规范、周密、负责和谨慎的原则，应该建立相应的语言政策终止的责任追究制度，保证决策主体对自己的判断负责任，最终确保语言政策终止的科学实施。

（三）语言政策终止策略的民主化

许多政策实践表明，公众对政策终止持积极态度时，政策终止就显得比较容易，相反，就会阻碍政策终止的进行。所以，语言政策的终止必须采取民主化的方式进行。首先，语言政策的评价应该吸收社会公众的参与，并向公众公开最终评价结果，让其认识到原有语言政策的错误和危害以及延续的代价，尽可能地争取社会公众的支持。其次，实行民主化需要重视语言政策终止过程中的说服工作，尽量消除公众的抵触情绪。决策者除了要向公众说明语言政策终止的必要性，还需要消除他们的后顾之忧，向他们说明终止后的相关措施。总之，只有得到公众的理解和支持，才能保证语言政策终止工作的真正成功。

参考文献

［美］查尔斯·林德布洛姆：《决策过程》，竺乾威、胡君芳译，上海译文出版社1988年版。

［美］弗朗西斯·C.福勒：《教育政策学导论》，许庆豫译，江苏教育出版社2007年版。

［美］卡尔·帕顿、大卫·沙维奇：《公共政策分析和规划的初步方法》，孙兰芝译，华夏出版社2002年版。

［美］威廉·N.邓恩：《公共政策分析导论》，谢明译，中国人民大学出版社2002年版。

［美］E. Haugen：《语言学与语言规划》，林书武译，《国外语言学》1984年第3期。

［德］马蒂亚斯·柯尼格：《文化多样性和语言政策》，《国际社会科学杂志》2000年第3期。

包兴荣：《决策科学化与中国公共决策咨询系统的建设和完善》，《四川行政学院学报》2004年第1期。

薄守生：《论语言政治》，《山西师大学报》2008年第6期。

薄守生：《说语言法》，《河北法学》2008年第7期。

毕荣：《公共政策客体在政策变迁中的作用》，《辽宁行政学院学报》2008年第10期。

蔡永良：《论美国的语言政策》，《江苏社会科学》2002年第5期。

曹志耘：《汉语方言：一体化还是多样性?》，《语言教学与研究》2006年第1期。

苌凤水：《政策调整的内容、障碍及其对策分析》，《成都行政学院学报》2005年第2期。

陈潭：《公共政策变迁的过程理论及其阐释》，《理论探讨》2006年第

6 期。

陈学飞、张蔚萌：《一个上下互动的政策议程设置：中国创办世界一流大学政策制定过程分析》，《北大教育经济研究》2004 年第 3 期。

陈章太：《论语言规划的基本原则》，《语言科学》2005 年第 2 期。

陈章太：《语言资源与语言问题》，《云南师范大学学报》2009 年第 4 期。

陈振明：《公共政策学——政策分析的理论、方法和技术》，中国人民大学出版社 2004 年版。

仇志群：《台湾五十年来语文规范化述略》，《语文建设》1996 年第 9 期。

楚德江、黄昕：《政府执行力：阻滞因素与政策选择》，《吉首大学学报》2013 年第 4 期。

戴曼纯、刘润清：《波罗的海国家的语言政策与民族整合》，《俄罗斯中亚东欧研究》2010 年第 4 期。

戴庆厦：《语言竞争与语言和谐》，《语言教学与研究》2006 年第 2 期。

道布：《中国的语言政策和语言规划》，《民族研究》1998 年第 6 期。

冯广艺：《论语言生态与语言国策》，《中南民族大学学报》2013 年第 3 期。

冯云英：《东北地区满语衰微原因简论》，《满族研究》2010 年第 3 期。

冯周卓、袁宝龙：《我国发展低碳经济的政策主客体关系研究》，《湖南科技大学学报》2011 年第 4 期。

高鹏程：《公共性：概念、模式与特征》，《中国行政管理》2009 年第 3 期。

谷孟宾：《城市社会问题的界定方式对公共政策议程设定的影响》，《人文杂志》2006 年第 1 期。

郭熙：《对新时期"推普"的一些思考：以江苏为例》，《南京大学学报》2001 年第 2 期。

哈正利：《论我国少数民族语言文字政策的完善与创新》，《中南民族大学学报》2009 年第 5 期。

韩晓莉：《论语言资源管理与语言政策》，《中国校外教育》2009 年第 10 期。

侯精一：《推行普通话（国语）的回顾与前瞻》，《语言文字应用》1994 年第 4 期。

侯敏：《有关我国语言地位规划的一些思考》，《语言文字应用》2005 年第 4 期。

胡红霞、杨家莲:《公共政策分析模型分类重构研究》,《云南行政学院学报》2012 年第 1 期。

胡其图:《公共政策选择中价值取向的权衡与取舍》,《内蒙古师范大学学报》2012 年第 5 期。

黄晓蕾:《民国时期政府方言政策概述》,《中国社会科学院研究生院学报》2006 年第 4 期。

霍海燕:《论渐进决策模式对行政决策的影响》,《领导决策》1993 年第 11 期。

李爱莲:《建国以来中国少数民族语言文字政策回顾与简评》,《文学教育》2011 年第 11 期。

李桂南:《新西兰与中国语言政策对比研究及启示》,《广西师范学院学报》2004 年第 4 期。

李红:《宋代科举制度与经典音义文献之发展》,《湖北社会科学》2012 年第 1 期。

李锦芳、王怀榕:《国外和中国港澳台民族语文政策及经验教训》,《广西民族大学学报》2009 年第 3 期。

李克勇:《法国保护法语的政策与立法》,《法国研究》2006 年第 3 期。

李玲玲、高富峰:《公共政策问题构建分析》,《理论探讨》2006 年第 3 期。

李宜钊:《政府规制的政策目标与政策选择》,《行政与法》2002 年第 11 期。

李宇明:《国家通用文字政策论》,《世界汉语教学》2013 年第 1 期。

李宇明:《用法律管理语言生活》,《北华大学学报》2011 年第 3 期。

李宇明:《语言资源观及中国语言普查》,《郑州大学学报》2008 年第 1 期。

刘昌雄:《公共政策:涵义、特征和功能》,《探索》2003 年第 4 期。

刘海涛:《语言规划理论视域下的汉字改革》,《北华大学学报》2008 年第 6 期。

刘宏宇:《建国后哈萨克斯坦语言政策变迁》,《新疆师范大学学报》2013 年第 4 期。

刘然:《政治环境要素解析》,《国家行政学院学报》2004 年第 2 期。

刘汝山、刘金侠：《澳大利亚语言政策与语言规划研究》，《中国海洋大学学报》2003 年第 6 期。

刘彤、柏维春：《论政治文化的内涵和结构》，《政治学研究》1996 年第 1 期。

刘小吾：《解读公共政策》，《湖南社会科学》2009 年第 4 期。

刘晓波、战菊：《澳大利亚语言政策的发展变迁及其动机分析》，《东北师大学报》2013 年第 6 期。

刘雪明：《论陈云的政策调整思想》，《广州大学学报》2007 年第 2 期。

鲁子问：《国家治理视野的语言政策》，《社会主义研究》2008 年第 6 期。

马孝义：《建国以来语言文字工作综述》，《殷都学刊》1994 年第 4 期。

莫旭麟、韦剑峰：《政策终止论》，《学术论坛》1989 年第 4 期。

潘海英、张凌坤：《美国语言政策的国家利益观透析》，《东北师大学报》2011 年第 5 期。

彭小红：《浅论我国的语言政策与语言人权》，《云梦学刊》2003 年第 1 期。

屈哨兵：《广州"撑粤语"事件引发的思考》，《云南师范大学学报》2011 年第 1 期。

阮西湖：《加拿大语言政策考察报告》，《世界民族》2001 年第 3 期。

阮岳湘：《论新加坡语言政策规划的政治考量》，《学术论坛》2004 年第 5 期。

沈骑、冯增俊：《建国 60 年以来我国外语教育政策研究综述》，《江苏社会科学》2009 年增刊。

史有为：《汉字简化的价值评估》，《语文建设》1991 年第 3 期。

苏金智：《语言的声望规划与双文字政策》，《民族语文》1993 年第 3 期。

孙兰荃：《试述国家通用语规范体系》，《语言文字应用》2004 年第 2 期。

孙强、张雪峰：《大数据决策学论纲：大数据时代的决策变革》，《华北电力大学学报》2014 年第 4 期。

孙西克：《政治文化与政策选择》，《政治学研究》1988 年第 4 期。

谭海波、李纬纬：《公共政策合法性基础与影响因素探析》，《行政论坛》2004 年第 11 期。

谭卫国：《再议政治文化的内涵与结构》，《高等函授学报》2009 年第 4 期。

汤秀娟、刘波：《中国政策科学兴起的背景与原因探讨》，《科技咨询导报》2007 年第 25 期。

汪永全、马瑞平：《决策的理性与科学思维方式》，《决策探索》1991 年第 4 期。

王春福：《论社会政策选择的内在机制》，《理论探讨》1992 年第 6 期。

王达梅：《公共政策环境影响评估制度研究》，《兰州大学学报》2007 年第 5 期。

王建勤：《语言问题安全化与国家安全对策研究》，《语言教学与研究》2011 年第 6 期。

王均：《民族地区推广普通话的问题》，《汉语学习》1990 年第 5 期。

王均：《民族语言政策是我国民族政策的重要组成部分》，《民族语文》1983 年第 3 期。

王均：《推广普通话和贯彻落实民族语文政策》，《贵州民族研究》1986 年第 2 期。

王均：《我国语言的功能分类和语言政策》，《语文研究》1988 年第 2 期。

王明生：《试析毛泽东的现代化目标设计与政策选择》，《南京大学学报》2006 年第 1 期。

王瑞娟：《论政策创新》，《理论探讨》2001 年第 5 期。

王尚达、王文：《苏联对中亚的语言政策：评论和反思》，《俄罗斯中亚东欧研究》2005 年第 6 期。

王铁昆：《试论〈国家通用语言文字法〉颁行的意义及其特色》，《语文研究》2001 年第 4 期。

王泽民：《认知与建构：清代新疆语言政策的历史考察》，《黑龙江民族丛刊》2010 年第 2 期。

王振顶：《语言的政治学分析》，《周口师范学院学报》2009 年第 3 期。

韦朝烈：《社会阶层的新变化与政策选择的合理性分析》，《广西社会科学》2006 年第 8 期。

魏丹：《语言立法与语言政策》，《语言文字应用》2005 年第 4 期。

魏丹：《语言文字法制建设——我国语言规划的重要实践》，《北华大学学报》2010 年第 3 期。

吴本荣：《陈仪与台湾光复初期的语言政策》，《广西社会科学》2006 年第 10 期。

吴锡泓、金荣枰：《政策学的主要理论》，复旦大学出版社 2005 年版。

肖文涛：《社会治理创新：面临挑战与政策选择》，《中国行政管理》2007
　　年第 10 期。

谢明：《行政透视——细微之处见行政》，机械工业出版社 2006 年版。

邢国华：《建立和发展我国的政策学》，《求实》1987 年第 2 期。

徐炳勋：《完善民族区域自治　正确贯彻语言政策——内蒙古自治区 54
　　年来的语言实践》，《内蒙古大学学报》2001 年第 2 期。

徐莉：《论中国的语言政策对语言多样性及规范化的影响》，《科教文汇》
　　2008 年第 3 期。

许光烈：《香港语言政策及思考》，《广州大学学报》2005 年第 7 期。

许嘉璐：《语言文字规范化与语言文字研究》，《中国语文》1996 年第
　　1 期。

杨慧林：《学术制度、国家政策和语言的力量》，《中国人民大学学报》
　　2009 年第 1 期。

杨瑾瑜：《政策、公共政策、教育政策的内涵及其逻辑关系分析》，《湖南
　　师范大学教育科学学报》2012 年第 3 期。

杨团：《社会政策的理论与思索》，《社会学研究》2000 年第 4 期。

杨兴林：《谈渐进决策的科学依据》，《理论探讨》1994 年第 1 期。

杨亚庚：《〈清实录〉所见清前期语言文字政策》，硕士学位论文，吉林大
　　学，2005 年。

尹少君、邹长虹：《中国与菲律宾语言政策、语言规划的对比研究及启
　　示》，《广西师范学院学报》2013 年第 2 期。

尤国盘：《我国建立服务型政府的政策选择》，《重庆行政》2003 年第
　　3 期。

于锦恩：《简论国语运动中白话文的推行》，《民国档案》2004 年第 3 期。

于锦恩：《民国时期官方确定汉民族共同语标准音的历史回顾与思考》，
　　《云南社会科学》2004 年第 1 期。

于锦恩：《语言规划者的价值观是制定语言政策的重要依据》，《语言科
　　学》2006 年第 5 期。

袁森林：《〈明实录〉所见明代的语言文字政策》，硕士学位论文，吉林大
　　学，2006 年。

詹伯慧：《新加坡的语言政策与华文教育》，《暨南大学华文学院学报》

2001 年第 3 期。

詹伯慧：《再论语言规范与语言应用》，《语言教学与研究》1999 年第 3 期。

张发贵：《对当代政党概念与政党性质的思考》，《中央社会主义学院学报》2004 年第 4 期。

张宏莉、赵荣：《哈萨克斯坦的语言政策》，《世界民族》2006 年第 3 期。

张辉：《试论唐代字样之学》，《延边教育学院学报》2008 年第 2 期。

张乐天：《教育政策法规的理论与实践》，华东师范大学出版社 2002 年版。

张日培：《治理理论视角下的语言规划》，《语言文字应用》2009 年第 3 期。

张顺：《试论政治环境的内涵与意义》，《长白学刊》2001 年第 4 期。

张文灿：《民族问题与国家结构形式析》，《首都师范大学学报》2006 年第 2 期。

张绪忠、战菊：《语言管理与美国的语言管理实践》，《东北师大学报》2012 年第 5 期。

张友国：《多民族国家的语言政策路径选择及其启示》，《中央社会主义学院学报》2011 年第 6 期。

张友国：《族际整合中的语言政治》，《政治学研究》2010 年第 4 期。

张占山：《语言规划、语言政策与社会背景的关系》，《烟台教育学院学报》2005 年第 2 期。

赵成根：《论渐进决策模式的有效性》，《社会科学》1998 年第 5 期。

赵慧峰：《简析民国时期的国语运动》，《民国档案》2001 年第 4 期。

赵世伟：《公共政策合法性的内涵与基础》，《法制与社会》2008 年第 1 期。

郑淑花：《从殖民地语言政策到民族独立的语言政策——老挝语言政策研究》，《广西教育学院学报》2004 年第 6 期。

郑远汉：《有关语言规范的几个问题》，《语言文字应用》2007 年第 3 期。

仲哲明：《关于语言规划理论研究的思考》，《语言文字应用》1994 年第 1 期。

周俊华：《西方现代政党制度与我国政党制度的比较分析》，《云南社会科学》2008 年增刊。

周庆生：《国民政府时期国共两党的民族语言政策》，《民族语文》2000
　　年第 1 期。

周庆生：《中国"主体多样"语言政策的发展》，《新疆师范大学学报》
　　2013 年第 2 期。

周四川：《语言计划》，《语文建设》1987 年第 6 期。

周炜：《西藏的语言文字立法》，《语言文字应用》2005 年第 4 期。

周炜：《西藏语言政策的变迁》，《西北民族研究》2002 年第 3 期。

祝敏彻、田明等：《党的语言政策》，《西北师大学报》1960 年第 1 期。

邹长虹：《澳大利亚语言政策简述》，《海外英语》2011 年第 13 期。

附录

国家语言文字规范标准名录
（1955—2005）

1. 第一批异体字整理表，1955 年，中华人民共和国文化部、中国文字改革研究委员会

2. 汉语拼音方案，1958 年，中华人民共和国全国人民代表大会

3. 汉语手指字母方案，1963 年，中华人民共和国内务部、中华人民共和国教育部、中国文字改革研究委员会

4. 简化字总表，1964 年，1986 年，中华人民共和国国务院、国家语言文字工作委员会重新发布

5. 印刷通用汉字字形表，1965 年，中华人民共和国文化部、中国文字改革研究委员会

6. 少数民族语地名汉语拼音字母音译转写法，1965 年，1976 年修订，国家测绘地理信息局、中国文字改革研究委员会

7. 中国人名汉语拼音字母拼写法，1974 年，1976 年修订，中国文字改革研究委员会

8. 部分计量单位名称统一用字表，1977 年，中华人民共和国标准计量局

9. GB2312—1980 信息交换用汉字编码字符集基本集，1980 年，国家标准总局

10. ISO 7098—1982 文献工作——中文罗马字母拼写法，1982 年，国际标准化组织

11. 汉语拼音字母名称读音，1982 年，国家标准局、中国文字改革研究委员会

12. 汉字统一部首表（草案），1983 年，中国文字改革研究委员会、国家出版局

13. 中国地名汉语拼音字母拼写规则（汉语地名部分），1984 年，国

家地名委员会、中国文字改革研究委员会、国家测绘地理信息局

14. GB 4881—1985 中国语种代码，1985 年，国家标准局

15. 普通话异读词审音表，1985 年，国家语言文字工作委员会、国家教育委员会、广播电视部

16. GB 6513—1986 文献书目信息交换用数学字符编码字符集，1986 年，国家标准局

17. GB/T 7347—1987 汉语标准频谱，1987 年，国家标准局

18. GB 7422.1—1987 信息交换用蒙古文 16×12、16×8、16×4 点阵字模集，1987 年，国家标准局

19. GB 7422.2—1987 信息交换用蒙古文 16×12、16×8、16×4 点阵数据集，1987 年，国家标准局

20. GB 7589—1987 信息交换用汉字编码字符集 第二辅助集，1987 年，国家标准局

21. GB 7590—1987 信息交换用汉字编码字符集 第四辅助集，1987 年，国家标准局

22. GB 8045—1987 信息交换用蒙古文七位编码和八位编码字符集，1987 年，国家标准局

23. GB 8565.1—1988 信息处理文本通讯用编码字符集，1988 年，国家标准局

24. GB 8565.2—1988 信息处理文本通讯用编码字符集 第二部分：图形字符集，1988 年，国家标准局

25. 现代汉语常用字表，1988 年，国家语言文字工作委员会、国家教育委员会

26. 现代汉语通用字表，1988 年，国家语言文字工作委员会、中华人民共和国新闻出版总署

27. GB 11458.1—1989 信息处理用汉字 15×16 点阵字模集通信子集，1989 年，国家技术监督局

28. GB 11458.2—1989 信息交换用汉字 15×16 点阵字模数据集通信子集，1989 年，国家技术监督局

29. GB 11459.1—1989 信息处理用汉字 24×24 点阵字模集通信子集，1989 年，国家技术监督局

30. GB 11459.2—1989 信息交换用汉字 24×24 点阵字模数据集通信

子集，1989 年，国家技术监督局

31. GB 12034—1989 信息交换用汉字 32×32 点阵仿宋体字模集及数据集，1989 年，国家技术监督局

32. GB 12035—1989 信息交换用汉字 32×32 点阵楷体字模集及数据集，1989 年，国家技术监督局

33. GB 12036—1989 信息交换用汉字 32×32 点阵黑体字模集及数据集，1989 年，国家技术监督局

34. GB 12037—1989 信息交换用汉字 36×36 点阵宋体字模集及数据集，1989 年，国家技术监督局

35. GB 12038—1989 信息交换用汉字 36×36 点阵仿宋体字模集及数据集，1989 年，国家技术监督局

36. GB 12039—1989 信息交换用汉字 36×36 点阵楷体字模集及数据集，1989 年，国家技术监督局

37. GB 12040—1989 信息交换用汉字 36×36 点阵黑体字模集及数据集，1989 年，国家技术监督局

38. GB 12042—1989 信息交换用汉字 48×48 点阵仿宋体字模集及数据集，1989 年，国家技术监督局

39. GB 12043—1989 信息交换用汉字 48×48 点阵楷体字模集及数据集，1989 年，国家技术监督局

40. GB12044—1989 信息交换用汉字 48×48 点阵黑体字模集及数据集，1989 年，国家技术监督局

41. GB 12050—1989 信息处理、信息交换用维吾尔文编码图形字符集，1989 年，国家技术监督局

42. GB 12051—1989 信息处理用蒙古文 24 点阵字模集及数据集，1989 年，国家技术监督局

43. GB 120552—1989 信息交换用朝鲜文字编码字符集，1989 年，国家技术监督局

44. GB 12200. 1—1990 汉语信息处理词汇 01 部分基本术语，1990 年，国家技术监督局

45. GB/T 12345—1990 信息交换用汉字编码字符集第一辅助集，1990 年，国家技术监督局

46. GB/T 12509—1990 信息交换用维吾尔文 16、24 点阵字模集及数

据集，1990 年，国家技术监督局

47. GB 3304—1991 中国各民族名称的罗马字母拼写法和代码，1991年，国家技术监督局

48. GB 13131—1991 信息交换用汉字编码字符集第三辅助集，1991年，国家技术监督局

49. GB 13132—1991 信息交换用汉字编码字符集第五辅助集，1991年，国家技术监督局

50. GB/T 13134—1991 信息交换用彝文编码字符集，1991 年，国家技术监督局

51. GB 13135—1991 信息交换用彝文 15 × 16 点阵字模集及数据集，1991 年，国家技术监督局

52. GB 13141—1991 书目信息交换用希腊字母编码字符集，1991 年，国家技术监督局

53. GB 13142—1991 书目信息交换用拉丁字母代码字符扩充集，1991年，国家技术监督局

54. GB 3259—1992 中文书刊名称汉语拼音拼写法，1992 年，国家技术监督局

55. GB/T 13418— 1992 文字条目通用排序规则，1992 年，国家技术监督局

56. GB/T 13443—1992 信息交换用汉字 128 × 128 点阵楷体字模集及数据集，1992 年，国家技术监督局

57. GB/T 13444—1992 信息交换用汉字 128 × 128 点阵仿宋体字模集及数据集，1992 年，国家技术监督局

58. GB/T 13445—1992 信息交换用汉字 256 × 256 点阵楷体字模集及数据集，1992 年，国家技术监督局

59. GB/T 13446—1992 信息交换用汉字 256 × 256 点阵仿宋体字模集及数据集，1992 年，国家技术监督局

60. GB/T 13504—1992 汉语清晰度诊断押韵测试（DRT）法，1992年，国家技术监督局

61. GB/T 13715—1992 信息处理用现代汉语分词规范，1992 年，国家技术监督局

62. GB/T 13725—1992 建立术语数据库的一般原则与方法，1992 年，

国家技术监督局

63. GB/T 13844—1992 图形信息交换用矢量汉字单线宋体字模集及数据集，1992 年，国家技术监督局

64. GB/T 13845—1992 图形信息交换用矢量汉字宋体字模集及数据集，1992 年，国家技术监督局

65. GB/T 13846—1992 图形信息交换用矢量汉字仿宋体字模集及数据集，1992 年，国家技术监督局

66. GB/T 13847—1992 图形信息交换用矢量汉字楷体字模集及数据集，1992 年，国家技术监督局

67. GB/T 13848—1992 图形信息交换用矢量汉字黑体字模集及数据集，1992 年，国家技术监督局

68. GB13000.1—1993 信息技术通用多八位编码字符集（UCS）第一部分：体系结构与基本多文种平面，1993 年，国家技术监督局

69. GB/T 14159—1993 通用键盘汉字编码输入方法评测规则，1993 年，国家技术监督局

70. GB/T 14242—1993 信息交换用汉字 64×64 点阵黑体字模集及数据集，1993 年，国家技术监督局

71. GB/T 14243—1993 信息交换用汉字 64×64 点阵楷体字模集及数据集，1993 年，国家技术监督局

72. GB/T 14244—1993 信息交换用汉字 64×64 点阵仿宋体字模集及数据集，1993 年，国家技术监督局

73. GB/T 14245—1993 信息交换用汉字 64×64 点阵宋体字模集及数据集，1993 年，国家技术监督局

74. GB/T 14717—1993 信息交换用汉字 128×128 点阵宋体字模集及数据集，1993 年，国家技术监督局

75. GB/T 14718—1993 信息交换用汉字 128×128 点阵黑体字模集及数据集，1993 年，国家技术监督局

76. GB/T 14719—1993 信息交换用汉字 256×256 点阵宋体字模集及数据集，1993 年，国家技术监督局

77. GB/T 14720—1993 信息交换用汉字 256×256 点阵黑体字模集及数据集，1993 年，国家技术监督局

78. ISO/IEC 10646.1 信息技术通用多八位编码字符集，1993 年，国

际标准化组织/国际电工委员会

79. GB/T 12200.2—1994 汉语信息处理词汇 02 部分：汉语和汉字，1994 年，国家技术监督局

80. GB/T 15238.1—1994 辞书编纂基本术语第一部分，1994 年，国家技术监督局

81. GB/T 15564—1995 图文电视广播用汉字编码字符集香港子集，1995 年，国家技术监督局

82. GB/T 15720 中国盲文，1995 年，国家技术监督局

83. GB/T 15732—1995 汉字键盘输入用通用词语集，1995 年，国家技术监督局

84. GB/T 15834—1995 标点符号用法，1995 年，国家技术监督局 1990 年，国家语言文字工作委员会、中华人民共和国新闻出版总署

85. GB/T 15835—1995 出版物上数字用法的规定，1995 年，国家技术监督局

86. GB/T 15933—1995 辞书编纂常用汉语缩略语，1995 年，国家技术监督局

87. GB/T 16159—1996 汉语拼音正词法基本规则，1996 年，国家技术监督局 1988 年，国家教育委员会、国家语言文字工作委员会

88. GB/T 16295—1996 通用键盘汉字输入技能测试方法，1996 年，国家技术监督局

89. GB/T 16683—1996 信息交换用彝文字符 24×24 点阵字模集及数据集，1996 年，国家技术监督局

90. GF 3001—1997 信息处理用 GB 13000.1 字符集汉字部件规范，1997 年，国家语言文字工作委员会

91. 现代汉语通用字笔顺规范，1997 年，国家语言文字工作委员会、中华人民共和国新闻出版总署

92. 普通话水平测试等级标准（试行），1997 年，国家语言文字工作委员会

93. GB/T 16785—1997 术语工作概念与术语的协调，1997 年，国家技术监督局

94. GB 16793—1997 信息技术通用多八位编码字符集（Ⅰ区）汉字 24 点阵字型宋体，1997 年，国家技术监督局

95. GB 16794.1—1997 信息技术通用多八位编码字符集（Ⅰ区）汉字 48 点阵字型第一部分：宋体，1997 年，国家技术监督局

96. GB 16959.1—1997 信息技术信息交换用藏文编码字符集基本集，1997 年，国家技术监督局

97. GB/T 16960.1—1997 信息技术藏文编码字符集（基本集）24×48 点阵字型第Ⅰ部分：白体，1997 年，国家技术监督局

98. GB/T 1988—1998 信息技术信息交换用七位编码字符集，1998 年，国家技术监督局

99. GB/T 16500—1998 信息交换用汉字编码字符集第七辅助集，1998 年，国家技术监督局

100. GB/T 17532—1998 术语工作计算机应用词汇，1998 年，国家质量技术监督局

101. GF 3002—1999 GB13000.1 字符集汉字笔顺规范，1999 年，国家语言文字工作委员会

102. GF 3003—1999 GB13000.1 字符集汉字字序（笔画序）规范，1999 年，国家语言文字工作委员会

103. GF 3004—1999 印刷魏体字形规范，1999 年，国家语言文字工作委员会

104. GF 3005—1999 印刷隶体字形规范，1999 年，国家语言文字工作委员会

105. GB/T 10112—1999 术语工作原则与方法，1999 年，国家质量技术监督局

106. GB 17733.1—1999 地名标牌城乡，1999 年，国家质量技术监督局

107. GB/T 17693.1—1999 外语地名汉字译写导则英语，1999 年，国家质量技术监督局

108. GB/T 17693.2—1999 外语地名汉字译写导则法语，1999 年，国家质量技术监督局

109. GB/T 17693.3—1999 外语地名汉字译写导则德语，1999 年，国家质量技术监督局

110. GB/T 17693.4—1999 外语地名汉字译写导则俄语，1999 年，国家质量技术监督局

111. GB/T 17693.5—1999 外语地名汉字译写导则西班牙语，1999 年，国家质量技术监督局

112. GB/T 17693.6—1999 外语地名汉字译写导则阿拉伯语，1999 年，国家质量技术监督局

113. GB17698—1999 信息技术通用多八位编码字符集（Ⅰ区）汉字 16 点阵字型，1999 年，国家质量技术监督局

114. 一类城市语言文字工作评估指导标准（试行），2000 年，中华人民共和国教育部、国家语言文字工作委员会

115. GB/T 4880.2—2000 语种名称代码第二部分：3 字母代码，2000 年，国家质量技术监督局

116. GB/T 11617—2000 辞书编纂符号，2000 年，国家质量技术监督局

117. GB/T 15237.1—2000 术语工作词汇第 1 部分：理论与应用，2000 年，国家质量技术监督局

118. GB/T 15238—2000 术语工作辞书编纂基本术语，2000 年，国家质量技术监督局

119. GB/T 18031—2000 信息技术数字键盘汉字输入通用要求，2000 年，国家质量技术监督局

120. GB/T 18291—2000 蒙古语术语工作原则与方法，2000 年，国家质量技术监督局

121. GF 1001—2001 第一批异形词整理表（试行），2001 年，中华人民共和国教育部、国家语言文字工作委员会

122. GF 2001—2001 GB13000.1 字符集汉字折笔规范，2001 年，中华人民共和国教育部、国家语言文字工作委员会

123. GF 3006—2001 汉语拼音方案的通用键盘表示规范，2001 年，国家语言文字工作委员会

124. GB 5007.1—2001 信息技术汉字编码字符集（基本集）24 点阵字型，2001 年，中华人民共和国国家质量监督检验检疫总局

125. GB 5007.2—2001 信息技术汉字编码字符集（辅助集）24 点阵字型，2001 年，中华人民共和国国家质量监督检验检疫总局

126. GB 5199—2001 信息技术汉字编码字符集（基本集）16 点阵字型，2001 年，中华人民共和国国家质量监督检验检疫总局

127. GB 6345—2001 信息技术汉字编码字符集（基本集）32 点阵字型宋体，2001 年，中华人民共和国国家质量监督检验检疫总局

128. GB 12041—2001 信息技术汉字编码字符集（基本集）48 点阵字型宋体，2001 年，中华人民共和国国家质量监督检验检疫总局

129. GB/T 20001.1—2001 标准编写规则第 I 部分：术语，2001 年，中华人民共和国国家质量监督检验检疫总局

130. GB/T 18790—2002 联机手写汉字识别技术要求与测试规程，2002 年，中华人民共和国国家质量监督检验检疫总局

131. GB/T 17693.7—2003 外语地名汉字译写导则葡萄牙语，2003 年，中华人民共和国国家质量监督检验检疫总局

132. GB/T 19246—2003 信息技术通用键盘汉字输入通用要求，2003 年，中华人民共和国国家质量监督检验检疫总局

133. ISO/IEC 10646—2004 信息技术通用多八位编码字符集（UCS），2004 年，国际标准化组织/国际电工委员会

134. GB 18030—2005 信息技术中文编码字符集，2005 年，中华人民共和国国家质量监督检验检疫总局

135. GB 19966—2005 信息技术通用多八位编码字符集（基本多文种平面）汉字 16 点阵字型，2005 年，中华人民共和国国家质量监督检验检疫总局

136. GB 19967.1—2005 信息技术通用多八位编码字符集（基本多文种平面）汉字 24 点阵字型 1 部分：宋体，2005 年，中华人民共和国国家质量监督检验检疫总局

137. GB 19968.1—2005 信息技术通用多八位编码字符集（基本多文种平面）汉字 48 点阵字型第 1 部分：宋体，2005 年，中华人民共和国国家质量监督检验检疫总局

138. GB 22321.1—2008 信息技术中文编码字符集汉字 48 点阵字型第 1 部分：宋体，2008 年，中华人民共和国国家质量监督检验检疫总局

139. GB 22320—2008 信息技术中文编码字符集汉字 15×16 点阵字型，2008 年，中华人民共和国国家质量监督检验检疫总局

140. GB 12041.4—2008 信息技术汉字编码字符集（基本集）48 点阵字型第 4 部分：仿宋体，2008 年，中华人民共和国国家质量监督检验检疫总局

141. GB 6345.4—2008 信息技术汉字编码字符集（基本集）32 点阵字型第 4 部分：仿宋体，2008 年，中华人民共和国国家质量监督检验检疫总局

142. GB 12041.2—2008 信息技术汉字编码字符集（基本集）48 点阵字型第 2 部分：黑体，2008 年，中华人民共和国国家质量监督检验检疫总局

143. GB 14245.2—2008 信息技术汉字编码字符集（基本集）64 点阵字型第 2 部分：黑体，2008 年，中华人民共和国国家质量监督检验检疫总局

144. GB 14245.1—2008 信息技术汉字编码字符集（基本集）64 点阵字型第 1 部分：宋体，2008 年，中华人民共和国国家质量监督检验检疫总局

145. GB 12041.3—2008 信息技术汉字编码字符集（基本集）48 点阵字型第 3 部分：楷体，2008 年，中华人民共和国国家质量监督检验检疫总局

146. GB 5007.2—2008 信息技术汉字编码字符集（辅助集）24 点阵字型宋体，2008 年，中华人民共和国国家质量监督检验检疫总局

147. GB 6345.2—2008 信息技术汉字编码字符集（基本集）32 点阵字型第 2 部分：黑体，2008 年，中华人民共和国国家质量监督检验检疫总局

148. GB 6345.3—2008 信息技术汉字编码字符集（基本集）32 点阵字型第 3 部分：楷体，2008 年，中华人民共和国国家质量监督检验检疫总局

149. GB 14245.4—2008 信息技术汉字编码字符集（基本集）64 点阵字型第 4 部分：仿宋体，2008 年，中华人民共和国国家质量监督检验检疫总局

150. GB 14245.3—2008 信息技术汉字编码字符集（基本集）64 点阵字型第 3 部分：楷体，2008 年，中华人民共和国国家质量监督检验检疫总局

151. GB 22323—2008 信息技术藏文编码字符集（基本集及扩充集 A）24×48 点阵字型吾坚琼体，2008 年，中华人民共和国国家质量监督检验检疫总局

152. GB 21669—2008 信息技术维吾尔文、哈萨克文、柯尔克孜文编码字符集，2008 年，中华人民共和国国家质量监督检验检疫总局

153. GB 17733—2008 地名标志，2008 年，中华人民共和国国家质量监督检验检疫总局

154. GB 26122. 2—2010 信息技术通用多八位编码字符集蒙古文名义字符与变形显现字符 32 点阵字型第 2 部分：新闻体，2010 年，中华人民共和国国家质量监督检验检疫总局

155. GB 19967. 2—2010 信息技术通用多八位编码字符集（基本多文种平面）汉字 24 点阵字型第 2 部分：黑体，2010 年，中华人民共和国国家质量监督检验检疫总局

156. GB 25899. 1—2010 信息技术通用多八位编码字符集（基本多文种平面）汉字 32 点阵字型第 1 部分：宋体，2010 年，中华人民共和国国家质量监督检验检疫总局

157. GB 16793. 1—2010 信息技术通用多八位编码字符集（CJK 统一汉字）24 点阵字型第 1 部分：宋体，2010 年，中华人民共和国国家质量监督检验检疫总局

158. GB 25914—2010 信息技术传统蒙古文名义字符、变形显现字符和控制字符使用规则，2010 年，中华人民共和国国家质量监督检验检疫总局

159. GB 12041. 1—2010 信息技术汉字编码字符集（基本集）48 点阵字型第 1 部分：宋体，2010 年，中华人民共和国国家质量监督检验检疫总局

160. GB 25899. 2—2010 信息技术通用多八位编码字符集（基本多文种平面）汉字 32 点阵字型第 2 部分：黑体，2010 年，中华人民共和国国家质量监督检验检疫总局

161. GB 25906. 4—2010 信息技术通用多八位编码字符集锡伯文、满文名义字符、显现字符与合体字 48 点阵字型第 4 部分：行书体，2010 年，中华人民共和国国家质量监督检验检疫总局

162. GB 25893. 2—2010 信息技术通用多八位编码字符集蒙古文名义字符与变形显现字符 16 点阵字型第 2 部分：新闻体，2010 年，中华人民共和国国家质量监督检验检疫总局

163. GB 6345. 1—2010 信息技术汉字编码字符集（基本集）32 点阵

字型第 1 部分：宋体，2010 年，中华人民共和国国家质量监督检验检疫总局

164. GB 5199—2010 信息技术汉字编码字符集（基本集）15×16 点阵字型，2010 年，中华人民共和国国家质量监督检验检疫总局

165. GB 5007.1—2010 信息技术汉字编码字符集（基本集）24 点阵字型，2010 年，中华人民共和国国家质量监督检验检疫总局

166. GB 25913—2010 信息技术藏文编码字符集（扩充集 B）24×48 点阵字型吾坚琼体，2010 年，中华人民共和国国家质量监督检验检疫总局

167. GB 25912—2010 信息技术藏文编码字符集 24×48 点阵字型白祖体，2010 年，中华人民共和国国家质量监督检验检疫总局

168. GB 25911—2010 信息技术藏文编码字符集 24×48 点阵字型朱匝体，2010 年，中华人民共和国国家质量监督检验检疫总局

169. GB 25906.5—2010 信息技术通用多八位编码字符集锡伯文、满文名义字符、显现字符与合体字 48 点阵字型第 5 部分：奏折体，2010 年，中华人民共和国国家质量监督检验检疫总局

170. GB 25906.3—2010 信息技术通用多八位编码字符集锡伯文、满文名义字符、显现字符与合体字 48 点阵字型第 3 部分：大黑体，2010 年，中华人民共和国国家质量监督检验检疫总局

171. GB 25906.2—2010 信息技术通用多八位编码字符集锡伯文、满文名义字符、显现字符与合体字 48 点阵字型第 2 部分：正黑体，2010 年，中华人民共和国国家质量监督检验检疫总局

172. GB 25906.1—2010 信息技术通用多八位编码字符集锡伯文、满文名义字符、显现字符与合体字 48 点阵字型第 1 部分：正白体，2010 年，中华人民共和国国家质量监督检验检疫总局

173. GB 25905.2—2010 信息技术通用多八位编码字符集锡伯文、满文名义字符、显现字符与合体字 32 点阵字型第 2 部分：正黑体，2010 年，中华人民共和国国家质量监督检验检疫总局

174. GB 25905.1—2010 信息技术通用多八位编码字符集锡伯文、满文名义字符、显现字符与合体字 32 点阵字型第 1 部分：正白体，2010 年，中华人民共和国国家质量监督检验检疫总局

175. GB 25904.3—2010 信息技术通用多八位编码字符集锡伯文、满

文名义字符、显现字符与合体字 24 点阵字型第 3 部分：奏折体，2010年，中华人民共和国国家质量监督检验检疫总局

176. GB 25904.2—2010 信息技术通用多八位编码字符集锡伯文、满文名义字符、显现字符与合体字 24 点阵字型第 2 部分：行书体，2010年，中华人民共和国国家质量监督检验检疫总局

177. GB 25904.1—2010 信息技术通用多八位编码字符集锡伯文、满文名义字符、显现字符与合体字 24 点阵字型第 1 部分：大黑体，2010年，中华人民共和国国家质量监督检验检疫总局

178. GB 25903.2—2010 信息技术通用多八位编码字符集锡伯文、满文名义字符、显现字符与合体字 16 点阵字型第 2 部分：正黑体，2010年，中华人民共和国国家质量监督检验检疫总局

179. GB 25903.1—2010 信息技术通用多八位编码字符集锡伯文、满文名义字符、显现字符与合体字 16 点阵字型第 1 部分：正白体，2010年，中华人民共和国国家质量监督检验检疫总局

180. GB 25901.1—2010 信息技术通用多八位编码字符集德宏傣文 32点阵字型第 1 部分：伊香白体，2010 年，中华人民共和国国家质量监督检验检疫总局

181. GB 25902.4—2010 信息技术通用多八位编码字符集西双版纳新傣文 32 点阵字型第 4 部分：温暖菲黑体，2010 年，中华人民共和国国家质量监督检验检疫总局

182. GB 26122.1—2010 信息技术通用多八位编码字符集蒙古文名义字符与变形显现字符 32 点阵字型第 1 部分：白体，2010 年，中华人民共和国国家质量监督检验检疫总局

183. GB 25893.1—2010 信息技术通用多八位编码字符集蒙古文名义字符与变形显现字符 16 点阵字型第 1 部分：白体，2010 年，中华人民共和国国家质量监督检验检疫总局

184. GB 16794.1—2010 信息技术通用多八位编码字符集（CJK 统一汉字）48 点阵字型第 1 部分：宋体，白体，2010 年，中华人民共和国国家质量监督检验检疫总局

185. GB 25901.2—2010 信息技术通用多八位编码字符集德宏傣文 32点阵字型第 2 部分：伊香黑体，白体，2010 年，中华人民共和国国家质量监督检验检疫总局

186. GB 25902.3—2010 信息技术通用多八位编码字符集西双版纳新傣文 32 点阵字型第 3 部分：温暖菲白体，2010 年，中华人民共和国国家质量监督检验检疫总局

187. GB 25902.1—2010 信息技术通用多八位编码字符集西双版纳新傣文 32 点阵字型第 1 部分：赫罕白体，2010 年，中华人民共和国国家质量监督检验检疫总局

188. GB 25907.5—2010 信息技术维吾尔文、哈萨克文、柯尔克孜文编码字符集 16 点阵字型第 5 部分：如克白体，2010 年，中华人民共和国国家质量监督检验检疫总局

189. GB 25891—2010 信息技术维吾尔文、哈萨克文、柯尔克孜文编码字符集 8 点阵字型正文白体，2010 年，中华人民共和国国家质量监督检验检疫总局

190. GB 25907.3—2010 信息技术维吾尔文、哈萨克文、柯尔克孜文编码字符集 16 点阵字型第 3 部分：库非白体，2010 年，中华人民共和国国家质量监督检验检疫总局

191. GB 25907.2—2010 信息技术维吾尔文、哈萨克文、柯尔克孜文编码字符集 16 点阵字型第 2 部分：正文黑体，2010 年，中华人民共和国国家质量监督检验检疫总局

192. GB 25908—2010 信息技术维吾尔文、哈萨克文、柯尔克孜文编码字符集 16×32 点阵字型正文白体，2010 年，中华人民共和国国家质量监督检验检疫总局

193. GB 25892.5—2010 信息技术维吾尔文、哈萨克文、柯尔克孜文编码字符集 32 点阵字型第 5 部分：如克白体，2010 年，中华人民共和国国家质量监督检验检疫总局

194. GB 25909.2—2010 信息技术维吾尔文、哈萨克文、柯尔克孜文编码字符集 24 点阵字型第 2 部分：正文黑体，2010 年，中华人民共和国国家质量监督检验检疫总局

195. GB 25892.8—2010 信息技术维吾尔文、哈萨克文、柯尔克孜文编码字符集 32 点阵字型第 8 部分：塔里克黑体，2010 年，中华人民共和国国国家质量监督检验检疫总局

196. GB 25892.7—2010 信息技术维吾尔文、哈萨克文、柯尔克孜文编码字符集 32 点阵字型第 7 部分：塔里克白体，2010 年，中华人民共和国

国国家质量监督检验检疫总局

197. GB 25892.6—2010 信息技术维吾尔文、哈萨克文、柯尔克孜文编码字符集 32 点阵字型第 6 部分：如克黑体，2010 年，中华人民共和国国家质量监督检验检疫总局

198. GB 25892.4—2010 信息技术维吾尔文、哈萨克文、柯尔克孜文编码字符集 32 点阵字型第 4 部分：库非黑体，2010 年，中华人民共和国国家质量监督检验检疫总局

199. GB 25892.3—2010 信息技术维吾尔文、哈萨克文、柯尔克孜文编码字符集 32 点阵字型第 3 部分：库非白体，2010 年，中华人民共和国国家质量监督检验检疫总局

200. GB 25892.2—2010 信息技术维吾尔文、哈萨克文、柯尔克孜文编码字符集 32 点阵字型第 2 部分：正文黑体，2010 年，中华人民共和国国家质量监督检验检疫总局

201. GB 25892.1—2010 信息技术维吾尔文、哈萨克文、柯尔克孜文编码字符集 32 点阵字型第 1 部分：正文白体，2010 年，中华人民共和国国家质量监督检验检疫总局

202. GB 25907.4—2010 信息技术维吾尔文、哈萨克文、柯尔克孜文编码字符集 16 点阵字型第 4 部分：库非黑体，2010 年，中华人民共和国国家质量监督检验检疫总局

203. GB 25907.1—2010 信息技术维吾尔文、哈萨克文、柯尔克孜文编码字符集 16 点阵字型第 1 部分：正文白体，2010 年，中华人民共和国国家质量监督检验检疫总局

204. GB 25900—2010 信息技术信息处理用维吾尔文、哈萨克文、柯尔克孜文字型白体、黑体，2010 年，中华人民共和国国家质量监督检验检疫总局

205. GB 25907.8—2010 信息技术维吾尔文、哈萨克文、柯尔克孜文编码字符集 16 点阵字型第 8 部分：塔里克黑体，2010 年，中华人民共和国国家质量监督检验检疫总局

206. GB 25907.7—2010 信息技术维吾尔文、哈萨克文、柯尔克孜文编码字符集 16 点阵字型第 7 部分：塔里克白体，2010 年，中华人民共和国国国家质量监督检验检疫总局

207. GB 25907.6—2010 信息技术维吾尔文、哈萨克文、柯尔克孜文

编码字符集 16 点阵字型第 6 部分：如克黑体，2010 年，中华人民共和国国家质量监督检验检疫总局

　　208. GB 25910.2—2010 信息技术维吾尔文、哈萨克文、柯尔克孜文编码字符集 48 点阵字型第 2 部分：正文黑体，2010 年，中华人民共和国国家质量监督检验检疫总局